中国古代纺织史话

李强
李斌
梁文倩
韩敏
著

華中科技大學出版社
http://www.hustp.com
中国·武汉

图书在版编目（CIP）数据

中国古代纺织史话 / 李强等著 . -- 武汉：华中科技大学出版社，2020.12

ISBN 978-7-5680-6696-9

Ⅰ . ①中… Ⅱ . ①李… Ⅲ . ①纺织工业 – 工业史 – 中国 – 古代 – 通俗读物 Ⅳ . ① F426.81–49

中国版本图书馆 CIP 数据核字 (2020) 第 194936 号

中国古代纺织史话　　　　李强　李斌　梁文倩　韩敏 著

Zhongguo Gudai Fangzhi Shihua

策划编辑：刘晚成
责任编辑：孙　念
责任校对：刘　竣
责任监印：朱　玢
装帧设计：璞茜设计 2815932450@qq.com
出版发行：华中科技大学出版社（中国・武汉）　电话：（027）81321913
武汉市东湖新技术开发区华工科技园　邮编：430223
印　　刷：武汉精一佳印刷有限公司
开　　本：710mm × 1000mm　1/16
印　　张：20.25
字　　数：238 千字
版　　次：2020 年 12 月第 1 版第 1 次印刷
定　　价：49.80 元

感谢下列项目和组织的大力资助：

武汉纺织大学学术出版基金
教育部人文社会科学研究青年基金（17YJCZH079）
华中科技大学出版社大众分社
江西服装学院
湖北省服饰艺术与文化研究中心基地重点项目（2018HFG002）
湖北省科学技术史学会
武汉纺织大学纺织文化研究中心
湖北省非物质文化遗产研究中心（武汉纺织大学）
武汉纺织服装数字化工程技术研究中心
湖北名师李建强工作室（纺织科学与工程学科）
中国自然辩证法研究会科技文化专业委员会
武汉纺织大学期刊社

前言

本书不是编年体写史，而是纪传体写史。全书分为纺织起源篇、纤维出现篇、丝处理篇、植物纤维处理篇、纺织机械篇、甲骨文纺织篇、纺织度量篇、中国孝文化中的纺织篇、《论语》中的纺织服饰考辨篇、《诗经》中的纺织篇、成语中的纺织篇、古代笔记小说中的纺织篇、纺织祭祀篇、纺织非遗篇十四个专题，下分 70 个知识点进行论述，且图文并茂，极具可读性。另外，本书的大部分观点是笔者近年来的研究成果，极具前沿性。

（1）纺织起源篇

中国原始纺织技术的起源，在时间上历来众说纷纭。作者基于中国纺织技术史学界惯用的《投石索狩猎图》中原始人的打猎姿势和创作原型情况的研究，对该图的真实性提出疑问，进而考证《投石索狩猎图》所表述的旧石器时代（大约 10 万年前）的石球利用技术中的纺织技术因素，认为 10 万年前中国古人类不可能有纤维编织技术，但动物皮毛、肠的利用是存在的。作者认为，中国古代纺织技术的起源如果从体系角度来界定，必然是个伪命题，因为纺织体系的三大工艺的时间断代有“长板”和“短板”，这是无法界定的，而起源问题必须谈到机理性的问题，显然会使体系角度的起源探讨成为一个伪命题。中国古代纺织技术的起源必须从子命题入手，才有其意义，同时中国古代纺织技术的起源与人类的进化有着必然关系，没有纺织技术就没有现代的人类，纺织技术是人类进化的一个重要链条。

（2）纤维出现篇

中国古代使用过的纺织用纤维很多，但成为主流纺织用纤维的只有丝、葛、大麻、苎麻、棉。丝纤维一直是中国古代上流社会使用的主流纺织用纤维，而葛、大麻、苎麻、棉却是广大民众不同时期使用过的主流纺织用纤维，其成为主流纺织用纤维的时间顺序为：葛（秦汉以前）→大麻、苎麻（元以前）→棉（元代）。华夏民族祖先的宗教信仰和礼教的确立是中国丝纤维应用产生与发展的直接原因。同时在麻纺、葛纺的启发下逐渐展开了丝纺过程。服饰制度成为统治的工具，衣冠服饰成为“治天下”之道。自此，历代王公贵族们为了体现“君君臣臣”严格的等级差别，不惜花费巨金从事精美丝织品的织造，客观上促进了中国古代丝纺织技术的发展和提高。可以这样说，中国古代纺织技术的最高技艺都是由于贵族们的奢侈需求引发的。棉成为民众的主流纺织用纤维，既有统治者推广的原因，也有技术改革的作用。

（3）丝处理篇

中国古代茧蛹处理技术经历了五个阶段：第一阶段（西周及以前）：直接缫丝，它要求缫工必须在几天时间内煮茧缫丝，不然茧蛹化蛾，成为断丝，便不能缫丝了。第二阶段（春秋时期到南北朝之间）：先后出现阴摊法和日晒杀蛹法。第三阶段（南北朝时期至南宋之间）：盐腌法被普遍采用。第四阶段（元代）：出现笼蒸工艺。第五阶段（晚清）：出现火力焙茧和烘茧法。

中国古代缫丝工艺发展顺序：常温水沤丝抽绪、纺专茧丝合股（春秋之前）→涚水沤丝、纺专茧丝合股（春秋战国时期）→沸水煮茧工艺普及（西汉前期）→热釜缫丝法出现，缫车出现（东汉）→缫丝开始注意温度控制，总结出有效的办法（北宋晚期）→冷盘缫丝法（元）→连冷盘（明）。

中国古代缫丝工具的演变大致为：以绕丝架取茧丝，纺专合股茧丝（抽丝、合股工序分流，战国、战国之前）→以绕丝架取茧丝，出现纺车合股茧丝（抽丝、合股工序分流，西汉）→手摇缫车（抽丝、合股工序合流，唐、北宋）→脚踏缫车（抽丝、合股工序合流，南宋）。

（4）植物纤维处理篇

葛纤维的初加工先后经历了直接剥取法和煮练法。葛纤维的初加工一开始很长时间内采用直接剥取法。最迟直到春秋时期，葛纤维的初加工才采用煮练法。除葛以外的其他茎皮纤维属于相对较长的纤维，其工艺先后经历了直接剥取法、沤渍法、灰治法三个时期。其他茎皮纤维的直接剥取法应该是在新石器时代早、中期之间使用。沤渍法则开始使用于新石器时代中期以后。灰治法可能出现于春秋战国之交。去除棉花籽核的工艺先后经历了手剥法、轧棉法，而轧棉法先后经历了铁杖赶籽法（宋代南方）、搅车轧棉法。搅车轧棉法又先后经历了三人操作的搅车轧棉法（元代中期）、一人操作的搅车轧棉法（明代晚期）。中国古代弹棉经历了小弓（南宋）、大弓（元代中期）、椎弹（元末）。

（5）纺织机械篇

中国古代纺纱经历了徒手纺纱、纺专纺纱、手摇纺车纺纱、脚踏纺车纺纱、大纺车（水转大纺车）纺纱，每一步都是当时纺纱技术的伟大成就。

从复杂程度上看，中国古代织机经历了原始腰机、综蹑织机、小花楼提花织机、大花楼提花织机。中国古代织机的发展方向是两维的，一是平民化方向，另一个是贵族方向。所以，复杂程度的变化并非是织机使用情况的变迁。即使是最原始的腰机也能织出精美的纹样，只是时间和幅宽受到限制。此外，占地小、结构简单的综蹑织机一直是中国农村织机形制。而小、大花楼提花织机则是自唐以来中国古代官方或贵族家族使用的织机形制。

（6）甲骨文纺织篇

甲骨文中关于纺织信息的符号和文字还有很多没有被解读出来，主要原因有二点：第一，从甲骨文－金文－篆书变迁系谱中找不到联系点；第二，《说文解字》等古代字典中无字可供参考。虽然如此，我们必须另辟蹊径进行深入研究，因为在文字变迁中保留下来的文字毕竟是少数。如何分析和理解这些没有解读出来的原始文字，成为我们下一步研究的重点。首先，要重新考辨已被成功解读出来的纺织类甲骨文，对其中的纺织符号信息进行多方考证，要避免孤证解读，这是成功理解还没有被解读出来的纺织类甲骨文的基础。其次，基于商代纺织技术、纺织文化和宗教以及甲骨文中可信的纺织符号信息，对未解读出来的纺织类甲骨文进行分析，解读出它们的意思，没有必要和现代文字一一对应。

（7）纺织度量篇

曶鼎铭文中“匹马束丝”的“束”乃织物规格的度量，1 束 =5 匹，非传统历史学界认为的捆扎容积单位；传统观点“匹马束丝”作为中国奴隶社会时奴隶生活悲惨的所谓“铁证”是错误的，“匹马束丝换五夫”相反证明丝织品的珍贵和劳动力——甿在当时社会中的重要性和价值。南唐徐锴的蚕丝度量是有问题的，他把认识问题说成了工艺问题，其相关论断不可信。作者分别对中国古代纺织度量进行正、反证推理，得出 1 两 = 1 匹 =2 端 =4 丈 = 5 寻 =40 尺、1 束 =5 匹、1 纯 =2 两或 5 两的结论。文学作品中“九张机”“百张机”“四张机”的“张”并非织物规格单位而是操作织机的意思。对古代织物精密程度单位“升”进行现代性解读，以期更好地弘扬中国古代纺织文化，同时“升”也是反映古代纺织品质量的一个重要标志。曶鼎铭文中“匹马束丝”中只有织物数量的度量信息，而缺少精密程度的度量信息，这也是一个遗憾。

（8）中国孝文化中的纺织篇

中国古代孝文化应该呈交互性的双向结构，这是孝文化永葆青春的源泉，也是中国当代孝文化的现代性表达。子必须惟父母之命是从的观点最具功利性、私利性，其忽略了孝是一种人际关系，需要双向的互动；通过研究丝绸的起源，可以看到孝和追求灵魂再生的宗教观成就了中国的伟大发明——丝织。当代人有必要用现代技术语言精密地去表征中国古代的丧服经密，只有这样才能从礼的角度和现代语境去理解中国古代孝的层级性，即孝是根据血缘关系分层级的。通过对不同时期的文献的解读，可以得知中国古代孟母断杼、曾母投杼的相关文字表达和图像信息是存在差异的，《韩诗外传》的表达比较符合历史本原。董永孝故事应该在东汉初年出现，官方宣传的是董永“鹿车载父”“卖身葬父”，与纺织无关，到东汉中后期才出现“织女相助”的情节，这与佛教的兴起和民间宣传有关。

（9）《论语》中的纺织服饰考辨篇

历代《论语》的注疏有利儒家学术思想的丰富与发展，但对于其所蕴藏的纺织服饰相关信息却有“以今观古”的误解，导致其背离孔子生活年代及《论语》成书年代的纺织服饰技术背景，形成错误的技术认识，一直影响到当下。通过文献考据和中国纺织服饰技术史的二维契合性比对，笔者认为：“绘事后素”之绘是“绣”而非“绘画”、“素”指绣白色丝线；“束带立于朝”乃是束大带立于朝。裘非蛮夷之特产而受到中原地区鄙夷，反而得到推崇。黻冕、缊袍分别代指帝王、贫困却不失其志之士的礼服；《论语·雍也篇》中“质”与“文”分别指代衣物上的地组织和花组织，不宜作过多的引申；《论语·子罕篇》中麻冕用工、用时多于丝冕，皆因古人对冕的织物密度的三十升布标准要求所致。此外，纺织度量与中国丧服礼制有着密切关系；君子穿衣搭配都有一定之规，无一不体现中国古代颜色观、礼制，但又不失其家居性。

（10）《诗经》中的纺织篇

《诗经》的描述反映在纺织上有：第一，在纺织用纤维获取方面，既有人工养育，也有野生采刈，后世主要纺织用纤维葛、大麻、苘麻、毛、丝都已普及，并在生产活动中总结出丰富的经验；第二，在染色方面，已能染出后世各种颜色，已掌握了多次浸染和套染工艺；第三，春秋时期的织机应该介于原始腰机和踏板织机之间，因为踏板织机直到战国时期才出现。由此可见，春秋时期不仅在政治、经济、文化上处于变革转型时期，而且在纺织技术体系形成方面也是不可或缺的中间环节。

（11）成语中的纺织篇

中国古代成语中蕴藏着大量的纺织信息，这里面既包含着丰富的纺织工艺信息，也包含着灿烂的纺织文化信息。文化最根本的特性就在于独特性，纺织工艺史和纺织文化都是中华文明的一个重要表征形式，也是展示其民族文化独特性的重要载体。如何使一种文化永远立足于世界文化之林？那就是既要充分展示其传统文化的独特性，又要展示其文化的现代性和与时俱进。那么从文化中寻找纺织，在纺织中寻找文化，既是联系传统纺织和现代纺织的中间桥梁，也是中华文化长立于世界文化之林的重要舞台。

（12）古代笔记小说中的纺织篇

中国古代笔记小说是中国古代受众最广、自汉至清一直盛行的大众读物，虽然叙事有些夸张、荒诞，但关于纺织服饰的描写极为丰富，且最接近古人真实的生活状态，因为只有纺织服饰描写合乎当时的纺织服饰的真实情况，才能使读者有代入感。因此一部中国古代笔记小说中的纺织服饰描写，就是一部最贴近中国古代老百姓真实生活的纺织服饰（文化）史。

（13）纺织祭祀篇

中国古代对“先蚕”和“先棉”的崇拜和祭祀体现了纺织行业在中国

封建社会中的重要地位。从嫘祖崇拜和黄道婆崇拜的对比研究，发现她们在共同性中蕴含着差异性，差异性中又蕴含着共同性。

一方面，她们之间的共同性（形象的模糊性和影响的深远性）有着各自的原因。嫘祖主要是由于年代久远，当时记载历史主要是利用代代口传，其中掺杂着神话、传说等，导致其籍贯和发明创造的模糊性。黄道婆则因身份的卑贱导致其籍贯和发明创造事迹记载不详，从而导致其模糊性。同时，她们影响具有深远性的原因也是不相同的。嫘祖成为“先蚕”是由自上而下的路径完成的，即官方祭祀和崇拜→民间祭祀和崇拜→丝纺织文化。黄道婆成为“先棉”则完全相反，由自下而上的路径完成，即民间崇拜和祭祀→官方崇拜和祭祀→棉纺织文化。

另一方面，她们之间的差异性（技术发明可信度和崇拜区域的巨大差异）是由她们的身份特征决定的。首先，身份的悬殊导致技术创造发明可信度的巨大差异，即黄道婆卑贱的身份是其技术创造发明的可信度远高于身份高贵的嫘祖的主要原因。其次，身份的差异导致文化象征的差异和影响区域的差异，即嫘祖崇拜祭祀主要源于政治因素，黄道婆最初的崇拜祭祀则主要源于经济因素。文化象征意义的不同是导致她们的崇拜区域差异性的根本原因。

（14）纺织非遗篇

本书选取缂丝、杭罗、南通蓝印花布、宋锦、云锦、阳新布贴、新疆艾德莱斯七个纺织类非物质文化遗产进行相关的起源、工艺、传播、发展问题的探讨，认识到：

第一，从缂丝起源与传播的路径可知，织造工艺的创新需要文化、技术的交流。汉晋时期移居西域的汉人将丝纺织技术带到了当地，在融合西域缂毛工艺的基础上，创造出崭新的丝织工艺——缂丝。到了唐代，缂丝工艺通过迁徙到西域地区的回鹘人又将其回传到中原地区。在宋代，缂丝由其传播的中心河北定州传播至江南地区。最终，缂丝又在汉族织匠的手中发展成为一种集织造、书画、篆刻为一体的织造艺术。缂丝的起源与传播给我们很大的启示，即保持开放心态，积极进行文化与技术的交流与传播，最终会结出丰硕的果实。

第二，通过对杭罗品种、特征的分析，我们不难发现，杭罗是中国古代罗织物演变的必然结果，即从织物组织结构上看，罗织物是由通体相绞向通体不相绞，链式向非链式转变。从织造技术上看，这种转变是一种技术上的退步，但从系统论的角度上看，这种转变却是一种方法上的进步。换言之，在保持罗织物特征和用途不发生变化的前提下，结构复杂的链式罗向结构简单的杭罗转变何尝又不是一次方法上的进步。

第三，南通蓝印花布印染技艺可谓集中国传统染缬的技艺于一身，它直接源于宋代的“药斑布”，间接吸收和改进了蜡缬的防染技艺和夹缬的花版雕刻技艺，从纹样设计方面又吸收了剪纸的艺术风格，创造出大量老百姓喜闻乐见的艺术图案。另外，中国蓝印花布在南通得到发扬光大，同南通地理环境的天然优势密不可分。

第四，宋锦作为中国最具素雅气息的织锦，以其素朴、文雅而著称。对于其织造工艺的起源，笔者认为其织造工艺应源于南宋时期包括蜀锦、缂丝在内的中国古代优秀织造工艺。对于“宋锦”这一名称出现的时间，一般认为是在清代康熙年间，笔者通过考察明代《天水冰山录》中的相关记载，认为“宋锦”这一称呼的出现时间应该不晚于明代嘉靖年间，远远早于清代。对于宋锦出现的原因，笔者认为，一方面，宋代织造水平的提高是宋锦产生的技术基础；另一方面，宋代宫廷、官员、知识分子各阶层对宋锦的需求是宋锦产生的主要诱因。

第五，通过对南京云锦织机出现、云锦特有的织金和妆花技术的产生时间，以及南京丝织业发展进程的综合分析，笔者认为，花楼织机最迟于唐末就已经出现，为云锦的产生做好了织造机械上的准备；云锦所特有的织金和妆花技术则早于辽代就已经产生，为云锦的产生做好了技术上的准备；随着南京城市发展的良性化，丝织业的大发展促进了云锦最终在南宋时期产生。

第六，经过研究，笔者认为：阳新布贴研究的人为拔高已成为阳新布贴在历史表达中的弱势和为人诟病所在，已影响到阳新布贴的文化发展；阳新布贴的“工艺美术鉴赏品”的定位有些激进，极有可能导致阳新布贴发展进入一个误区——避其长，扬其短；只有在系统论视域下努力培育阳新布贴在新形势下的新土壤即儒家的“亲亲”理论，才能使其在脱离原先文化母体的情况下存活和发展；只有将人类永恒的“亲亲”之心与现代人的生活特点相结合，从“爱”的角度来营销 DIY 式的阳新布贴产品，才能在某种程度上提升阳新布贴的认知度，进而为阳新布贴在一定范围内成为工艺美术鉴赏品做好准备。当然，工艺品收藏化与市场标准化并举的策略不能偏废，否则对其发展极为不利。阳新布贴的发展还需要践行者的努力尝试，才能真正传承和发展这一非物质文化遗产。

第七，通过对艾德莱斯起源的名考和工艺考，笔者得出：艾德莱斯起源的研究异常混乱，皆因名考和工艺考没有区分开，总是想要名考与工艺考相互证明，反而使问题越来越多，即解释一个问题反而需要解释更多的问题，研究越来越复杂和无解。这也是很多纺织工艺起源研究遇到的问题，譬如云锦、杭罗、缂丝等，只是艾德莱斯在这个问题上比较突出。如果单纯考究“艾德莱斯”的名字，“艾德莱斯”一词源于波斯，后被西亚的突厥系民族引入，继突厥系民族改变宗教信仰后，才有扎经染色之意。晚到 20 世纪初，“艾德莱斯”被维吾尔族当作商品名称使用，这与新疆近现代贸易的发展密切相关；“艾德莱斯”的名字在维吾尔文献中出现在公元 11—12 世纪，其工艺并没有在维吾尔族内流行，这与维吾尔族的织物消费习惯和当地气候密切相关；艾德莱斯成为新疆女性服饰标志乃是当代的事；地方纺织技术史的研究应该首先立足于本地区民族纺织技术史基础上，并非仅在本地区的考古发现和不加区分民族的文献研究基础上进行，否则将使地方纺织技术史研究陷入起源的混乱之中。

目录
Content

Part 1

纺织起源篇

中国原始纺织技术的起源都是假设，没有充分且必要的证据。假设必定就会有预设，而预设遇到反诘且被证伪，则假设就面临极大的信任危机。关于中国原始纺织技术的起源的一些经典论断就遭遇到了信任危机。

1　史前时代石球的功用与纺织起源的困惑

论述中国纺织起源，中国纺织史学界的传统观点是以 1974 年在山西阳高许家窑发现的距今 10 万年的一处文化遗址中的 1000 多个经过打制的石球（图 1-1）和众多的大型动物化石为依据，参考近代一些仍停留在原始社会民族的石球调查，认为这些石球作投石索（图 1-2）用。投石索是用植物纤维或皮条编结的绳索、网兜与石球做成的。人们通过抛掷石球，击打野兽。根据这些石球，就不难推测 10 万年前的许家窑人已经具备搓绳、编织的能力。甚至

图 1-1　山西阳高许家窑旧石器遗址出土的部分石球

图 1-2 《投石索狩猎图》

有一些学者据此认为，早在新石器时代之前，就出现了正式的织造技术。笔者通过研究，认为纺织史学界的传统观点有失偏颇。

在图 1-2 中原始人是站着抛甩投石索，这种抛甩姿势不可能让投石索缠住动物的腿部。原因在于投石索的绳索太长，不能单手抛甩（指一手握一球在头顶挥动绳索，带动绳索另一端的石球做旋转运动，调整好方向和速度后抛甩），否则影响投石索的抛甩距离。图 1-2 中，假设原始人两手都握住连接两球的绳索，将投石索分为左、中、右三段。他右手举过头顶，用手臂抛甩投石索的右段，做旋转运动。此时，他的左手拎住投石索的左段。等到调整好右段的石球和绳索的方向、速度后，立即抛甩，石球在绳索带动下飞向猎物。我们不禁要问，这样的速度能打到猎物吗？当原始人做好准备击打猎物时，猎物早就发现了危险，以这种速度很难碰到飞速逃命的猎物。如果在马匹上抛甩则另当别论，但许家窑人当时还没有驯服野马。

中国纺织史学界的传统观点认为，10 万年前中国原始人已有利用植物纤维搓捻绳的技术和利用编织物做网兜的技术，图 1-2 中所显示的投石索是用绳、植物纤维编织物、石球制成，这一点有待商榷。因为上述传统观点是依据 1839 年达尔文（1809—1882 年）在《一个自然科学家在贝格尔舰上的环球旅行记》中对高乔人（Gau-cho）使用投石索在马上进行狩猎的情况而展开的类比推测，认为中国许家窑旧石器时代中期文化遗址的原始人甚至更早的原始人也使用由植物纤维编织物制成的投石索。传统观点用高乔人使用石球的情况来类比推测许家窑人使用石球的情况，建立在高乔人和许家窑人都是原始土著人，基本处于相同的发展阶段的假设前提之上。其实高乔人并不是在封闭状态下生存的原始人，高乔是一个非常年轻的民族。15 世纪，西班牙人把马带到了南美洲后，富饶的潘帕斯草原上迅速繁衍出许多野马群。一些游离于统治阶层之外的西班牙人进入潘帕斯草原深处，和当地土著人融合，过起了逐草游牧的生活，并逐渐形成了新的文化和民族——高乔。高乔人既然带有西班牙人的血统，那他们的生产和生活一定有西班牙近代技术的痕迹。从高乔人改进绳索的情况即可看出，最初的投石索是用动物的肠子绑着一个石环做成的，后来高乔人开始使用麻绳、生皮绳和缰绳等粗壮有韧性的绳子代替动物的肠子。高乔人从利用动物肠子到利用麻绳、生皮绳和缰绳，时间跨度极小，大大缩短了原始人类技术发展的历程，必然存在技术“污染”的情况。此外，高乔人当时已有石环，这明显说明高乔人已有高超的钻孔技术。如果不考虑高乔人的技术“污染”，19 世纪相对封闭的高乔人达到的技术水平至少相当于新石器时代的原始人。以受近代技术“污染”的现代原始人的技术来推测旧石器时代中期的技术，这明显有些历史辉格解释的意味，即用极端的“以今观古”的方式编写历史，这是中国纺织学界传统观点持有者的硬伤之一。

2 石球利用技术中的纺织之源考证

纱、线、绳、索的制作工艺基本相同，所不同的是细度。原始人类只有首先懂得熟练制作比较粗的绳、索后，才有可能学会制作更细的用于缝纫、织造的纱、线，所以人类原始纺纱技术起源于制绳索的技术是毋庸置疑的。制绳技术则经历了从动物肠子到皮带、原始皮绳、兽筋，再到植物纤维绳索的过程。

（1）石球功用的新考

石球又称球状器，通体呈球形，器身布满小石片疤，两个小石片疤之间的夹角超过 90°，其上基本见不到打片的台面。这些鳞片状的石片疤有些是加工成的，但不能排除因经常使用而形成的可能。石球这种石器类型从旧石器时代早期一直到旧石器时代晚期，在国内外都有发现。中国 31 处旧石器时代的遗址中共发现石球 1280 件，分布在中国的 11 个省市。其中包括旧石器时代早期石球 36 件，中期石球 1180 件，晚期石球 64 件。我们发现旧石器时代石球的发掘数量与时间呈倒 V 的关系，在考古发掘已近完全的情况下，可以推论出石球的利用在旧石器时代中期达到顶峰，随后其利用式微。这是为什么呢？

如果要解释这个问题，首先需要探讨旧石器时代石球的功用。有的学者认为，旧石器时代早中期的大荔人所用的石球可能是古天球，用于天文观测；有的学者认为，黄河流域的旧石器时代石球是原始人的体育运动工具。能否认为石球是做古天球或体育工具之用呢？这两种假说都有待商榷。如果旧石器时代的石球是天文观测工具，那么石球为何在许家窑遗址会出土 1090 个之多呢？难道旧石器时代的原始人中有如此之多的"天文学家"吗？如果石球是一种体育运动工具，为什么许家窑遗址中会出土那么多石球呢？难道许家窑人都是运动健将吗？此外，旧石器时代天文学、体育运动水平是否真的达到如此水平，也让人质疑。可见以上两种石球功用的假说不成立。

那么旧石器时代石球的功用到底是什么？旧石器时代石球的用途大致有两种，一种是用于捶砸、加工食物。考古发现，很多旧石器时代遗址中出土的石球并不多，这似乎可以证明有一部分石球并不是用于狩猎，可能是在捶砸过程中形成的球状；另一种用途是稍晚时间出现的，如到旧石器时代中期，石球可能有一部分被用于制作投石索（用动物肠子、皮带或原始皮绳、皮兜、石球制成的，并不是用植物纤维的绳索、网兜和石球制成的）和弹弓。证据一，石球出土数量相对较多；证据二，从许家窑遗址中出土的 300 多匹野马的化石即可证明石球是人类猎获野马的工具。然而，旧石器时代晚期石球的利用数量日渐式微，主要是新式狩猎工具——弓箭的出现所致。

之所以说旧石器时代中期石球用于制作投石索和弹弓，主要原因在于：目前出土的旧石器时代中期的石球规格不一，最重的达1500g 以上，最轻的则小于 100g ，它们不可能都被用来制作投石索。重的石球用作投石索，而轻的石球则作为弹弓的弹子。图 1-3 中左二即弹弓雏形，用兽皮做一兜，兜的两头拴两根动物的肠子或皮带或皮绳，兜里放石球，使用时同时甩起两根绳子，把石球抡起来，而后松开一根绳索，使兜中的石球飞出，有效射程可达 50—60 米。为什么轻的石球不能以图 1-3 中左一的方式使用呢？主要在于石球是圆的，绳不易系紧，甩起绳子时石球容易滑脱。

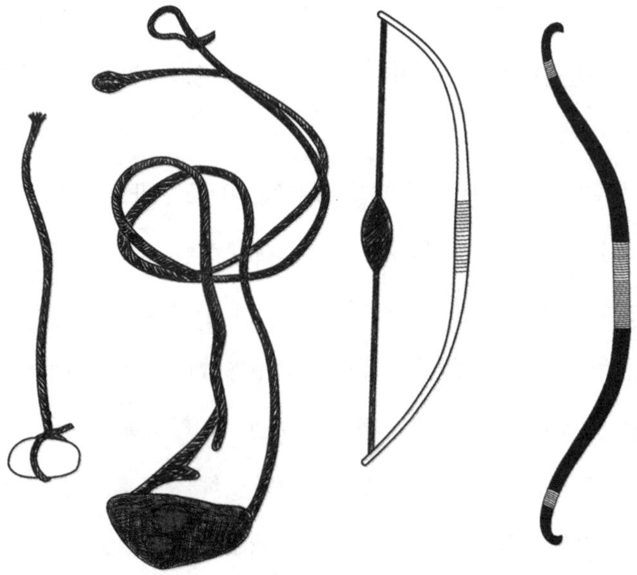

图 1-3　弓生于弹

（2）石球利用技术与纺织技术起源考

旧石器时代中期制作投石索和原始弹弓的绳索、网兜的材料不可能是植物纤维。旧石器时代早中期做原始绳索的材料只能是动物的肠子、皮带、原始皮绳；而网兜的材料只能是兽皮。

原因在于以下几点：

① 中国目前考古发掘的最早的植物纤维绳索、纺织品都是新石器时代的，而没有发掘出任何旧石器时代的此类物品。在距今6000 多年的浙江河姆渡文化遗址中发现了中国最早的草绳。目前所知的中国最早的丝、麻织品实物是在距今约 5630 年的河南荥阳青台村仰韶文化遗址中发现的碳化丝麻织物。

② 中国大规模使用植物纤维的绳索的间接证据出现在旧石器时代晚期，使用网状物的间接证据出现在新石器时代。处于旧石器时代晚期的北京周口店山顶洞人遗址出土了一枚骨针，长 82 mm，最粗部分直径为 3.1—3.3 mm。此后又在处于新石器时代的陕西半坡遗址中发现了 281 枚骨针，最细的直径不到 2 mm。从骨针孔的直径来看，原始皮绳一定穿不过去，所以到旧石器时代晚期，原始人一定学会了纺单纱和股线。此外，中国在新石器时代早期后段（前6000 年—前 5000 年）出现了泥条筑成法烧制陶器，所使用的工具就有绕麻绳的陶拍和圆棍。关于网状物的间接证据，我们可以从许多新石器时代陶器上看到网状图案（图 1-4、图 1-5），这足以证明植物纤维的绳索和网兜不可能出现在旧石器时代中期。植物纤维绳索应该出现在旧石器时代晚期，而植物纤维织物则只能出现在新石器时代。

③ 神话传说也显示新石器时代已有植物纤维制成的绳索、网

图 1-4 网纹彩陶船形壶（现藏于中国国家博物馆）

图 1-5 半坡人面鱼纹彩陶盆（现藏于中国国家博物馆）

状物和原始纺织品。虽然神话是夸张的历史，但也可作为补充证明，如特洛伊的考古发现就是以神话《荷马史诗》为依据。《文子·精诚》："虑牺氏（即伏羲氏）之王天下也，枕石寝绳。"《易·系辞》下："包牺氏（即伏羲氏）之王天下也……作结绳而为网罟，以佃以渔。"伏羲氏是传说中的生活于中国新石器时代早期的人物，据说中国最早的绳索，就是在他生活的那个时候，由于渔猎生产的需要而开始出现的。《淮南子·汜论训》："伯余之初作衣也，緂麻索缕，手经指挂，其成犹网罗。"据考证，伯余就是黄帝（4600多年前），他被认为是织造的发明者，显然他是生活在新石器时代的人。

④ 据世界考古可知：植物纤维的绳索和网是人类转向定居的产物，属于旧石器时代晚期和新石器时代之交时出现和使用的工具。人类只有学会了编织篮筐后，才掌握编织技术，进而学会纺织。

以上内容从考古学、文化学上否定了旧石器时代早、中期存在植物纤维的绳索和网状物的可能，那么许家窑原始人的投石索和弹弓为什么是由动物的肠子、皮带、原始皮绳、兽皮兜制成呢？因为原始人很容易获得动物的肠子和毛皮，皮带是从毛皮中切割而来的。对旧石器时代早、中、晚期各个阶段的文化遗址进行考察，会发现各个文化遗址都出土了一种尖状石器，这种石器可将动物毛皮切割成皮带、皮兜，这样做成投石索和弹弓的技术条件都已具备。正是因为在长期使用皮带的过程中，原始人发现两条皮带缠结在一起后更坚韧、更耐磨，这样他们学会了原始皮绳索的制法，也学会了加捻的工序。皮毛、皮带、皮绳较之植物纤维更容易腐坏，因此迄今很难发现原始人遗址中的皮带、皮绳、皮兜。但从技术角度来看，用皮制投石索和弹弓比用植物纤维制投石索和弹弓更容易，所以旧石器时代中期的狩猎工具用皮制物更符合当时的技术条件。中国最早出现的纺轮是在距今 7000 多年的河北磁山遗址中发现的，此后在新石器时代各大遗址中都有纺轮的遗迹。综上所述，纺织技术的起源及初期发展过程如下：

动物的肠子（旧石器时代中期）→皮带、原始皮绳→植物纤维绳索、纺纱（旧石器时代晚期）→纺轮纺纱（新石器时代）→原始织造。

3　原始纺织体系在人类进化中的蝴蝶效应

通过对中国古代纺织技术起源的相关考古材料进行时间排序，并进行逻辑推理，绘出中国古代纺织技术起源机理图（图 1-6）。中国古代纺织技术是以兽皮作为开端的，原始纺织技术的发展路径是：皮服→纺纱→织造→纺织品服装。这一发展路径说明试图论述中国古代纺织技术起源本身是不可能的，因为它是一个伪命题。之所以说它是伪命题，是因为中国古代纺织技术体系包括纺纱、织造、服装三大工艺，而这三大工艺各有其起源，并且时间上各有不同。中国古代纺织技术起源这个命题如果转换为纺纱、织造、服装三大工艺起源的子命题，即从产业链视角下来看中国古代纺织技术起源，则可使它的伪命题性转化为真命题性，还是有其研究意义的。

从图 1-6 可见，服装一开始并非天然是纺织服装产业的下游产业，服装起初是兽皮，随后皮服出现，在皮服不断进步的过程中，

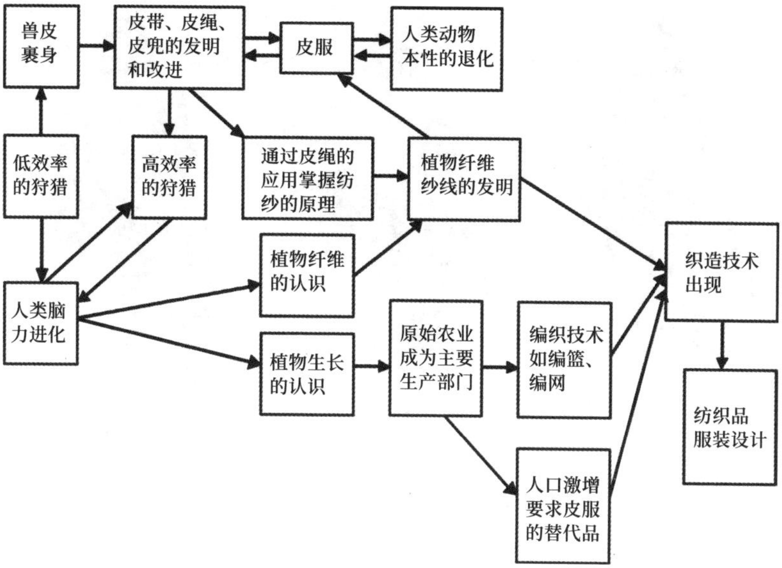

图 1-6 中国古代纺织技术起源机理

纺纱技术才发展起来，因为只有用皮带、皮绳才能将兽皮紧密地裹在身上，而皮带、皮绳的制作就蕴含着原始纺纱技术——劈分、牵伸、加捻三道工序。皮带、皮绳的劈分技术的产生是可以理解的，因为中国史前人类是可以通过使用尖状石器切割狩猎所得的皮毛来逐渐掌握皮毛的劈分技术的，这种技术通过时间的沉淀，可以延伸至植物纤维的劈分。牵伸和加捻工序是纺纱技术的核心，这两项技术的原理是中国史前人类在使用皮制投石索狩猎时不经意发现的。这种皮制投石索应该也是许家窑人所使用的狩猎工具，它是史前人类使用的一种狩猎利器，大大提高了狩猎效率。在长期狩猎过程中，史前人类逐渐认识到：首先，兽皮兜和皮带受石球质量的影响伸长变细，这可能是对牵伸最早的认识；其次，无意中旋转兽皮兜会使两

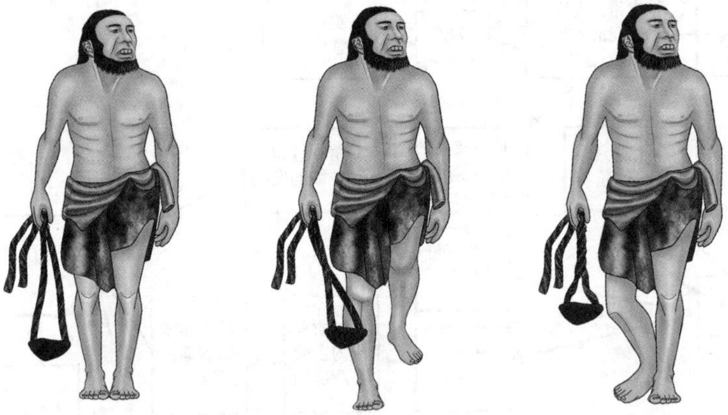

图 1-7 笔者关于原始人发明牵伸、加捻技术的假设

条皮带缠结、合股，从而使皮带的强度更大，这可能是对加捻最早的认识（图 1-7）。显然，皮制投石索使用过程中不经意的牵伸和加捻，正是纺纱技术发明的原理基础。当然，这一认识到应用过程经历了很长时间，因为中国最早使用皮制投石索的证据出现在 10 万年前的山西阳高许家窑遗址，而中国最早的骨针（可证明原始纺纱技术的存在）却出现在 2 万到 3 万年前，可见纺纱原理从认识到应用经历了漫长的时间。

皮带、皮绳、皮兜的应用引致高效率的狩猎及火的使用，人类可以吃到更多健康的富含蛋白质的食物，人类的寿命得以延长，脑力获得提高，而人的寿命的延长又进一步促进人类脑力的开发，从而人类对植物纤维、植物生长的认识都有了长足进展。人类利用自然的能力的提升，促进了定居生活的普及和人口数量的增多，这又导致出现编织技术，进而产生纺织技术、纺织品服装。形成这一发展路径的原因在于，中国古代纺织体系中三大技术链条是从分流到合流的，并非一开始就形成一条完整的产业链，这也是笔者认为中国古代纺织技术起源是个伪命题的关键。从图 1-6 中可知，只有到了原始农业成为主要生产部门后，人口激增而皮服已不能满足人们的需要的时候，纺纱、织造、纺织品服装设计三大技术合流，才真正形成纺织技术体系，但纺织技术体系的形成并不是纺织技术的起源。

技术并不是为人类所特有的，有些动物如猩猩、乌鸦都可以使用某些工具、利用技术。人类与动物的最大的区别在于人类每时每刻都在使用技术，人类是技术的最好载体。可以这样说，技术是人类的存在方式，没有技术就不可能存在人的进化和社会的发展。

人类的进化先后经历了南方古猿、能人、直立人、智人四个阶段，智人分为早期智人和晚期智人两个阶段，其中早期智人阶段至关重要。早期智人的活动地域从热带的东非大裂谷扩散到世界各地，这一时期是人类充分利用技术，成为技术最好载体的阶段。其中兽皮的应用技术（包含原始皮带、皮绳技术，它们大略属于原始纺纱技术）在人类的进化过程中起着优胜劣汰的作用。兽皮的应用早在直立人阶段就开始了，作为早期智人的尼安德特人的兽皮应用技术仅停留在块状皮服使用阶段，他们仅将一张兽皮挖一个洞，让头伸进去，其余部分则披在身上保暖，他们没有兽皮带捆绑技术，一方面无法使块状皮服更保暖，无法面对冰期的寒冷，另一方面不懂利用兽皮带制造组合工具（最早的组合工具是用兽皮带制作的）。此外由于生存条件恶劣，动物肠子只能作为食物，因而他们无法提高打猎水平，导致活动区域有限，最终导致尼安德特人近亲繁殖，直至灭亡。而中国山西阳高的许家窑人也是早期智人，他们懂得利用兽皮、皮绳保暖，并制造组合工具，从而获得支持脑力进化的宝贵肉食，可见兽皮的应用技术在人类进化过程中的重要性。正是因为原始纺纱技术的应用，才在许家窑人和尼安德特人之间形成继续进化和灭亡的两种不同结局。

所谓蝴蝶效应，就是指南美潘帕斯草原上的一只蝴蝶轻轻扇动一下翅膀，会引起得克萨斯的大风暴。在一个开放系统中，一个小因素在特定条件下也会成为影响事物变化发展的决定性因素。原始纺纱技术就像蝴蝶效应中所说的一个小因素，影响整个人类的进化。

由此可见，原始纺纱技术的出现是人类发展的必然产物，与人类的进化是同步的。人类每一次技术上的进步都是以人类的动物本能退化为代价的，这样使人类更加依赖于技术的发展。兽皮的应用技术（其中蕴含着原始纺纱技术）扩大了早期智人的活动空间和时间，活动空间和时间的变化又促使早期智人为应对环境的变化不断地开发大脑，从而完成从智人到人的进化。

4　对嫘祖的籍贯和发明丝织的疑问

嫘祖（4600 多年前），何许人也？黄帝之元妃，元妃是正室的意思。黄帝有四位非常出名的夫人：嫘祖、方雷氏、彤鱼氏、嫫母。嫘祖之所以居首，相传主要是因为她教民蚕桑（见图 1-8），乃是丝织技术的发明者。但其实事实并不是这样，嫘祖不可能发明丝织技术。

图 1-8 嫘祖养蚕

即便如此，嫘祖的籍贯之争还是相当激烈的，因为一旦获得“嫘祖故里”的称号，将获得巨大的文旅资源。嫘祖籍贯的争论主要存在于湖北远安、四川盐亭、河南西平三地之间。有一个网络音频——湖北远安雷家冲版《嫘祖颂》（现已不存在）、一个网络视频——四川盐亭的《嫘祖故里，绿色盐亭》（现已不存在）和一本名为《中国嫘祖文化之乡——河南西平》的书籍对嫘祖的籍贯进行争论。笔者对这三地各自关于嫘祖籍贯的主张都有疑问。

（1）对湖北远安雷家冲版音频《嫘祖颂》的疑问

歌中有一句“她从远古，走到今天，嫘祖的故事讲得很美很甜”，其实这句歌词是有问题的，因为嫘祖发明丝织的故事并不是出现在远古时代，它最初出现在刘安及其门客编写的《淮南子》中，并且《史记·五帝本纪》中没有嫘祖发明丝织的记载，只有记载嫘祖为黄帝之元妃，生玄嚣和昌意之事，其他只字未提。由此可知，嫘祖的传说最先出自西汉刘安，他可能出于政治目的，有意抬高女性统治者的地位，以迎合西汉时期皇帝外戚母族有相当影响力的局面。

歌中还有一句“你种桑，养蚕织绢，让兽皮树叶不再遮体，让丝绸锦衣美丽人间”，也是有误的。因为中国最早的丝织品发现在河南荥阳青台村仰韶文化遗址中，它是碳化了的野蚕丝和麻混纺的织物，距今 5600 多年。这一发现一方面说明中国是先有丝织物，而后出现种桑养蚕，种桑和丝织并不是同时出现的；另一方面从碳化的织物断代来看，它明显早于嫘祖所处的年代，可见嫘祖没有发明丝织。另外，从工艺上看，植物韧皮纤维织物较丝织物要简单得多，从考古上说，中国迄今为止发现的最早的织物是葛罗织物（当然是最原始的组织结构），其发掘于距今 6200 多年前的江苏吴中区草鞋山新石器文化遗址第 10 层。显然，即使没有丝织物，人们还能用葛罗织物遮体，并不是仅用兽皮树叶遮体。

歌中有一句“你拉开了人类文明五千年的序幕”，试想人类文明何止五千年？五千年中华文明都有些牵强，因为文明的一个显著标志是文字，汉字出现的时代是距今 3000 多年前的商代，中国五千年文明史的断代依据是错误地采用传说中的“仓颉造字”（传说仓颉是黄帝的大臣，黄帝大约生活在 4600 多年前，相关学者采用四舍五入法简化为 5000 年）作为信史，显然这是没有依据的。

（2）对《嫘祖故里，绿色盐亭》视频的疑问

首先是对视频中嫘祖地位表述的反诘。视频中有这样一句话：“海内外媒体聚焦于中华民族伟大母亲——嫘祖的故里。”这句话显然是有问题的。嫘祖只能是华夏族或汉族的伟大母亲，并不能说成是中华民族的伟大母亲，中华民族本身并不是一个民族的概念，而是一个民族集合体的概念，这个概念是由梁启超（1873—1929 年）等为了强调中国民族团结、和睦，消除民族矛盾提出来的。试想黄帝伐涿鹿而擒蚩尤，当时两方是敌对关系，苗族后裔又如何能将黄帝的妻子奉为自己的母亲呢？显然这句是有问题的。

其次是对嫘祖姓氏表述的反诘。视频中采用唐代（618—907 年）诗仙李白的老师赵蕤《嫘祖圣地》碑中“女中圣贤王凤，黄帝元妃嫘祖，生于本邑”一句话佐证嫘祖的祖籍在盐亭。王姓源自周灵王姬泄心（？—前 545 年）的长子姬晋（约前 567 年—前 547 年），周灵王所处时代是春秋后期，嫘祖不可能姓王，这位李白的老师之水平着实让人生疑。

再次是对嫘祖发明表述的反诘。视频中有一句“她（嫘祖）生前首创养蚕之法，抽绪织绢之术，旨定农桑，法定衣裳”，这与湖北远安雷家冲版《嫘祖颂》的表述相同，不符合认识规律，因为技术体系的发明是一个长期的过程，并不是一蹴而就的。

（3）对《中国嫘祖文化之乡——河南西平》的疑问

《中国嫘祖文化之乡——河南西平》一书中对《水经注》中所载“西陵亭”进行解读，认为其为《史记》所载的西陵。这也是值得怀疑的。因为西陵到底是地名还是国名，或者就是黄帝居住地西边的丘陵，这都没有定论。

其实，我们应该明确将纺织传说人物和纺织历史人物进行区别，明晰传说人物的故事只能作为文学作品阅读。对于嫘祖，将其归入纺织技术非物质文化遗产中的民间传说为妥。而纺织历史人物可以作为纺织史重点研究的史料。

Part 2

纤维出现篇

中国古人对植物茎皮纤维的应用较丝纤维和棉纤维要早，这是必然的，因为植物茎皮纤维的初加工比丝纤维和棉纤维要容易。中国古代曾用于纺织的植物茎皮纤维品种繁多，有葛、大麻、苎麻、蕉麻、苘麻、亚麻、黄麻、菅、蒯、楮等。其中利用葛、大麻、苎麻的历史最为悠久，且用量很大。

1 中国利用植物茎皮纤维的时间

葛（图 2-1）是中国已知最早用于纺织的纤维。1972 年，江苏草鞋山遗址第 10 层出土了野葛织物残片，距今大约 6200 年。秦汉以后，因葛藤生长慢、产量低，种植、加工操作比麻费时，所以葛藤的种植、利用逐渐减少。到唐代，葛已从大众衣物原料中退出。《唐会典》中记载葛仅在淮南道、江南道、剑南道的一些偏僻山区种植和织造，甚至李白在《黄葛篇》中云，葛“此物虽过时，是妾手中迹”。宋代（960—1279 年）葛成为纳贡的物品，足见其生产规模的下降，已成稀罕之物了。明清时期，葛的生产则仅限于广东、福

图 2-1 葛

建、海南沿海一些地区。

大麻（图 2-2）纤维是中国已知最早用于纺织的纤维之一，证据有两个：① 河南郑州大河村遗址（公元前 3000 多年）出土了大麻籽，以及甘肃东乡林家马家窑文化（公元前 3000 年左右）马家窑类型遗址 8 号房址出土雌麻籽，说明早在 5000 多年前可能已经有人工种植大麻。但这只能作为间接证据，因为大麻籽是可以食用的，古时早期的五谷就有麻（大麻），有可能人类早期种植大麻只为取籽食用。② 河南荥阳青台村仰韶文化遗址中发现的碳化了的丝麻织品，距今约 5630 年，经检验其所用麻线是大麻纤维，足见早在 5000 多年前大麻已经用于纺织。

宋元时期（960—1368 年）以前，大麻纤维一直都是需求量最大的纺织纤维。首先，宋元之前大麻的种植比较普遍，较苎麻、

图 2-2　大麻

葛要广泛得多。如秦汉时期，大麻种植的地区遍及大江南北，除中原外，湖南、四川、蒙古、新疆等地也都有种植。此时，苎麻的种植区域仅在长江流域及其以南地区。葛的种植区域仅限于南方和黄河中、下游的豫州和青州。其次，大麻织物早在商代墓葬中就被大量发现，譬如河南安阳殷墟、河北藁城台西村商代遗址、福建崇安武夷山白岩崖商代崖洞墓船棺中都有大麻布出土。从发现地点上看，大麻织物的使用在商代就已经具有普遍性。宋元之后，棉花种植的大规模普及导致大麻地位逐渐下降。

苎麻（图 2-3）的使用较大麻的使用要晚一点。河姆渡遗址出土的完整的苎麻叶和苎麻绳、钱山漾遗址出土的苎麻残片，表明苎麻早在距今 4000—5000 年就已开始使用。秦汉时期以后其种植和服用基本集中在南方，南宋（1127—1279 年）之后其种植区域

图 2-3 苎麻

在棉花服用的迅速发展的影响下，开始逐渐萎缩，主要集中在浙江、安徽、江西、广西、广东、福建、湖南等省部分地区。

蕉麻、苘麻用量较少；亚麻、黄麻利用较晚；菅、蒯、楮只是曾经在某个时间段使用过的原料。

按纺用、服用的广泛程度和应用时间长短，植物茎皮纤维可分为主流植物茎皮纤维（葛、大麻、苎麻）和非主流植物茎皮纤维（蕉麻、苘麻、亚麻、黄麻、菅、蒯、楮等）。

2　丝织起源的一些疑问

对于中国什么时候开始丝织生产，学界说法不一。

首先，从史前考古发现的一些艺术作品，可以发现一些关于丝织生产起源的信息。

距今6000多年的河姆渡文化遗址中，出土了一件蚕形纹饰的盅形骨器（图2-4），这是已知发现最早的关于蚕的信息。加之河姆渡文化遗址中出土了一件木刀、一件似卷布轴的残木及大量的纺轮，这让很多学者认为这一时期中国已经出现养蚕、丝织了。另外，20世纪20年代以来，考古学者分别在辽宁砂锅屯仰韶文化遗址、山西芮城西王村仰韶文化晚期遗址、河北正定南杨庄的仰韶文化遗址、甘肃临洮冯家坪遗址、安徽蚌埠吴郢遗址都曾发现新石器时代先民们留在陶器上的蚕纹图像或陶制蚕形、蚕蛹形装饰，这些证据似乎证明，到仰韶文化时期中国丝织生产已经相当普及了。

对此，笔者有三点疑问：

图 2-4 浙江余姚河姆渡文化遗址出土的蛊形骨器（现藏于河姆渡遗址博物馆）

① 新石器时代出现的蚕形图案、装饰就一定说明当时丝织生产的存在吗？难道没有可能当时蚕（很可能是野蚕）是原始社会人类的一种图腾崇拜，人们将它的形象描绘在生活用品上，用于表达自己对它的崇敬之情。因为蚕可以变幻形体，而让当时的人类误解其可以永生和不死。永生和不死是人类早期孜孜不倦的追求，譬如古埃及的金字塔和木乃伊、古代中国人的丝绸裹尸布等等的使用，都与人们希望永生和不死有关。为什么中国的原始人会对蚕有图腾崇拜，而对苍蝇或其他昆虫没有图腾崇拜呢？苍蝇等昆虫也是有形变的！笔者认为行动缓慢或通体白色让蚕充满庄重感和圣洁感，而苍蝇等昆虫奇怪的形态、刺激性的气味和快速的动作给人一种邪恶感和厌恶感。蚕图腾的崇拜与龟成为现实中的神兽有相通之处，动作慢而显庄重，这一点使两者都成为图腾崇拜对象，可以互证。笔者认为，中国先民在对蚕图腾的崇拜过程中，逐渐认为蚕之所以会“天蚕再变”，在于蚕会吐丝结茧，丝才是其具有神秘力量的关键。于是，蚕图腾崇拜又转化为丝崇拜，并有了像蚕一样用丝裹着身体

就可以再生的认识。这种再生的认识几经变化，最后由肉体的再生转变为灵魂的再生或升天，至此丝织物最终成为裹尸布和沟通人神的媒介。这可从商代青铜器用丝绸包裹陪葬和马王堆 1 号汉墓主人辛追身裹 18 层丝绸服饰入葬得到印证。另外，河姆渡文化遗址出现的木刀、卷布轴、纺轮就一定用于蚕业和丝织生产吗？难道就没有可能用于纺葛、麻等茎皮纤维吗？毕竟，在河姆渡文化遗址中并没有发现用于缫丝的工具，最重要的是没有发现丝织物的痕迹。

② 一些学者根据辽宁砂锅屯仰韶文化遗址、甘肃临洮冯家坪遗址中出土的蚕纹图像，认为当时当地存在丝织生产技术，这一观点着实让人怀疑。怀疑证据一，《禹贡》中没有关于辽宁、甘肃有丝织品的记载。战国时期成书的《禹贡》是中国最早的一部经济地理著作，据说是大禹时期（即仰韶文化时期）关于各地物产的记录。据载九州之内地处西北的雍州包括甘肃一带，并没有丝织品特产。而位于北方的冀州也没有丝织品特产，位于冀州之北、九州之外的辽宁更是不可能有丝织品特产的。怀疑证据二，自最近一次冰期以后，中国的气候并没有显著的变化。考察《诗经》中出现桑、蚕的区域，可以对新石器时代的北方的蚕、桑区域有一个大略的估计，因为《诗经》仅记载先进的华夏文明各国的情况，而当时隶属华夏文化圈的主要国家都集中在北方，仅有一个南方大国——楚国被华夏文化圈承认。《诗经》中并没有辽宁、甘肃有桑、蚕的记载。特别是辽宁地处北方，相对寒冷，并不适合桑的生长，进行蚕业丝织生产的确有困难。估计辽宁砂锅屯仰韶文化遗址、甘肃临洮冯家坪遗址出土陶器上的蚕纹、蚕形陶饰是图腾崇拜的产物。笔者估计，华夏民族的形成、统一与共同的蚕崇拜有着密切的关联。

③ 蚕在中国开始家养的时间晚于河姆渡文化遗址所处的时间，说明其蚕纹、蚕形陶饰与蚕业生产不一定有必然的联系。有相当一部分学者认为，河姆渡文化遗址中骨器上蚕的头部和身躯上的横节纹非常清晰，应是一种野蚕。此外，中国出土距今最早的蚕茧是在山西夏县西阴村居民遗址中发现的，距今5600—6000年，它是一个被利刃截断的半截蚕茧。1967年日本学者布目顺郎研究这半个蚕茧的照片，认为这半个蚕茧与现在栖息在长江流域桑树上的野蚕——桑蟥属于同一品种。此后，中国学者认为这半个蚕茧表面结构致密，不像是桑蟥茧，而像桑蚕茧——家蚕驯化前的原蚕结的茧。可见，国内外研究者都认为中国最早的蚕茧是野蚕茧。绘有野蚕纹的陶器、野蚕形陶饰和野蚕茧实物的出土并不一定可以证明蚕业丝织生产的存在，也有可能仅是一种蚕崇拜的形式而已。

由以上三点可知，以现有考古证据，并不能证明生活在河姆渡文化遗址的先民已经掌握蚕业丝织技术。

其次，从有关的传说和神话来看，中国丝织生产的起源存在问题。

有关中国丝织生产起源的传说和神话很多，其中有两个传说流传最广、影响最大：一是伏羲氏化蚕桑为绵帛；二是黄帝的元妃嫘祖王凤，始教民育蚕治丝，以供衣服。这两种说法年深日久，几乎已经成为信史，常常被各种书籍引用。上文已对嫘祖发明丝织这一观点作了批判，在此不再赘述。

“伏羲氏”是传说中生活于中国新石器时代早期的人物，笔者认为伏羲氏不是丝织的发明者，原因有三：

① 理论上的不可能。丝织这项技术由种桑、育蚕、缫丝、织造等多道工序组成，不可能由某个人全部发明出来。丝织技术肯定

是经历过极其漫长的岁月，融合了不同时期人的发明创造，并且在各个环节上取得突破，才形成的伟大发明。

② 文献证据的不可信。伏羲氏所处的时代是人类走向定居的时代，此时人类刚刚发现茎皮植物纤维的纺用。纺织技术是从茎皮植物纤维开始的，只有掌握了茎皮植物纤维的纺织技术，才可能有丝织技术的出现，这一技术延伸过程是相当漫长的。因为丝织技术比茎皮植物纤维的纺织技术要复杂得多、精细得多，不可能一蹴而就。传说中伏羲氏是发明渔网的人，“作结绳而为网罟，以佃以渔”，怎么又能发明丝织技术呢？渔网的发明到丝织生产的技术变迁，不知经历了多么漫长的时间，穷尽一个人的生命甚至十几代人乃至几十代人的生命也是很难完成的。

③ 考古实物证据与文献证据相悖。笔者认为中国古代丝织技术的产生应该晚于伏羲氏所处的时代，早于黄帝、嫘祖所处的时代。中国最早关于丝织生产的间接证据（有可能不能证明）——距今 6000 多年的河姆渡文化遗址中发现有蚕形纹饰的盅形骨器，明显晚于伏羲氏所处的年代。新石器时代丝绸实物发现数量较少，出土最早的实物是河南荥阳青台村仰韶文化遗址中发现的碳化了的丝麻织品，距今 5600 多年，这一实物的时间界定也明显晚于伏羲氏所处的年代。此外，经检验其所用丝线也为桑蚕丝，但丝线较之家蚕的丝线要细得多，极有可能这些丝线为野桑蚕所吐的蚕丝。较为著名的史前丝绸实物是浙江湖州钱山漾遗址发现的 4700 多年前的丝织品、丝带和丝线等文物，经检验其所用丝线与现代家蚕所吐蚕丝极为相似，可以推断当时已养蚕丝织了。这两处遗址发现的丝织物是目前所知最早的丝织品实物，分别发现于黄河和长江流域，而

黄帝、嫘祖所处的时间为 4600 年前（文献记载）。显然，河南荥阳青台村仰韶文化遗址中发现的碳化了的丝麻织品早于黄帝、嫘祖所处时代 1000 多年，这说明中国早在嫘祖出生之前就已经有了利用野蚕丝进行丝织生产的技术；而浙江湖州钱山漾遗址出土的丝织物早于黄帝、嫘祖所处时代 100 多年，这说明中国早在嫘祖出生之前至少 100 多年就已经有人工养蚕、丝织的技术了。

所以，根据所掌握的考古资料，剔除一些不充分的条件，笔者认为中国丝织的起源路径为：蚕图腾（新石器时代晚期）→关注蚕的习性→丝崇拜→利用野桑蚕丝织（5600 多年前）→育蚕丝织（4700 多年前）。

3　中国古代棉花植物的名辨

棉花是一种种子纤维，在棉桃里起到保护种子的作用，在棉桃成熟后会裂开，让其看上去像白色的花。其实棉的花是在棉桃生长前开的一种花（图 2-5）。所以，通常意义上的棉花并不是一种真

图 2-5　棉的花和棉花

正意义上的花，而是中国古人将错就错的一种约定俗成的表达。

关于棉花的名称，在中国古代有很多误读。古代称棉花为吉贝、古贝、古终、白叠、木棉、木绵、梧桐华、攀枝花、斑枝花等。这些称谓中错误很多，经考证：吉贝、古贝、古终、木棉、木绵应该是指多年生树棉（即亚洲棉）；白叠应该是指一年生的草棉（非洲棉）；而梧桐华、攀枝花、斑枝花则是指一种落叶乔木，即现在所说的木棉属木棉科的植物，其原产地是中国南方，因为与多年生树棉植物的花实相似，古人常把它和树棉混为一谈。梧桐华、攀枝花、斑枝花纤维服用性极差，一般多用作充填褥、垫的絮材。陆地棉和海岛棉都是近代引进的，中国古代所用棉花是树棉和草棉。

为什么在中国古代棉花有这么多的名称呢？这与棉花、棉布是舶来物有密切的关系。棉花，无论是树棉（即亚洲棉），还是草棉（非洲棉），都是在古代印度被培育成纺织用纤维的，所以棉花、棉布的最初名称都是从梵文译过来的。在古代印度，野生棉与栽培棉的名称不同，所以早期的译名与较晚的译名不同。棉花输入中国的两条路线都是先经过边疆少数民族地区，这样辗转音译时，由于方言发音的不同，最终译成的汉语名词自然差别更大。此外，在梵文中，棉花与棉布是完全不同的名词，导致棉花的名称出现不同。中国棉布、棉花输入的北路是先引进棉布，然后引进棉花，所以译名从布。南路则相反，是先引进棉种，然后再就地织布，所以译名从棉。

为什么中国古代的棉花多以木棉冠名呢？这与古代广泛种植的棉种有关。中国宋元之后广泛种植的棉花是从西南引进的多年生树棉，并不是从西北引进的一年生草棉。树棉系旧大陆棉种中的亚洲棉，可存活数年，高丈余，分枝不广，果实较小，形如桃，花色有白、黄二种，棉籽与棉核相连，纤维多呈纯白色，有自然卷曲性和良好的吸湿性。正是因为树棉引进之初有乔木的特点，所以叫木棉。树棉引进后，由于种植地区纬度的升高以及每年播种等原因，其性状发生变异，逐渐呈一年生草棉性状，但优良的棉纤维并没有发生变化。但现在海南岛中部地区还可见原始形态的树棉，确有“木”的特性。正是因为树棉的优良特性，很快在全国各地种植。其最初引入的名称“木棉”就这样被沿用下来，甚至到清代乾隆时期（1736—1795 年）成书的《木棉谱》还将树棉称为木棉。

4　棉花内传路径及长时期传播受阻的原因

棉花在中国古代是舶来之物。中国应用棉花的历史，可追溯至公元前 2 世纪或更早一些，但在宋代以前的 1000 余年时间内，棉花的种植和利用未在中原地区广泛传播，始终局限在中国南部、西南部和西北少数民族地区。直到宋元时期，棉花的许多优良纺织特性才被人们广泛认识，加之棉花种植技术和棉纤维加工技术的突破，棉花才迅速取代麻、苎纤维，成为和蚕丝一样重要的大宗纺织原料。

国内树棉、草棉及其棉织物的相关记载和考古发现都可追溯到公元前 2 世纪的西南、西北少数民族地区，其内传路径有两条：北路和南路。北路内传的是草棉及其纺织品，其内传路径为：新疆（西汉）→河西走廊（最迟唐代）→陕西地区（最迟元代）；南路内传的是树棉及其纺织品，其内传路径为：云南（东汉）→广西（三国）→海南（南北朝）→广东、福建、江南（两宋）→长江、黄河流域（元代）→全国广泛传播（明代）。到明代，树棉凭借其优良的纺用特性，成为中国古代的新一代最大宗纺用纤维。

从上面棉花的内传路径可以看出，棉花内传十分缓慢，从边陲地区传播到江南地区用了约千年时间，但棉花从传入江南地区到最终成为大宗纺用纤维，仅用了不到 200 年的时间，这是为什么呢？主要原因有以下三点：

首先，中国古代纺用纤维的消费习惯阻碍了棉花的内传步伐，但商品经济又迅速促进了棉花的内传。中国自古就形成了丝、茎皮植物纤维制品的消费习惯。早在西汉时，丝、茎皮植物纤维的纺织生产技术已经相当发达了。刚传入西北、西南地区的棉纺织品是很难与之竞争的。此外，最重要的是中国古代自给自足的自然经济形态，成为丝、茎皮纤维制品消费习惯的保护带，严重阻碍着棉纺织品、棉花的内传。直到两宋时期，商品经济高度繁荣，陆、海两路贸易十分发达，棉花、棉纺织品才逐渐开始有规模地内传。

其次，中国古代传统纺织技术惯性，成为棉纺织技术发展的阻碍，而黄道婆时期的棉纺织技术改革（可能不是黄道婆，黄道婆仅是教育者）又打破了这一樊篱。中国古代发达的丝、茎皮植物纤维纺织技术，特别是纺纱技术并不适合种子纤维——棉花。而少数民族地区的棉纺织技术十分低下，所以，棉花内传之初，在汉族地区从事棉纺织生产的性价比没有从事丝、茎皮植物纤维纺织生产高，这是棉花不可能大规模内传的主要原因之一。直到元初，传说松江府人黄道婆改进棉纺织工具，才促进棉纺织技术的发展，使之与中国传统纺织技术融合。

最后，中国古代统治阶级对棉纺织品的认识由轻视到重视，经历了千年之久，这与入主中原完成统一的元政权有关。华夏民族曾有“华夷之辨”，在古代是轻视少数民族的。棉花、棉纺织品作为源于西北、西南少数民族地区的产品，自一开始就被认为是落后的产物，仅作为贡品而已。之所以元代棉的内传在两宋的基础上进一步发展，有两个原因：① 元统治者本身是少数民族，没有根深蒂固的“华夷之辨”思想。② 棉纺织品的保暖性，早在南宋时期已得到寒冷北方地区的蒙古政权（元统治政权的前身）的欣赏，南宋时期的陆路贸易中有相当一部分就是棉纺织品。正是因为如此，元统治者大力推广棉花、棉纺织品。棉花、棉纺织品的优良品质被广大民众认识到。此后，明政权在元代棉迅速内传的基础上，沿用元代的鼓励政策，进一步推广了棉花和棉纺织技术。

5　矿物纤维石棉在中国古代出现的记载和研究

中国古代关于矿物纤维在纺织方面应用的文献，主要是关于石棉纤维的应用，且多为神怪记录——火浣布的野史记录。但南宋周密（1232—1298 年）在《齐东野语》中明确指出火浣布是石棉，对火烷布到底是什么做出了比较完美的解释。

《齐东野语·卷十二·火浣布》一文是中国古代关于火浣布记录最详细、考据最全、最科学的经典之作。其文中记载：“东方朔《神异经》所载，南荒之外有火山，昼夜火然。其中有鼠重有百斤，毛长二尺余，细如丝，可作布。鼠常居火中，时出外，以水逐而沃之方死。取其毛缉织为布，或垢，浣以火，烧之则净。又《十洲记》云：‘炎州有火林山，山上有火鼠，毛可织为火浣布，有垢，烧即除。’其说不一。魏文帝尝著论，谓世言异物，皆未必真有。至明帝时，有以火浣布至者，于是遂刊此论。是知天壤间何所不有？耳目未接，固未可断以为必无也。昔温陵有海商漏舶，搜其橐中，得火鼠布一匹，遂拘置郡帑。凡太守好事者，必割少许归以为玩。外大父常守郡，亦得尺许。余尝亲见之，色微黄白，颇类木棉，丝缕蒙茸，若蝶粉蜂黄然。每浣以油腻，投之炽火中，移刻，布与火同色。然后取出，则洁白如雪，了无所损，后为人强取以去。（或云，石岩有丝，可织为布，亦不畏火，未知果否。）”

《神异经》中关于火鼠（图 2-6）的记载与《齐东野语》中的记载相似，不同的是《神异经》中言火鼠来自不尽木的火中。

图 2-6 火鼠想象图

查《十洲记》原文，其大意与《齐东野语》相似，唯《十洲记》中将火鼠称为“火光兽”。

《博物志·异产》中也有：“西域献火浣布。” 三国时期魏国鱼豢(生卒年不详)的《魏略·西戎记》、南朝宋时期范晔(398—445年)的《后汉书·西域传》载：“(大秦国)作黄金涂、火浣布。”西晋傅玄(217—278年)的《傅子》谓：“汉桓帝时大将军梁冀以火浣布为单衣。”东晋王嘉(？—390年)《拾遗记·卷九》亦云：“果有羽山之民献火浣布万匹。”

最早对火浣布的原料进行科学分析的是《齐东野语》。“或云，石岩有丝，可织为布，亦不畏火，未知果否”，足见其认为“石岩”即石棉。清代南怀仁(耶稣会传教士，1623—1688年)的《坤舆图说·卷下》云：“火浣布，炼石而成，非他物也。”也再次肯定了火浣布乃石棉之说，剔除其神怪成分。此外，《西京杂记》中有吉光裘一说，言有神马吉光，其皮制裘，入火不焚、入水不濡。虽然《十洲记》对吉光裘、火浣布分别做了介绍，两者都有入火不焚的相似之处，但笔者认为吉光裘为虚写，而火浣布为实写，吉光裘应该是火浣布神秘之说的另一种变种。

Part 3

丝处理篇

中国是世界上最早养蚕、缫丝和织造丝绸的国家。西汉张骞（前 164—前 114 年）通西域（前 139 年和前 119 年两次出使西域）以后，丝织物、蚕种、桑树种子、丝织技术才逐渐开始传到国外。一直以来，丝绸是中西交通上的主要商品，所以 19 世纪德国著名地理学家李希霍芬（1833—1905 年）将通往欧亚大陆的交通称为“丝绸之路”，可见中国古代丝织技术的高度发达和垄断性。

1 中国古代的茧蛹处理方法变迁

茧蛹处理技术是指对茧蛹进行处理的工艺，即在不破坏茧的前提下杀死蛹的方法。它是反映丝织技术水平的一个重要标志，因为茧蛹处理技术水平的高低直接影响着丝的质量。

中国古代茧蛹处理技术发展经历了五个阶段。

第一阶段（西周及其以前）：直接缫丝，它要求缫工必须在几天时间内煮茧缫丝，不然茧蛹化蛾，成为断丝，便不能缫丝了。《礼记·月令》载周礼："后妃斋戒，亲东乡躬桑，禁妇女毋观，省妇使，以劝蚕事。蚕事既登，分茧称丝效功，以共郊庙之服，无有敢惰"，"蚕事既毕，后妃献茧，乃收茧税，以桑为均，贵贱长幼如一，以给郊庙之服"，"世妇卒蚕，奉茧以示于君，遂献茧于夫人。夫人曰：'此所以为君服与！'"可见蚕事的时令性和紧迫性。"分茧称丝效功"强调后妃们以缫丝的重量作为蚕事的考核成绩，足见她们是抢时间缫丝，不然不会考核的。此外，"以共郊庙之服"，"以给效庙之服"，"夫人曰：'此所以为君服与！'"说明在西周初年周公姬旦定礼之时，丝织物是天子、诸侯祭祀天、地、祖先所用的祭品和服装（说明其是沟通神灵的媒介），并非为平常人所享用，丝织品的使用量应该不会很大，鲜茧缫丝应该可以满足需求。

第二阶段（春秋时期到南北朝之间）：先后出现阴摊法和日晒法。春秋战国时期“礼崩乐坏”，丝织品也被皇族、贵族、士大夫阶层所用，不再仅限于祭祀使用。丝织品使用的普及化导致蚕桑规模扩大，大量茧蛹必须在化蛾前进行处理，不然茧丝会无法纺用。阴摊法是利用低温控制，推迟茧蛹化蛾一二天，为缫丝赢得时间。日晒法，是指在日光下曝晒茧蛹，杀死蛹，将缫丝期无限推迟。可推定日晒法应该是在阴摊法之后、盐腌法之前采用。因为贾思勰在其著作《齐民要术》中明确阐明，新发明的盐腌法较老法日晒法优势更多。他认为：“用盐杀茧，易缫而丝肕；日曝死者，虽白而薄脆。缣练衣着，几将倍矣，甚者虚失岁功，坚脆悬绝，资生要理，安可不知之哉？”可见，日晒法明显早于南北朝时期的盐腌法。

第三阶段（南北朝时期至南宋之间）：盐腌法被普遍采用。盐腌法即窑茧法。其实早在南北朝时期，中国古人就发明了盐腌法杀蛹，改进日晒法杀蛹的缺点。日晒法破坏了丝的蛋白质，丝的强度大大降低，影响丝的品质。而盐腌法主要是利用盐作为封闭层，使蚕蛹与外界隔绝，同时吸收蚕蛹中的水分，将其杀死，并没有破坏丝的蛋白质，较日晒法更能保持丝的品质。不光当时北魏《齐民要术》中有关于盐腌法的介绍，在南朝齐、梁时期著名医药家陶弘景（456—536 年）所著《药总诀》中也有盐腌法的记载：“凡藏茧，必用盐官盐。”可见南北朝时期，大江南北普遍都采用盐腌法杀蛹。北宋文学家秦观（1049—1100 年）所著《蚕书》中记载有盐腌法的具体操作：“凡浥茧，列埋大瓮地上。瓮中先铺竹箦，次以大桐叶复之，乃铺茧一重。以十斤为率，掺盐二两。上又以桐叶平铺，如此重重隔之，以至满瓮。然后密盖，以泥封之。七日之后，出而缫之。”

中国最早的关于茧蛹处理技术图像信息的古代美术作品是《蚕丝图》，南宋吴皇后（1115—1197 年）在《蚕织图》中作注《窑茧》（图 3-1）（相传《蚕织图》乃楼璹（1090—1162 年）所绘《耕织图》的摹本，楼璹《耕织图》未能流传于世）。

图 3-1 南宋吴皇后注《蚕织图》中的《窑茧》

注：图中为吴皇后所作《窖茧》——盘中水晶盐，井上梧桐叶。陶器固封泥，窖茧过旬浃。门前春水生，布谷催畚锸。明朝蹋缫车，车轮缠白氎。

第四阶段（元代到清中期）：出现笼蒸工艺。盐腌法虽好，但操作复杂，用时较长，此外由于当时丝织手工工场的兴盛，迫切需要处理时间短且不影响茧丝品质的茧蛹处理技术。笼蒸工艺正是在这样的需求下被发明出来的。在元代的《农桑直说》《王祯农书》和明代的《农政全书》中都可看到关于笼蒸法（图 3-2）的介绍，且表述都是一样，正见其引用关系："杀茧法有三，一曰日晒；二曰盐浥；三曰笼蒸，笼蒸最好。""用笼三扇，以软草扎圈，加于釜口，以笼两扇坐于其上。笼内匀铺茧，厚三指许，顿于茧上以手试之，如手不禁热，可取去底扇，却续添一扇在上。如此登倒上下，故必用笼也。不要蒸得过了，过则软了丝头；亦不要蒸得不及，不及则蚕必钻了，如手不禁热，恰得合宜，……釜汤内，用盐一两，油半两，所蒸茧，不致干了丝头。"

第五阶段（晚清）：出现火力焙茧和烘茧法。很多专著都认为明清时期出现火力焙茧和烘茧法，笔者对此有些疑问：首先，如果明代已经出现火力焙茧和烘茧法，那为什么明代弘治十五年(1502)刊行的《便民图纂》中的茧蛹处理技术还是采用窖茧法（盐腌法）（图 3-3）呢？为什么明末成书的《农政全书》中也仅有笼蒸工艺的介绍呢？《农政全书》作为一部技术专著，必然是要介绍和推广新工艺的，不可能不介绍火力焙茧和烘茧法这种新工艺，显然明代没有出现火力焙茧和烘茧法。其次，如果清代早期和中期已出现火力焙茧和烘茧法，那为什么雍正年间《耕织图》、光绪年间《蚕桑图》中都没有火力焙茧和烘茧法的介绍呢？

笔者认为，火力焙茧和烘茧法是舶来之物，是洋务派学者在同治末年向西方考求而来。证据一，《清史稿》中有一段关于徐寿向

图 3-2 《王祯农书》中关于笼蒸法的版画

西方学习烘茧法的记载："同治末……无锡产桑宜蚕，西商购茧夺民利，寿考求烘茧法，倡设烘灶，及机器缫丝法，育蚕者利骤增。"证据二，安徽直到 1924 年才采用烘茧法，如果不是西法，为何安徽直到民国时期才采用呢?

图 3-3 明代刊行的《便民图纂》中的茧蛹处理技术——窖茧图（局部）

2 中国古代缫丝工艺的变迁

丝织品无丝不缫、无丝不并。另外，缫丝工艺是丝织特有的，其技术水平高低直接表征着丝织水平的高低。可见，缫丝工艺（非现代意义上）的起源断代甚至与丝织起源同步，其研究异常重要。

缫丝是制丝的一个主要工序，根据产品规格要求，把若干粒煮熟蚕茧的茧丝离解，合并制成生丝。这是现代缫丝的定义，是纺织学家根据现有认识反推出来的定义。但在这一工序定义之前，人类又是如何将“茧丝离解，合并制成生丝”的？即使是煮熟茧这一简单办法，古人也并不是一开始就认识到的。因此，现代的缫丝定义具有“以今观古”的辉格解释意味。因为经检验，中国出土的最早的丝织品——河南荥阳青台遗址出土的5500多年前的丝织品的丝就被缫过，此处“缫”并不一定是现代定义的“缫”——经过热水或沸水煮茧、抽绪、并丝——而可能是常温下用水沤丝，因为常温下的水可能也有20℃左右，比起热水、沸水煮茧所需时间要长，且需要外力作用于茧。古代缫丝不能以现代的定义来看，古代缫丝可认为是茧丝离解、并丝成生丝。

中国古代缫丝工艺经历了六个阶段。

（1）常温水沤丝抽绪、纺专茧丝合股（春秋时期之前，上限为5600多年前，在“纤维出现篇”的“丝织起源的一些疑问”中已论述）。

之所以如此断代，是因为商代甲骨文中的相关信息里并没有出现所谓现代缫丝定义的图像信息，仅仅出现分流的沤丝抽绪、茧丝合股的图像（图3-4）。从图3-4中四个甲骨文的图像信息来看，它们都没有出现热水、沸水的信息，至多出现水的信息，因为图像中所有的器皿都是盘（不可加热）而非釜（可加热）。有关学者认为即使器皿是盘而非釜也可是热水、沸水缫丝，因为盘中可以加热水、沸水。但在此需要指出，如果是少量的煮茧工作，这样做是没有问题的。如果是大量的煮茧工作，则温度的控制必然成为一个影响缫丝速度和质量的问题，那么加热器皿的使用是必然的。

图3-4中（a）图并不是“缫”这个字，而是缫丝工艺中找绪头的工序，当然从这里看不出来到底有没有用含加热装置的热水或

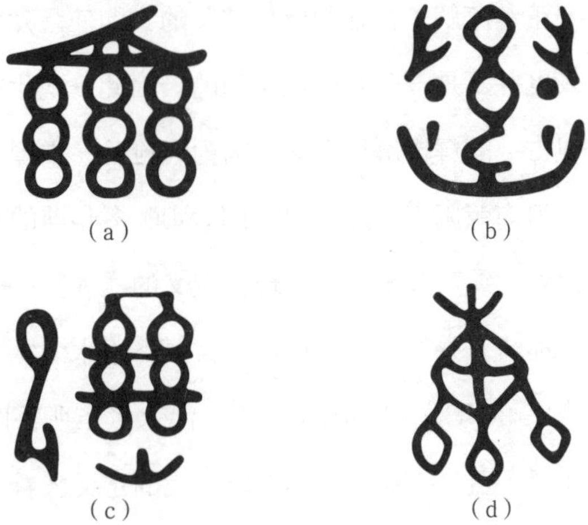

图 3-4 与“缫”相关的甲骨文表现形式

沸水煮茧，甚至还看不出来到底有没有用常温水。对于图 3-4 中（b）图的图像信息的解读，应该是找到绪头后使用纺专进行合股加捻。有的科技史专家认为，单个茧丝不可能用纺专合股加捻，因为单个茧丝不可能承受纺专下端纺轮的重量。但是从屈家岭出土的小型化纺轮，正好说明有可能这些纺轮是用于丝纺的。从（b）图中也没有发现到底有没有用热水或沸水煮茧的相关信息。不管怎样，以上所说两个图像的信息说明：一方面，从相关的信息中并没有看到热水或沸水缫丝的出现；另一方面，自有文字始，缫丝工艺并不是一气呵成的，而是由不同的、独立的工序组成，即缫丝工艺有一个从分流到合流的变迁过程。

图 3-4 中（c）图是传统纺织史学界对图 3-5 中甲骨文的相关处理，原图应该是用水绎茧的表达，因为它的图像信息是从缫盘中抽取一根茧丝单纤维。由于一根茧丝由两根茧丝单纤维组成。所以

甲骨文中“”表示一根茧丝的单纤维。

图 3-5　图 3-4（c）图中甲骨文的本形

由于在这个图像信息中缫盘下端没有加热装置，可断定其为非具有加热装置的热水、沸水缫丝。那怎么理解只抽取一根茧丝单纤维呢？后世一般是将五颗到十颗茧一起进行抽绪、缫丝。可能是商代一开始只能抽取一根茧丝单纤维且不知道同时茧丝合股，随着生产实践的进步，慢慢才会同时进行多颗茧的操作且同时进行合股操作，这符合人类的生产实践规律。

（2）春秋战国时期估计已出现热水煮茧（没有缫车）。

如此断代的理由有二：

理由之一在于从相关涉及周礼的文献来看，似乎还没有发现沸水缫丝的工艺。《礼记·祭义》载周礼：“及良日，夫人缫，三盆手。遂布于三宫夫人世妇之吉者，使缫。”“夫人缫，三盆手”虽然只是诸侯夫人的亲缫行为，仅具有象征性的意义，但其实际操作一定是很到位的。盆是一种盛液体（多数为盛酒）的器皿，并不用于加热。《说文》中记载：“盆，盎也。”《尔雅》中说：“盎，谓之缶。”《说文》中还解释道：“缶，瓦器，所以盛酒浆。”郑玄注：“三盆手者，三淹也。凡缫，每淹大总而手振之，以出绪也。”若是沸水缫丝，水烫又岂敢“三淹也”，丝胶在热水、水蒸气中早已分解，又何必“手振之”。“三”在古文中并不是指三次而是指多次，只有在未加热的水中缫丝，才会用手多次把茧浸入水中，帮助水迅速在茧上渗透，加之外力“手振之”，以便脱胶。此外，北宋晚期秦观《蚕书》中有沸水缫丝的操作，“必以箸，其绪附于先引，谓之喂头”，可见沸水缫丝必须用筷子找到绪头，因为水烫不可能“手振之”。

理由之二在于最早记载纤维水煮处理的文献是《诗经》（春秋时期成书）。记载东周之事的《诗经·周南》中有《葛覃》篇，明确记载了当时沸水煮葛的情况，“葛之覃兮，施于中谷，维叶莫莫，是刈是濩，为絺为绤，服之无斁”，文中“濩”就是指煮葛，这足以说明当时已经具备热水处理纺织纤维包括茧丝的技术基础。而最早记载温水处理茧的技术是战国时期成书的《考工记》，“荒氏涑丝，以涚水沤其丝七日”，书“涚”作“湄”。郑司农（东汉经学家郑众，曾官至大司农）云：“湄水，温水也。”可见，战国时期还没有完全掌握沸水煮茧技术，不然为何“以涚水沤其丝七日”？明显是以长时间的温水沤丝避免高温对丝品质的破坏，这是当时对温度控制的不熟练所致。

（3）西汉时期沸水煮茧工艺（非现代意义上的缫丝工艺，没有缫车）已相当普遍，并为这一时期的文献多次记录。

汉文帝时期成书的《韩诗外传》中有“茧之性为丝，弗得女工燔以沸水，抽其统理，不成为丝”。汉景帝时期成书的《淮南子》中有“茧之性为丝，然非得工女煮以热汤而抽其统纪则不能成丝”，从“不能成丝”这句可见，沸水煮茧已成为生产标准，足见其工艺的普及程度。另外从“抽其统理”“抽其统纪”中并不能断定缫车的存在，似乎更像是用手操作纺专进行并丝。此后，汉武帝时期成书的《春秋繁露·实性》中有“茧待缫以涫汤而后能为丝”，进一步证明沸水煮茧的普及程度，因为前两个证据可能是引用关系，但后一个则是重新的相似表达。此处也没有发现缫车的信息，如果当时已有缫车这样机巧的器具，不可能不加以表述。

（4）早至东汉时期，晚至北宋晚期，完成沸水煮茧、茧丝合股两道工序由分流到合流的过程，即出现后世称为缫车的器具。

所谓缫丝工艺的分流是指抽绪和茧丝合股两道工序由两个不同的机械器具操作完成，而缫丝工艺合流是指这两道工序由一个机械器具——缫车在同一时间内操作完成。东汉时期出现缫车的证据是一个间接证据，出自山东省滕州市龙阳店出土的《狩猎、纺织、车骑出行画像》中的纺织图像信息（图 3-6）。作为缫车存在的间接证据，这一图像信息被纺织史学界忽视，仅频繁作为络车断代的直接证据。图 3-6 右边斜织机前是一架络车。何谓络车，东汉成书的《通俗文》曰："张丝曰柅。"（笔者注：柅指络车）王祯对此这样解释："盖以脱軖之丝张于柅上，上作悬钩，引致绪端，逗于车上。其车之制，必以细轴穿籰，措于车座两柱之间；人既绳牵轴动，则籰随轴转，丝乃上籰。此北方络丝车也。"本来王祯的这句话解释的是东汉时期的络车，研究者要谨慎，毕竟时间间隔太长。但图 3-6 中的图像信息告诉笔者，东汉时期的络车与元代的络车一模一样，让人不由得相信王祯的解释。那东汉时期络丝工序之前，

图 3-6 山东省滕州市龙阳店出土《狩猎、纺织、车骑出行画像》（局部）

丝在哪里以何种形制存在就成为关键。显然丝必须大于络车的丝軠，不能太小，否则在张丝之时使用力气过大会使丝崩断，由此可以间接推断丝軠存在（丝軠大于络车）。既然有丝軠存在，那必然有缫车存在。结合西汉时期沸水煮茧法的普遍存在，有理由估计，热釜缫丝法在东汉时期已经出现。

何谓热釜缫丝法？热釜缫丝法（图 3-7）是将釜置灶上，灶下生火，沸水缫丝。在此须强调一点，《韩诗外传》《淮南子》《春秋繁露》不能证明热釜缫丝法的存在，仅能说明用沸水煮茧抽绪的存在，没有任何文字证明西汉时期已有成套的热釜缫丝法。

图 3-7 《王祯农书》中的热釜缫丝法

晚至北宋时期出现沸水煮茧、茧丝合股两道工序合流——即缫车出现，可从北宋晚期《蚕书》中的相关介绍明显看到。此外，当时在煮茧工艺中的温度控制受到丝织工匠的重视，总结出煮茧温度控制的操作经验。《蚕书》中的“常令煮茧之鼎，汤如蟹眼”即是丝织工匠掌握煮茧温度控制的明证，这与现代缫丝工艺确定沸水煮茧以水温 80 ℃为宜的标准惊人的契合。这一经验一直到元代都还沿用，其证据是元代成书的《士农必用》载：“其水温以蟹眼汤为标志。”这又证明了该茧温控制操作经验的有效性。为什么沸水缫丝时要控制温度呢？原因在于：沸水温度太高，使丝胶溶解过多，不利于集丝时的抱合，并易使丝色变褐；温度太低，溶解太慢，影响缫丝速度和产量。

（5）最晚元代出现冷盘缫丝法（图 3-8），可从《王祯农书》中找到相关图文信息。

冷盘缫丝法并不是冷水缫丝法，其实也是一种特殊的煮茧缫丝

图 3-8 《王祯农书》中的冷盘缫丝法

工艺，用温度相对低的温水来缫丝，但到明代很少用冷盘缫丝法。此外，冷盘缫丝法似乎回到《考工记》中“涚水沤其丝”的工艺，但其水温肯定是高于涚水的，并且抽绪、茧丝合股工艺肯定是合一的，可以说是一种“回采法”的利用。

（6）明代出现连冷盘工艺。

连冷盘工艺综合了热釜缫丝法和冷盘缫丝法的优点，摒弃了两者的缺点。它将煮茧和抽绪分开。茧经热釜水煮几分钟后，移入水温略低的“冷盘”中抽绪，这样抽绪便可从容不迫，免于因抽绪不及而茧煮得过熟，损坏丝质。《农政全书》中有此工艺插图，但已遗失，现今唯一可见的连冷盘工艺插图来自清代前期的《豳风广义》（图 3-9）。

图 3-9 《豳风广义》中的连冷盘工艺

综上所述，中国古代缫丝工艺发展顺序如下：常温水沤丝抽绪、纺专茧丝合股（春秋之前）→涚水沤丝、纺专茧丝合股（春秋战国时期）→沸水煮茧工艺普及（西汉前期）→热釜缫丝法出现，缫车出现（估计东汉）→缫丝开始注意温度控制，总结出有效的办法（北宋晚期）→冷盘缫丝法（元）→连冷盘工艺（明）。

3 缫丝器具的演变

工艺器具的演变与工艺的变迁密切相关。中国古代缫丝工艺中包括抽绪和茧丝合股两道工序，这两道工序经历了从分流到合流的发展过程。

考察中国新石器时代中期的文化遗址，发现大型化的纺轮占纺轮总数的绝大部分，但其中也有极少数质量轻、形体小的纺轮存在。一方面说明这些小型的纺轮可能用于蚕茧丝的合股，证明当时缫丝工艺是分流的；另一方面说明丝织技术还处于萌芽状态。但到新石器时代晚期，纺轮趋于小型化，一方面说明茎皮植物纤维的纺纱技术水平提高，另一方面说明蚕茧丝的合股操作开始增多，但缫丝工艺仍处于分流阶段。

1979 年江西贵溪战国时期的崖墓出土了一批纺织工具，其中就有一件“X”形绕线架，长 36.7 cm，这与后世缫车上的卷绕部分有相似的形制，但整个崖墓并未出现后世缫车的完整形制。同时该崖墓中出土了绢、麻等纺织品。这些绢是如何缫丝成线？这是一个难点。可能是这样：缫工从水中抽绪后，将蚕茧丝绕在绕丝架上，然后再用轻型纺轮将多根蚕茧丝合股。对于这一假设，有关科技史、纺织史研究者认为这样太繁琐且效率不高，当时应该有缫车，没有缫车不可能有丝线。这一说法是可以反驳的，因为中国同时期乃至稍晚的西汉也没有与缫车相关的文献、图像信息和考古发现。显然只有一种可能，缫车的确不存在。

缫车的出现应该晚于纺车，虽然缫车、纺车都有曲柄结构（或简易曲柄结构）和加捻装置，但缫车结构要比纺车复杂。从《诗经》中可知，春秋晚期还在使用纺轮纺纱，到西汉时期才有一台非常简易的纺车（加捻装置，在西汉墓葬中出土的帛画中出现）形制信息出现。那么缫车必定是在西汉后才出现。前文已间接证明缫车出现在东汉时期。西汉时期，缫丝工艺应该还是处于分流状态，以绕丝架取茧丝，以纺车合股茧丝。由唐代陆龟蒙（？—881 年）的诗句“每和烟雨掉缫车”，可知最晚至晚唐，就出现了手摇缫车。其后北宋苏轼也有“村南村北响缫车”的记载，这些手摇缫车的具体形制不太清楚，因为诗中的信息比较模糊。北宋秦观的《蚕书》中出现的缫丝工艺合流的记述，应该是抽绪和蚕茧丝合股两道工序合流的手摇缫车。南宋梁楷（生卒年不详）《蚕织图》中绘有一台脚踏缫车，并且抽绪和蚕茧丝合股两道工序明显合流（图 3-10）。元代以后缫车记载多且详细，《王祯农书》《农政全书》《天工开物》《豳风广义》中都有文字记载和图考，其中既有手摇缫车，也有脚踏缫车。

没有缫车就不能缫丝吗？显然不是。纺专是可以加捻丝线的，无非是非常费时。殊不知，中国古代为了做成一件青铜重器可谓不惜工本，制作几次甚至几十次也屡见不鲜。丝织品的制作刚开始也

图 3-10 梁楷《蚕织图》（临摹）中的脚踏缫车

应该是如此，毕竟其当时的实用性是其次，而政治性、宗教性是首位。

由此可见，根据现有文物资料、文献资料显示，中国古代缫丝工具的演变大致为：以绕丝架取茧丝，纺专合股茧丝（抽绪、合股工序分流，战国之前、战国）→以绕丝架取茧丝，出现纺车合股茧丝（抽绪、合股工序分流，西汉）→手摇缫车（抽绪、合股工序合流，估计出现于东汉，唐代出现“缫车”一词，北宋《蚕书》明确指出手摇缫车的出现）→脚踏缫车（抽绪、合股工序合流，南宋）。

4 缫车的形制与操作

古代缫车的形制大体差不多，其详细结构也并不是很清晰，唯有《王祯农书》里有一张“北缫车”插图（图 3-11），且图文并茂，加上有文无图的秦观《蚕书》，才让读者读懂《王祯农书》中的热釜图（图 3-7）、冷盘图（图 3-8）、南缫车图（图 3-12）中缫车的内部结构，进而理解明代《天工开物》中的脚踏缫车图（图 3-13）

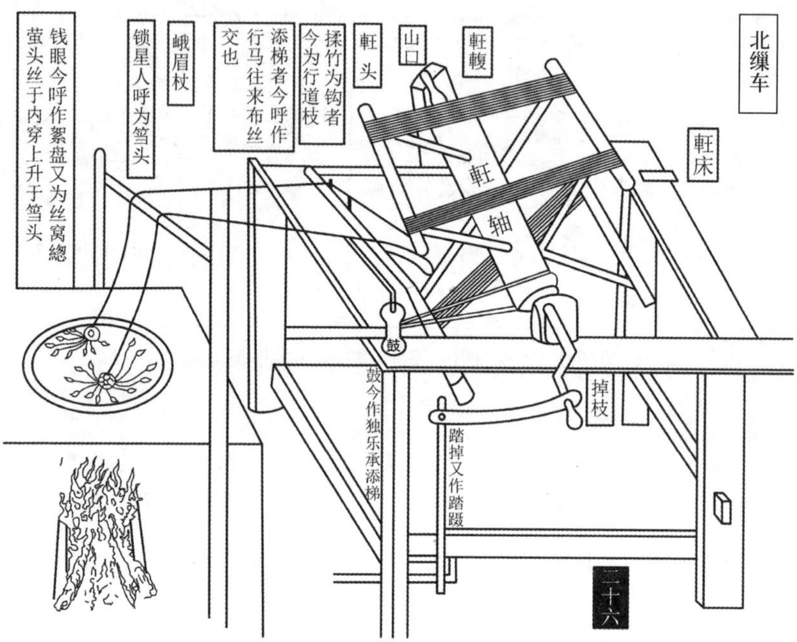

图 3-11 《王祯农书》的北缫车图

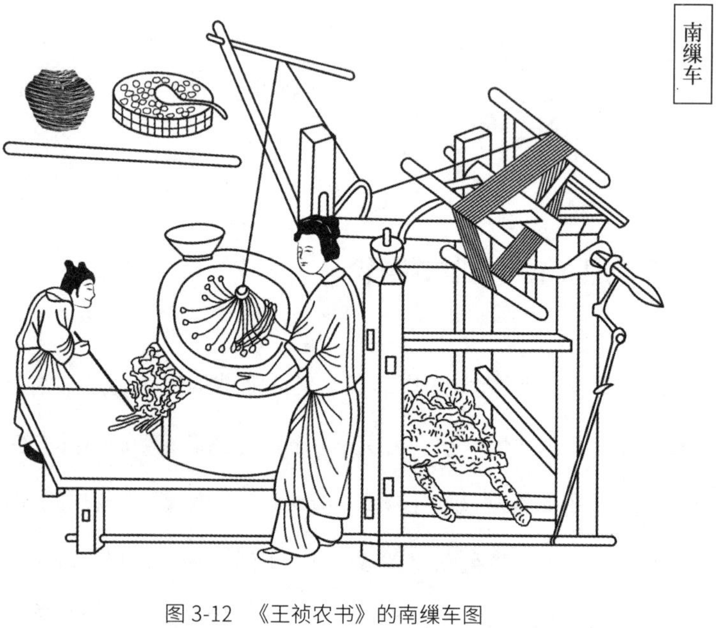

图 3-12 《王祯农书》的南缫车图

图 3-13 明代《天工开物》中的脚踏缫车图

和清代《豳风广义》中的手摇缫车图（图 3-9）。《王祯农书》中的“北缫车”插图堪称中国古代缫车史上的“罗塞达石碑”。当然，自宋元到清代，无论是手摇缫车，还是脚踏缫车，都在体积上不断地缩小，这与其普及程度有关。

图 3-13 中的脚踏缫车的具体使用方法是：缫丝时，将茧锅里捞出的丝头，先穿过集绪的“钱眼”或竹针眼，再绕过导丝滑轮“锁星”，再通过横动导丝杆“添梯”上的导丝钩，绕在丝軖上。用脚踏动踏板作上下往复运动，通过连杆使丝軖曲柄作回转运动，利用

丝軖的回转惯性，使其连续回转，进而带动整台缫车运转。

5　络丝、并丝、整经器具及工艺

络丝是指将缫车上脱下的生丝转络到籰子上，这一工艺就是当代纺纱技术的络筒工艺，其主要作用有两点：一是将丝线加工成容量较大、成形良好、密度适宜的无边或有边筒子，然后进行整经、卷纬、漂染等工序，以利于提高生产效率；二是清除丝线上的疵点，改善丝线品质，以减少丝线在后道工序中的断头，提高丝织物的外观质量。

籰子是从春秋战国时期的 X 型绕丝架发展起来的，已知中国最早的籰子实物出土于新疆吐鲁番阿斯塔那的晋代墓葬，它的结构是两组十字形的辐装上四条横梁。两组辐的中央都有圆孔，中间穿一根轴，用手转动轴，可使整个框架绕轴转动（图 3-14、图 3-15）。

图 3-14　新疆吐鲁番阿斯塔那墓出土的晋代籰子

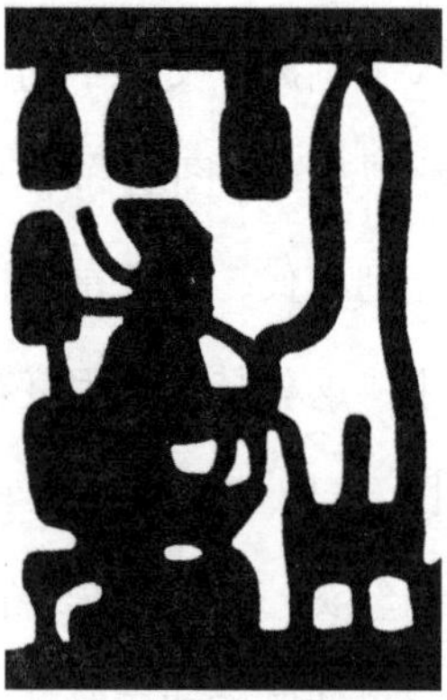

图 3-15　山东省滕州市造纸厂出土东汉画像石中的络丝图（局部）

篗子的结构与风筝的绕线器很相似。篗子刚开始用于缫丝，唐、宋时缫丝的抽绪和蚕茧丝合股两道工序工艺合流后，篗子才成为专门的络丝工具。

络车就是络丝的机械装置，它由篗子和丝軖组成。西汉末年扬雄《方言》中有关于络的最早介绍，“河济之间，络谓之给”，可见络丝工艺应该最晚出现在西汉末年。此外，最早的图像信息可以从东汉画像石中看到（图 3-15），络丝者一手转动篗子，另一手拨动丝軖上的丝。后世的络车形制一直没有什么变化，可以从元代《王祯农书》、明代《天工开物》、清代《蚕桑萃编》中的络车图信息得到佐证（图 3-16、图 3-17、图 3-18）。

图 3-16 《王祯农书》中的络车版画

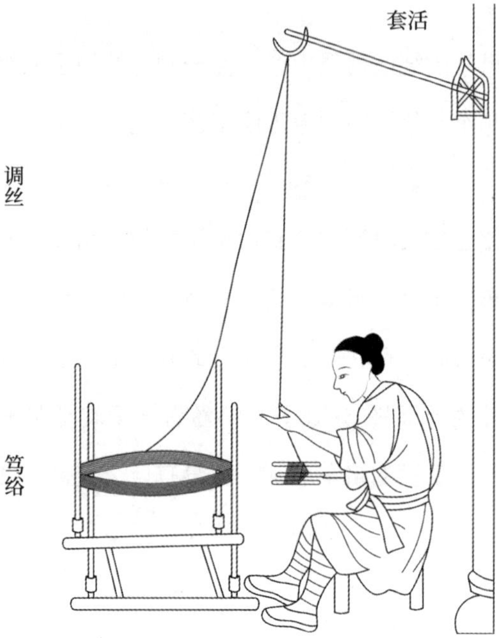

图 3-17　明代《天工开物》中的络车版画

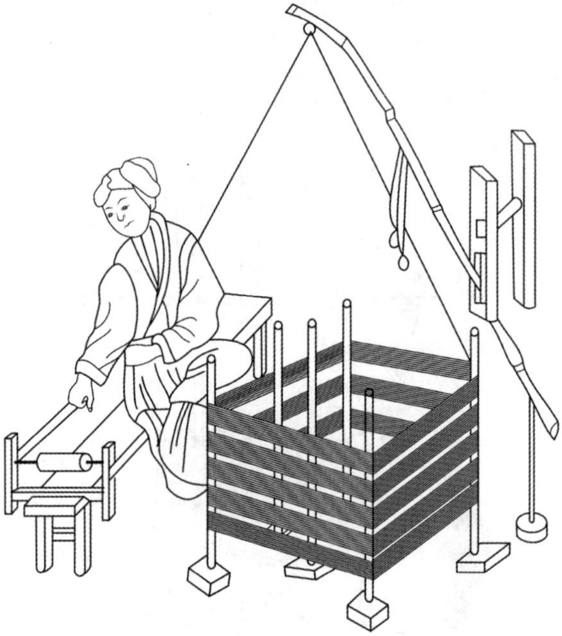

图 3-18　清代《蚕桑萃编》中的络车版画

图 3-19 江苏省徐州市贾汪区青山泉子房出土的东汉画像石上的并丝操作

并丝工艺是络丝后的一道工序，它是将两根及两根以上的生丝合并成一根股线，或者根据丝线的粗细需要将两根及两根以上的股线再合并成一根复合股线的加工过程。合并的丝线可以是有捻的，亦可以是无捻的。中国古代并丝的工艺的最早图像信息也可在东汉画像石中见到（图 3-19），图中并丝者将籰子的轴取出，将籰子放在地上,然后将几个籰子上的生丝在纺车的锭子上进行并丝操作。这一工艺近两千年来一直沿用，在明末的《天工开物》中还可见到（图 3-20）。

整经是将一定根数的经纱按规定的长度和宽度平行卷绕在卷经轴上的工艺过程。整经要求各根经纱张力相等，在卷经轴上分布均匀。最原始的整经可直接在织机上进行，不需要或只需要极简单的专门工具。在彝族地区，还能看到直接整经上机工艺和地桩整经工艺，推测河姆渡文化遗址中的整经工艺与此相似，以地桩整经工艺为主。后世常见的两种整经方法为轴架式整经工艺和齿耙式整经工艺，分别由直接整经上机法和地桩式整经法发展而来。

图 3-20 《天工开物》中并丝操作的版画

轴架式整经工艺在宋人《耕织图》、南宋吴皇后题注本《蚕丝图》、梁楷《蚕织图》等宋代美术作品中均有描绘。元代《王祯农书》中详细记载了这种方法："先排丝籰于下，上架横竹，列环以引众绪，总于架前经排，一人往来挽而归之纼轴。"（图 3-21）这里横竹之架又称经架，两边为两竖杆，中横一竹，竹上有许多导

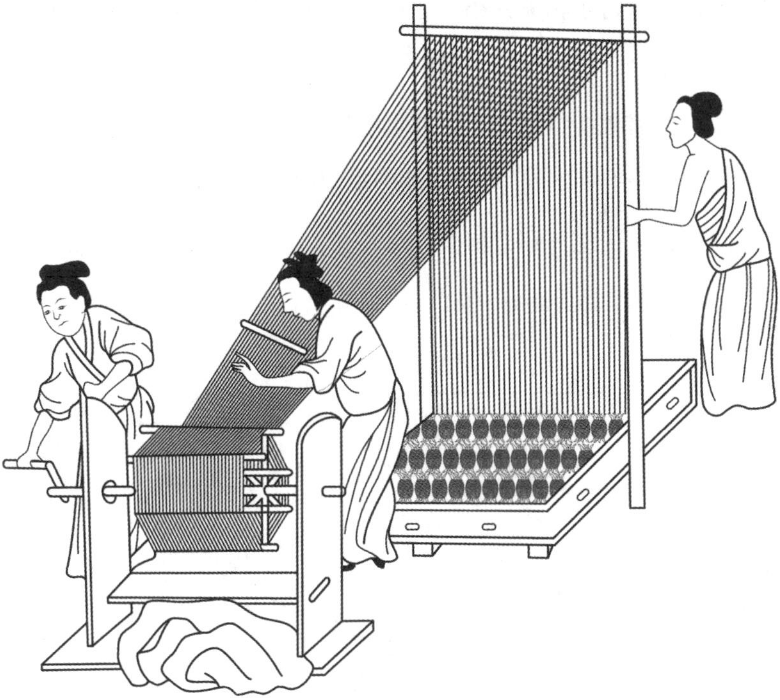

图 3-21 《王祯农书》中关于整经的版画

丝钩，王祯称“环”，而明代宋应星则称为“溜眼”。经丝依序穿过这些导丝钩，然后又归总于经牌。经牌在《梓人遗制》中称为经牌子，《天工开物》中称为掌扇，其形制是一个有着许多竖栏的木框，其主要作用是让经丝排得整齐而又紧密。经丝通过经牌归于纼轴，又称纼床、印架，其实这就是一个特大的籰子和一个籰子架，籰子上装有手摇曲柄，以逐批卷绕整理好的经丝。

齿耙式整经工艺则是在春秋战国时期出现。1978 年在江西贵溪的春秋战国崖墓中出土的残断齿耙，就被鉴定为古代整经工具。齿耙式整经工艺一直到明末还在沿用，明末成书的《天工开物》中对其明确地进行了相关介绍：“凡丝既篗之后，牵经就织。以直竹竿穿眼三十余，透过篾圈，名曰‘溜眼’。竿横架柱上，丝从圈透过掌扇，然后缠绕经耙之上。度数既足，将印架捆卷。既捆，中以交竹两度，一上一下间丝。然后扱于筘内（笔者注：此筘非织筘）。扱筘之后，以的杠与印架相望，登开五、七丈。或过糊者，就此过糊；或不过糊，就此卷于的杠，穿综就织。”（图 3-22）

图 3-22 《天工开物》中的齿耙式整经工艺的版画

Part 4

植物纤维处理篇

植物茎皮纤维是中国古人最早用于纺织的材料，它的应用是中国古代纺织技术之始。丝织品的绚丽和贵族化，导致世人普遍认为中国古代丝织技术的发展等同于中国古代纺织技术的发展。从现有刊行涉及丝织史、丝绸史的专著明显多于纺织技术史专著的事实，可窥见世人观点的普遍性。虽然中国古代丝织技术发展代表着中国古代纺织技术的最高峰，但没有植物茎皮纤维的纺用和织造，是不可能出现中国古代丝织技术的。

1　植物茎皮纤维的初加工

植物茎皮是由纤维素、木质素、胶质及其他一些杂质组成。纺纱前须将可纺纤维与布满它周围的胶质等杂质分离，并把纤维提取出来，这种分离和提取纤维的初加工过程，即是现代纺织工艺中的“脱胶”。

葛纤维的初加工先后经历了直接剥取法和煮练法。葛是已知最早被纺用的茎皮纤维。葛与其他植物茎皮纤维不同，它的单纤维比较短，一般在 1 cm 左右，如果完全脱胶，脱胶的纤维将呈单纤维分散状态，而在此状态下的葛纤维太短，纺纱价值不高，因此只能采用半脱胶的方法，取其纤维束进行纺纱。

葛纤维的初加工一开始很长时间内采用直接剥取法。方法是用手或器物剥落植物枝茎的表皮，揭取茎皮纤维，粗略整理，不脱胶，直接利用。这是被用于加工植物纤维的最早方法，因此法制取的纤维粗脆易断，后来便很少被采用了。河姆渡出土的部分绳头，经显微镜观察，发现所用纤维均呈片状，没有脱胶痕迹，可能就是利用这种方法制取的。

最迟直到春秋时期，葛纤维的初加工才采用煮练法。煮练法比之沤渍法，纤维脱胶均匀，只要控制好水温和时间，就能很好地掌握脱胶程度。煮练法仅用于加工葛纤维，其工序分别是剥皮、刮青、脱胶、分劈。葛脱胶的最早记载见于《诗经·周南》：“葛之覃兮，施于中谷，维叶莫莫。是刈是濩，为絺为绤，服之无斁。”此后，葛的使用逐渐衰落，其工艺也少见于文献之中。

除葛以外的其他茎皮纤维属于相对较长的纤维，其加工工艺先后经历了直接剥取法、沤渍法、灰治法三个时期。

其他茎皮纤维的直接剥取法应该是在新石器时代早、中期之间使用。

沤渍法则于新石器时代中期以后开始使用。浙江钱山漾出土的苎麻布的纤维，在显微镜下观察，有明显的脱胶痕迹，说明纤维很可能是经过沤渍的。沤渍法是一种脱胶的方法，将植物茎皮放入水中，通过一段时间的沤渍，使纤维呈束状裸露出来。其工序是剥皮、刮青、分劈、脱胶。其原理是茎皮在水中浸泡过程中，分解出各种碳水化合物，这些碳水化合物成为水中一些微生物生长繁殖的养分，而微生物在生长繁殖过程中又分泌出大量生物酶，逐步将结构远比纤维素松散的半纤维素和胶质分解掉一部分，使纤维呈束状显露和分离出来。已知最早描绘沤渍法的古代美术作品是内蒙古和林格尔东汉墓后室南壁壁画中的沤麻场景（图 4-1），画中有三个方形沤麻池，池内堆着麻，有人正在池畔进行沤渍操作。这幅壁画与《后汉书》中的记载相符，2 世纪中叶，崔寔任五原太守（今和林格尔地区由五原郡管理），发现当地适合种麻，但当地人不懂纺织，因此他制作纺织机具，教给当地百姓。很可能，中原地区的桑麻之业

图 4-1 和林格尔东汉墓后室南壁画中的沤渍操作

就是在那时传入今内蒙古南部的。

关于沤渍法的最早文献见于春秋时期成书的《诗经·陈风》中："东门之池，可以沤麻""东门之池，可以沤纻""东门之池，可以沤菅"。关于沤渍季节，载于西汉《氾胜之书》中："夏至后二十日沤枲，枲和如丝。"这是十分科学的论断。因为夏至后气温较高，水中微生物繁殖多，加速了生物酶的分泌，便于分解纤维上的胶质和半纤维素，加工出的纤维也十分柔韧。关于沤渍时间和用水，北魏贾思勰在《齐民要术》中指出："沤欲清水，生熟合宜。"北宋孙氏注："浊水则麻黑，水少则麻脆。生则难剥，大烂则不任。暖泉不冰冻，冬日沤者，最为柔韧。"元代《王祯农书》记载着中国南、北方沤渍法的不同，"大凡北方治麻，刈倒即束之，卧置池内。水要寒暖得宜，麻亦生熟有节，须人体测得法，则麻皮洁白柔韧，可绩细布。南方但连根拔麻，遇用则旋浸旋剥，其麻片黄皮粗厚，不任细绩。虽南北习尚不同，然北方随刈即沤池，可为上法。"

灰治法是指把已经半脱胶的纤维绩捻成纱，现放入碱性溶液中浸泡，使纤维上的胶质尽可能地继续脱落，使纤维更加精细、柔软、洁白，从而织造更高档的织品。

灰治法可能出现于春秋战国之交。其理由有二：

第一，考古实物上的证据证明最晚在春秋战国时期已采用灰治法。陕西宝鸡高泉春秋墓葬出土的苎麻布，在显微镜下观察，纤维几乎都呈分散的单纤维状态，且纤维表面光滑，没有胶块、碎屑等夹杂物；长沙战国墓出土的苎麻布，经分析，经密为 28 根 /cm，纬密为 24 根 /cm，比 15 升布还细密；湖北江陵西汉初年古墓出土的麻絮，经用金属光谱分析，发现其纤维表面附有大量钙、镁离子，与现代化学脱胶的苎麻绒分析结果相似。从这些实物看，如仅采用沤渍和煮练，纤维不可能加工得如此精细，纤维上也不可能残留金属离子，只有采用灰治脱胶，才能达到如此高的脱胶质量。

第二，从文献上看，成书于春秋战国之交的《考工记》中有使用草木灰湅帛的记载："以栏为灰而湅之，渥淳其帛，实诸泽器，淫之以蜃，清其灰而盝之，而挥之，而沃之，而盝之，而涂之，而宿之，明日沃而盝之。昼暴诸日，夜宿诸井，七日七夜，是谓水湅。"这段文字中的"栏"即楝树，楝叶灰水呈碱性，渗透性较好。楝叶是传统练丝原料；"蜃"是蚌壳，它也含有碱性物质，"淫之以蜃"指的是浸泡在蚌壳灰水中。由此文献可知，春秋战国之际工匠们已经知道用碱性溶液练帛，这应该可以佐证他们也懂得用灰治法处理茎皮植物纤维。

春秋战国之交发明的灰治法一直沿用，元初编纂的《农桑辑要》中这样描写："其绩既成，缠作缨子，于水瓮内浸一宿。纺车纺讫，用桑柴灰淋下水内浸，一宿捞出。每纑五两，可用一净水盏，细石灰拌匀，置于器内，停放一宿。至来日择去石灰，却用黍稽灰淋水煮过，自然白叜。晒干再用清水煮一度。别用水摆拔极净，晒干逗成纻，铺经纬织造，与常法同。” 从这段文字中可以发现，较春秋战国时期的灰治法，《农桑辑要》中采用的灰治法仅在材料上发生了改变，已经懂得使用桑柴灰、石灰、黍稽灰作为材料，其工艺操作方面变化并不大。其后，《王祯农书》、徐光启《农政全书》中都介绍了灰治法，其法基本沿用《农桑辑要》中的方法。

2　棉花的初加工

棉花是种子纤维，棉团里有棉籽，首先必须去掉棉籽，才能供纺纱之用。在去籽过程中，棉团很容易混入一些杂质和泥沙，这样必须进行弹棉，开松棉纤维，去杂质。最后，将棉纤维卷筳成棉条，才能更好、更有效率地供纺纱所用。

（1）去棉籽

去除棉花籽核的工艺先后经历了手剥法、轧棉法，而轧棉法先后经历了铁杖赶籽法、搅车轧棉法，搅车轧棉法又先后经历了三人操作的搅车轧棉法、一人操作的搅车轧棉法。

手剥法是指不利用任何工具，用手剥籽，这一方法应该是最初使用的去棉籽方法。

铁杖赶籽法的应用最早出现在宋代南方少数民族地区，如北宋成书的《泊宅编》、南宋成书的《岭外代答》和《诸番志》中都记载了福建、广西、海南岛等地人“以铁筋碾去其子”或“以铁杖赶尽黑子”的方法。元初，这种方法传入长江和黄河流域，因为元初成书的《农桑辑要》中将铁杖赶籽法收录，并加以推广。

元代中期，出现三人操作的搅车轧棉法，《王祯农书》中有图文记载（图 4-2）。此后出现了一人操作的搅车轧棉法，成书晚于《王祯农书》的《南村辍耕录》，提及一人操作的搅车，可惜记载不详细。到明代晚期《农政全书》（图 4-3）、《天工开物》中都具体介绍过一人操作的搅车，其中，《天工开物》中还有详细的版图（图 4-4）。

图 4-2 中，《王祯农书》所载三人操作的搅车版图有问题，版图与文字介绍不相符。书中介绍搅车：“夫搅车四木作框，上立

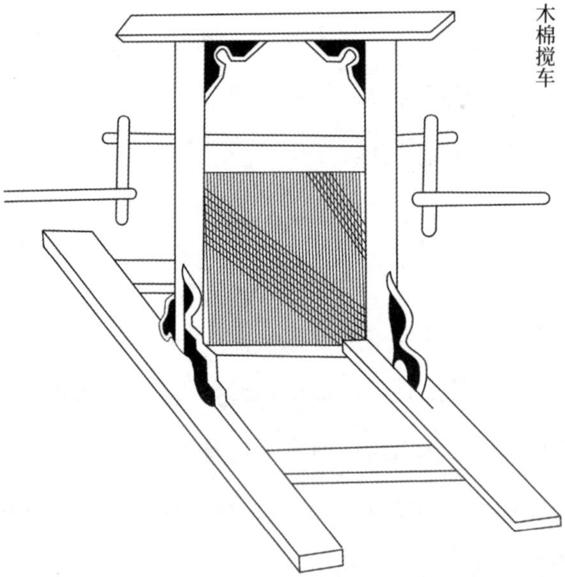

图 4-2 《王祯农书》中三人操作的搅车版图

二小柱，高约尺五，上以方木管之。立柱各通一轴，轴端俱作掉拐，轴末柱窍不透。”其中“立柱各通一轴，轴端俱作掉拐，轴末柱窍不透”说明两个立柱各通过不同的圆轴，并且每个圆轴没有把两个立柱都连接起来，而图 4-2 中仅有一轴连接两个立柱，不知这一轴是如何轧棉的，显然图 4-2 是错误的。那么，三人操作的搅车是如何操作呢？《王祯农书》《农政全书》中载：“二人掉轴，一人喂上棉英。二轴相轧，则子落于内，棉（绵）出于外。”可见，三人操作的搅车是利用两根反向的轴作机械转动来轧棉，比用铁杖赶搓去籽，既节省力气，又提高工效。

图 4-3 是根据《农政全书》中的文字复原的一人操作的搅车，其操作也是非常简单的。上轴的转动由手摇曲柄控制；而下轴的转动则由踏板受力，通过细绳带动位于下轴顶端的简易曲柄转动，好

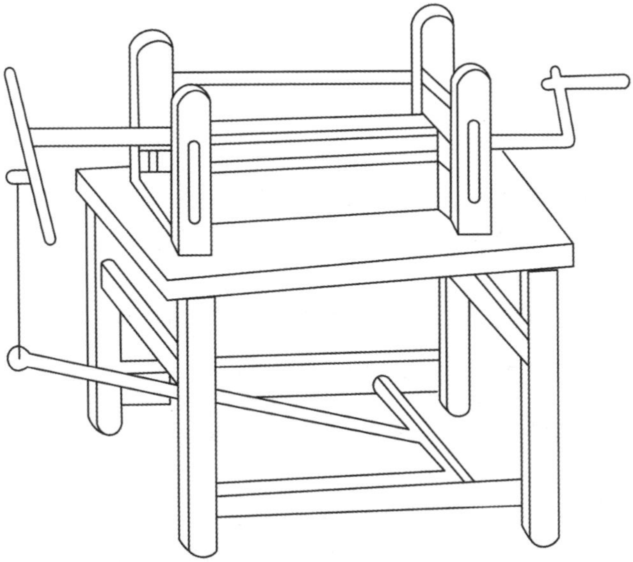

图 4-3 根据《农政全书》中文字复原的一人操作搅车

似手拨曲柄一样，下轴在力的惯性作用下转动，等到下轴转动到上一次踏板的位置时再一次脚踏踏板，如此循环。下轴顺利转动的关键是踏板踏动时间的控制，应该在曲柄转动用力方向位于曲柄转动面的 11 点钟或者 1 点钟方向最佳。到底在哪个方位踏动踏板，这还得由手摇曲柄摇动的方向决定，因为上、下两轴的运动方向相反才能有效地去籽。如果手摇曲柄是顺时针转动，那踏板应在曲柄转动用力方向位于曲柄转动面的 11 点钟方位时脚踏最好，因为此时下轴正好呈逆时针方向转动；如果手摇曲柄是逆时针转动，那踏板应在曲柄转动用力方向位于曲柄转动面的 1 点钟方位时脚踏最好，因为此时下轴正好呈顺时针方向转动。

图 4-4 中的搅车的操作与图 4-3 中的搅车操作一样。

（2）弹棉

弹棉又叫弹花，主要功能是开松棉花纤维、除杂，其使用的工具是弹弓。弹弓形制经历了由小到大的过程，弹棉的操作经历了手弹、槌弹的过程，弓弦材料经历了线弦、绳弦、蜡丝弦、羊肠弦的变迁。

最早涉及弹棉所用弹弓的图像信息是元代中期成书的《王祯农书》中的版画（图 4-5），其弓“以竹为之，长可四尺许，上一截颇长而弯，下一截颇短而劲”，其操作是“控以绳弦，用弹棉英”，可见元代中期已使用大弓，使用的弦是绳弦，用手弹操作。这一弹弓形制和操作较之中国最早关于弹棉的文献中记载的弹弓和操作，有很大的改进。

中国最早关于弹棉的文献是南宋成书的《泊宅编》，其文载“以竹为小弓，长尺四五寸许，牵弦以弹棉，令其匀细”，足见弹弓形

图 4-4 《天工开物》中一人操作的搅车版图

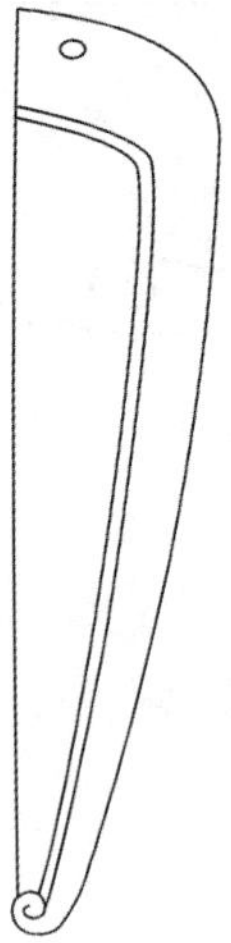

图 4-5 《王祯农书》中的弹弓版图

制之初具有弓小、弦细、手弹的特征，较元代中期的弹弓而言，效率要低很多。

到元末，出现了槌弹工艺。元末成书的《南村辍耕录》中有松江“初无踏车、椎、弓之制”，可知到成书之时已有“椎”（即槌弹）制。所谓槌弹是指用槌子突然打击弓弦，引起弦强力弹震，从而开松弓下的棉纤维。可惜，《南村辍耕录》中并没有版图。直到明代成书的《天工开物》中才有槌弹的版图（图 4-6），并且以“蜡丝为弦”，弓长较元代更长，“长五尺许”。从图 4-6 中，可知明代弹弓的弹力很大，因为弦被悬挂在柱旁的弯竹挑起。其作用有二，一是减轻操作者承负的弹弓重量，二是将弦拉得更紧，以便槌弹时开松力更大。从清代成书的《木棉谱》中可知，清代弹棉工艺沿用明代的工艺，所不同的是弦以羊肠为之，足见清代弦的弹力性能更好，这也是对明代工艺的一种改进。

（3）卷筵

卷筵，又称擦条，相当于现代的梳棉成条。其目的是使经弹棉已松散的纤维，呈筒条状，以便纺纱时纤维能连续顺利地从棉条中抽引出。如用纺专或捻棉轴纺纱，则不需经过这道工序，可直接将弹松的棉花就纺。如用纺车纺纱，则必须经过这一道工序，因为锭子转速快，用手撕扯棉花来不及，难以保证纱条均匀。

不像去棉籽、弹棉两道工艺那样源于少数民族，卷筵工艺是汉

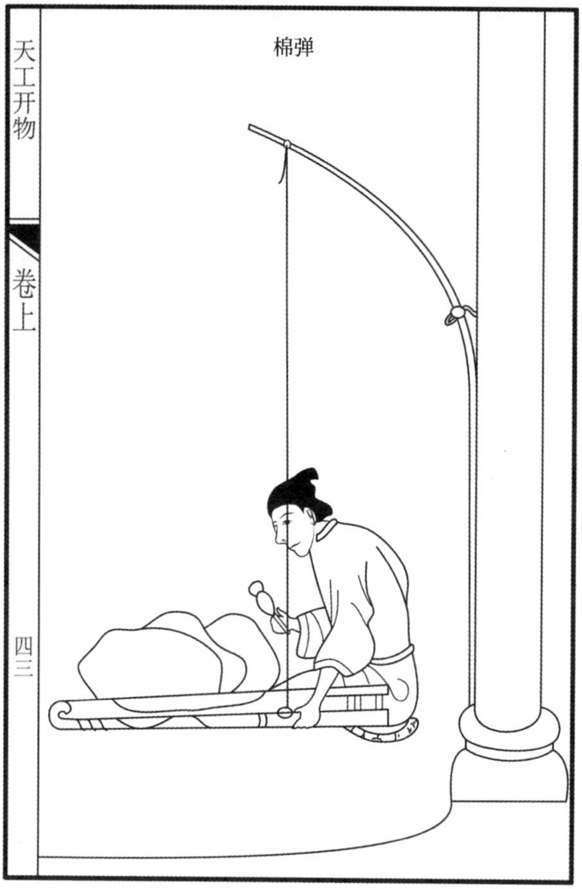

图 4-6 《天工开物》中的弹棉版图

族地区的能工巧匠发明的，这与西南、西北的少数民族和汉族的纺织技术差异有关。在宋代，西南、西北的少数民族都没有纺车纺纱，所以不需要这道工艺，而汉族地区早在西汉就已经使用纺车纺纱，这必然造就这道工艺的汉族地区出身。

关于卷筵工艺的中国古代美术作品最早出现在《王祯农书》中，随后的《农政全书》也沿用《王祯农书》的图文记载。卷筵工具淮民多用“蜀黍梢茎，取长而滑”，而其他处民众用“无节竹条代之”。其操作很简单，“先将棉毳条于几上，以此莛（卷莛工具）卷而擀之，遂成棉筒。随手抽莛，每筒牵纺，易为匀细”。关于卷莛工艺最早的文献记载出现在南宋成书的《通鉴释文》中，书中载弹棉之后要“卷为筒”。到清代卷莛不用手擀，用搓花盖擀，其操作并没有太大的变化，仅用搓花盖代替手，避免手长时间擀棉条出现不适。

Part 5

纺织机械篇

纺纱是指把纺织纤维加工成纱线的整个工艺过程。“纺”含有将纤维组成条子并拉细加捻成纱的意思。有些国家也把化学纤维喷丝和从蚕茧抽绪称为纺纱，在中国则将前二者分别称化学纤维纺丝和缫丝，不称为纺纱。纺纱过程包括除杂、松解、开松、梳理、精梳、牵伸、加捻。

从复杂程度上看，中国古代织机包括原始腰机、综蹑织机、小花楼提花织机、大花楼提花织机。中国古代织机的发展方向是两维的，一个是平民化方向，另一个是贵族方向。所以，复杂程度的变化并非织机使用情况的变迁。即使是最原始的腰机，也能织出精美的纹样，只是时间和幅宽受到限制。此外，占地小、结构简单的综蹑织机一直是中国农村的织机形制。而小、大花楼提花织机则是自唐以来中国古代官方或贵族使用的织机形制。

1 中国古代纺纱工具的变迁

中国古代纺纱经历了徒手纺纱、纺专纺纱、纺车纺纱（手摇纺车纺纱、脚踏纺车纺纱）、大纺车（水转大纺车）纺纱的发展过程，每一步都是当时纺纱技术的伟大成就。

（1）徒手纺纱

徒手纺纱应该是在新石器时代以前，在纺专纺纱之前出现的纺纱方式。这从近代关于徒手制麻绳的民俗调查中可见一斑，再则也可从中国各地夏布的生产得到证实，夏布纺麻就是徒手进行的。另外，世界著名的科学技术史学家李约瑟曾经在江西进行纺纱史方面的调查时，发现当地妇女用脸、大腿、瓦片作为平面进行麻线的搓揉加捻，并徒手绩接。

（2）纺专纺纱

纺专纺纱在中国新石器时代的文化遗址中非常普遍，以纺轮形式出现，且在近代少数民族地区广泛存在。譬如彝族、独龙族、拉祜族、基诺族、哈尼族、布朗族、佤族、怒族、德昂族、普米族、摩梭人、纳西族、藏族等均以纺专纺纱。

纺专由捻杆和纺轮两部分组成。捻杆多是木、竹、骨、金属制成，甚至还有玉制捻杆。早期纺专的捻杆的形制为直的，战国时期以后其顶端增置屈钩。（图 5-1）纺轮多是石、木、陶、骨制成，多为中间穿孔的圆饼状物体。纺专多是将捻杆插入纺轮，捻杆和纺轮正是通过这种“榫卯”结构固定，组装成为最简单的纺专。

纺专纺纱的操作程序如下：先把要纺的麻、葛、毛等纤维捻一段缠在捻杆上，然后垂下，一手通过绕在纺专上的纤维线将纺专提起，一手转动纺轮。纺专自身重力将一堆乱麻似的纤维牵伸拉细，纺轮旋转时所产生的力偶，使拉细的纤维加捻而成麻花状。在纺专不断旋转的过程中，纤维牵伸和加捻的力也不断沿着与纺轮垂直的

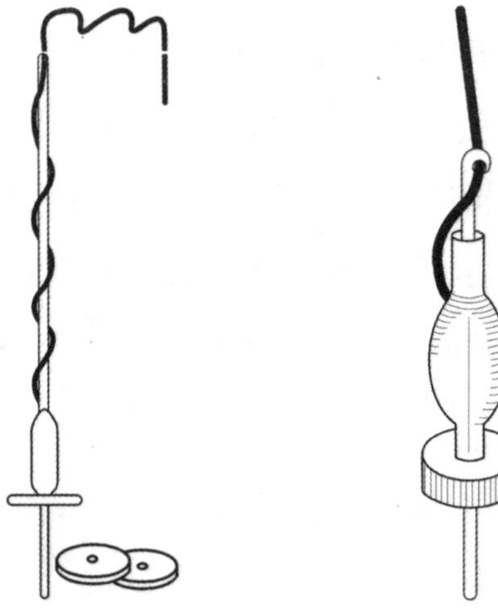

图 5-1　纺专及其捻杆

方向，即捻杆的方向，向上传递，纤维不断被牵伸加捻。当使纺轮产生转动的力消耗完的时候，纺轮便停止转动，这时将加捻过的纱缠绕在捻杆上，然后再次给纺轮施加外力旋转，使它继续“纺纱”。待纺到一定的长度后，就把已纺的纱缠绕到捻杆上去，如此反复，一直到纺专上绕满纱为止。

（3）纺车纺纱

纺车不仅被用于纺纱，还用于络丝。络丝是指将多根丝并在一起的丝缕，通过丝钩并合加捻，络到纺车的竹管上的操作。用纺车纺纱和络丝的发明在古代绝对可以称得上是一项技术革命，因为从纺专到纺车的应用完成了简单纺纱工具到纺纱机械的巨变。纺纱机械包括三个构件：动力装置、传动装置、工作装置。纺专是一件没有动力装置和传动装置的工具，所以它并不是机械设备。而纺车的结构完全具备纺纱机械的三个构件，它的动力装置包括绳轮、曲柄；其传动装置则是连接着动力装置和工作装置的绳或皮带；其工作装置就是锭子。如果站在纺车发明的那个年代来考察这件机械，不得不惊叹它是一项“高科技”发明，因为纺车的发明很像一件工业设计品，它的设计展现了当时对轮轴传动等机械原理的认识，完全符合科学原理，真正做到了“科学”（可能当时仅仅只是一种经验认识，因为当时不可能出现科学）与技术的完美结合。

中国古代纺车的技术水平发展经历了小纺车阶段、大纺车阶段、水转大纺车阶段。小纺车包括手摇纺车和脚踏纺车，形制相对大纺车要小得多，锭子最多不超过五锭，而且只需一人操作；大纺车包括人力操作的大纺车和畜力操作的大纺车，形制相对小纺车要大得多，锭子数量很多；水转大纺车则是在大纺车的基础上，采用水力作为动力进行操作的纺车。

中国古代手摇纺车经历了手拨轮辐传动纺车（估计战国已出现，最晚在西汉时出现，图 5-2）→手摇曲柄轮辐传动纺车（最晚北宋，图 5-3）→手摇曲柄轮制传动纺车（绳为辋，最晚南宋，钱选《子别母》中出现，图 5-4）→手摇曲柄轮制传动纺车（木为辋，最晚出现在元代，图 5-5）的发展过程。

中国古代脚踏纺车经历了脚踏单锭、二锭纺车（估计西晋末年，因为当时家用坐具传入汉族，图 5-6）→脚踏三锭纺车（估计东晋，图 5-7）→脚踏五锭纺车（最晚元代，图 5-8）的发展过程。

（4）大纺车纺纱

大纺车相对于小纺车而言，具有锭子多、形制大的特点。现存

图 5-2 西汉墓葬出土帛画中的纺绩图

图 5-3　王居正《纺车图》（局部）
（现藏于故宫博物院）

图 5-4　手摇曲柄轮制传动纺车（绳为辋）

图 5-5　《王祯农书》中的手摇纬车（纺车形制）

图 5-6　元代《王祯农书》中的脚踏二锭棉线架（纺车形制）
注：笔者认为此图绘图有问题，纱锭放置在纺轮上、脚踏板和纺轮连接点的位置显然不对。

图 5-7　《农政全书》中的脚踏三锭棉纺车
注：笔者认为图中纱锭的位置是对的，但脚踏板和纺轮连接点的位置不对。

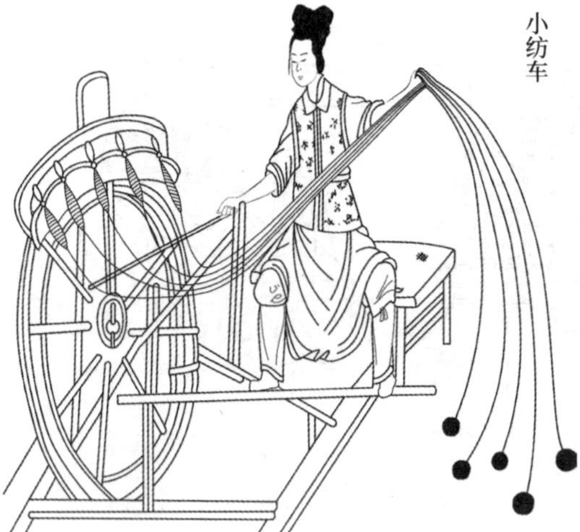

图 5-8　《王祯农书》和《农政全书》中的脚踏五锭麻纺车
注：笔者认为脚踏板和纺轮连接点的位置不对。纺棉和纺麻有明显区别，纺棉时纺好的纱线要退绕到纱锭上，而纺麻时纺后的纱线则在一端由纱工绕成纱球。

最早关于大纺车的记载见于元代《王祯农书·农器图谱》（图5-9），明末徐光启的《农政全书》中亦有介绍，清末卫杰的《蚕桑萃编》中也介绍了江浙水纺车（它是大纺车，并不是水转大纺车）。大纺车一直沿用到近代，直到近代纺纱机出现才退出历史舞台。水转大纺车和大纺车结构大体相似，它比大纺车多了一个驱动水轮，它的图像信息仅出现在《王祯农书》中（图5-10）。水转大纺车似乎在元代存在过，但是它却没有大纺车那么幸运，据相关文献考证，它似乎在明代就已消失。大纺车以人力、畜力为动力纺纱，而水转大纺车以水力为动力纺纱，两者本质上是一样的。

由于水转大纺车的工作机、传输机的结构和大纺车一致，加之《王祯农书》对水转大纺车的描述仅寥寥十几字，因此，水转大纺车的工作机和传输机部分可以大纺车的结构为参照。根据《王祯农书》卷二十二中对大纺车的结构和工作的描述，水转大纺车的复原图见图5-11、锭子的结构见图5-12、纱线卷绕的部件和卷绕过程见图5-13。

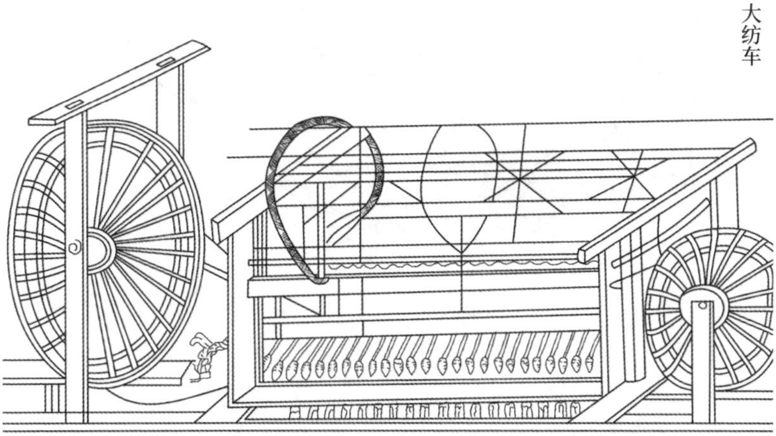

图5-9 《王祯农书》中的大纺车

图 5-10 《王祯农书》中的水转大纺车

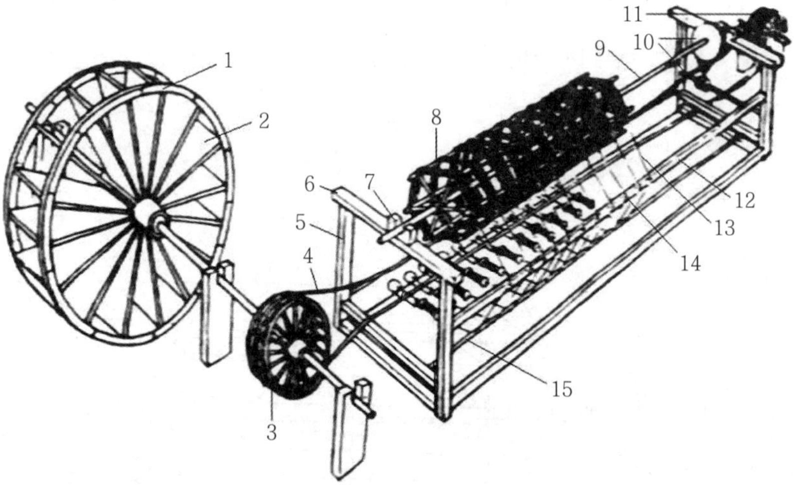

图 5-11 水转大纺车复原图

1- 水轮 2- 叶片 3- 左导轮 4- 皮弦 5- 立柱 6- 枋木 7- 山口 8- 长（车王）
9- 铁轴 10- 旋鼓 11- 右导轮 12- 额枋 13- 麻纱 14- 小铁叉 15- 导纱棒

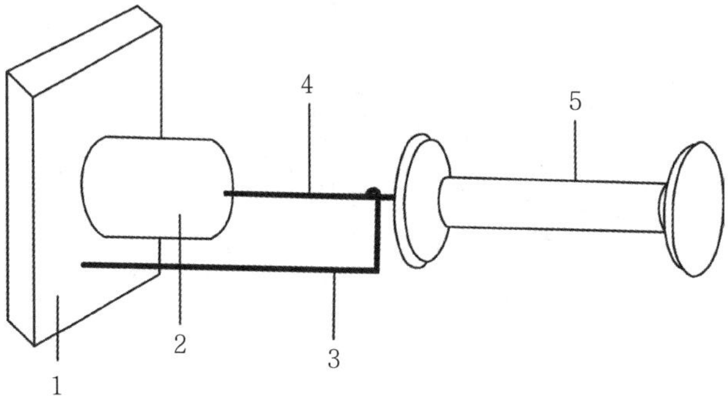

图 5-12 锭子结构示意图

1- 木座 2- 臼 3- 杖头铁环 4-（车党）底铁簨 5- 纱管

从图 5-11 中，可知水转大纺车的动力由水流击打水轮中的叶片而产生，水轮带动轴承将转力传导到纺车机架左侧导轮上。左侧导轮的转动通过皮弦与右侧导轮相连，左右两个导轮形成周而复始的圆周运动。下皮弦直接压在锭杆上，通过摩擦带动锭杆，从而带动锭子旋转；上皮弦则通过摩擦带动纱框铁轴上的旋鼓，进而使纱框转动。纱框的转动，则依靠一对装置相交的木轮（旋鼓）与绳弦的作用。因此，纱框铁轴上的木轮与压在上皮弦下轴承中的木轮的转动方向是一致的。

水转大纺车在流水旁该如何安放？这要看水轮如何放置和转动，此时锭子也要相应地调整位置，可分两种情况来考虑：① 如果流水在工作机的左侧，则可采用图 5-11 中的水转大纺车水轮安装的形制。此时，若水轮是顺时针转动，则锭子也按图 5-11 中锭子头安装的位置，它置于皮弦远离流水的一侧。若水轮是逆时针转

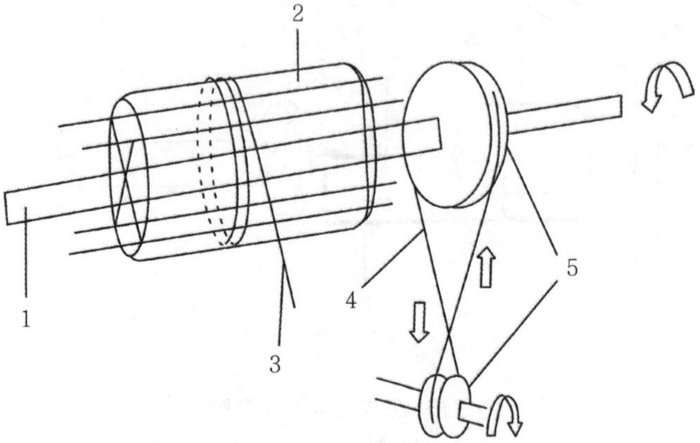

图 5-13 水轮顺时针旋转纱线卷绕示意图

1- 铁轴 2- 长（车王） 3- 麻纱 4- 绳弦 5- 旋鼓

动，则锭子头要置于皮弦靠近流水的一侧。② 如果流水在工作机的右侧，则需要将水轮安装在工作机的右侧。此时，若水轮是顺时针转动，其锭子头则置于皮弦靠近流水的一侧。若水轮是逆时针转动，则锭子头要置于皮弦远离流水的一侧。

为什么要按以上的办法安装呢？其实只需要考虑水轮不同转动方向下整个工作机的运动情况，就可知道答案。此时分为两种情况：

① 水轮如果是顺时针转动，水转大纺车左右两侧导轮和压在上皮弦下的轴承中的木轮也是顺时针方向运转，同时纱框铁轴上的木轮也是顺时针运转，因此纱线也是采取顺时针方向绕上纱框的，这时锭子头的安装一定如图 5-13 中斜向读者的方向。此时又分为两种情况：若水轮正好在图 5-13 中靠近读者的这一侧，则锭

子头置于皮弦靠近流水的一侧。若水轮在图 5-13 中远离读者的那一侧，则锭子头置于皮弦远离流水的一侧。这样纱线才可以顺利绕上纱框。

② 反之，水轮如果是逆时针转动，纱框铁轴上的木轮也是逆时针运转，很明显，纱线绕上纱框的方式也是逆时针绕纱，这时锭子头的安装一定如图 5-14 中远离读者的方向。此时又分为两种情况：若水轮正好在图 5-14 中靠近读者的这一侧，则锭子头置于皮弦远离流水的一侧。若水轮在图 5-14 中远离读者的那一侧，则锭子头置于皮弦靠近流水的一侧。只有这样放置锭子，才能顺利完成纱线的绕转。

在宋元时代，纺麻的大纺车、水转纺车就开始向丝大纺车演进。关于丝大纺车的结构，从晚清学者卫杰的著作《蚕桑萃编》中能发现一幅名叫江浙水纺图的版画（图 5-15），画中的纺丝机械从原理和操作上和大纺车有许多相同之处，但却比大纺车更加科学和高效。

从图 5-15 来看，这种纺车绝非清代才产生，考察图中所绘人物的衣着和发式，可以肯定图中人物应该是明代或明代之前汉人的

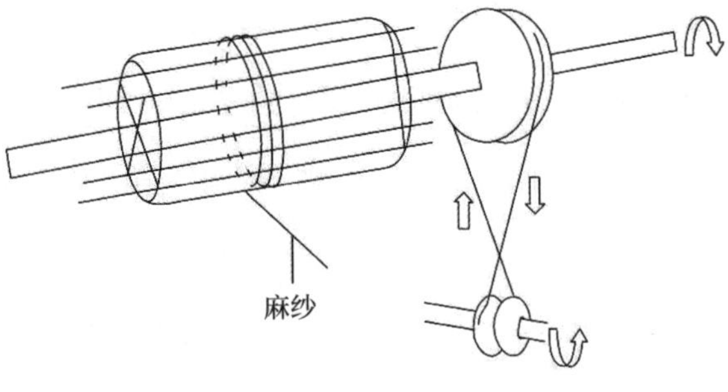

图 5-14　水轮逆时针旋转纱线卷绕示意图

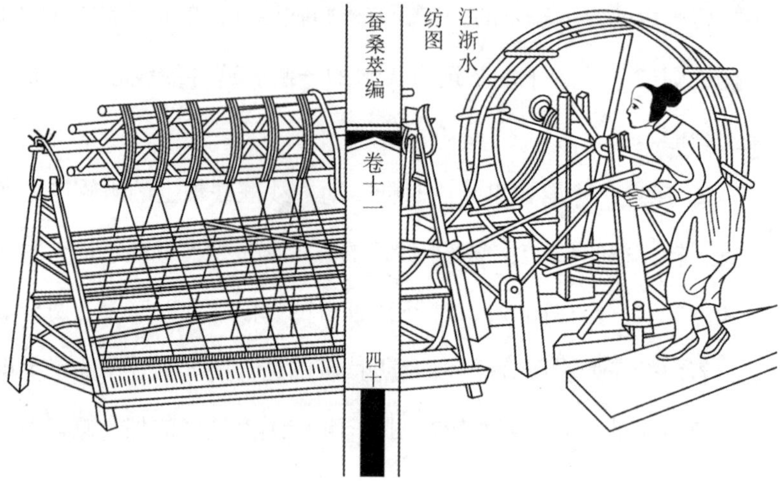

图 5-15 江浙水纺图

装束，因此这种丝大纺车的出现极有可能是在宋元时期，但这还有待历史史料的发现。

从这种纺车的结构上看，它比水转大纺车或大纺车有了更大的改进。首先，车架由长方形架体变为梯形，上狭下阔，稳定性更好；其次，锭子的排列由单面变为双面，有利于增加纺车的锭子数；再次，在大纺车上装备给湿形装置即竹壳水槽（江浙水纺车）或湿毡（四川旱纺车），使纱管上卷绕的丝条浸在水中，或者丝在加捻时经过湿毡的过湿，提高丝条张力，防止加捻时脱圈，同时对稳定捻度和涤净丝条等均有利，为产品质量的提高创造了有利条件。《蚕桑萃编》中将这幅图命名为江浙水纺图，其本质上并不是指这种丝大纺车是利用水力驱动，而是指其利用竹壳水槽或湿毡将丝浸湿这种纺丝方法。

江浙水纺图中对纱框如何转动部分完全没有描绘清楚，但可以根据祝大震先生对同类型的湖北江陵丝纺车的复原，了解此类纺车的纱框的运作过程，江陵丝纺车复原图如图 5-16 所示。

从图 5-16 中可以看出，江陵丝纺车有两套动力系统，都由手摇大轮驱动。一套是机架下端锭子的转动，它由围绕手摇大轮上的幔带驱动；另一套是机架上端的纱框的转动，它由锭带驱动。通过一组滑轮，锭带连接手摇大轮上的转轴和机架上的纱框，形成动力传输带，完成纱框的转动。这条锭带的转动是由手摇大轮的转轴提供，并通过一组滑轮来传导和改变力的方向，使手摇大轮上锭带的横向运动转变成纱框上锭带的纵向运动，从而使纱框顺利地转动，对纺好的丝进行卷绕。

观察江浙水纺图，不难发现在江浙丝大纺车上也有锭带，并且也是绕在手摇大轮的转轴上。因此，笔者推断，江浙丝大纺车纱框的工作原理应该和江陵丝纺车一样，只是滑轮的摆放略有不同。那么，江陵丝纺车在纱框的转动机制上为什么会有这种变化呢？根据力学原理可知，锭带由手摇大轮的转轴产生的拉力，通过滑轮的传

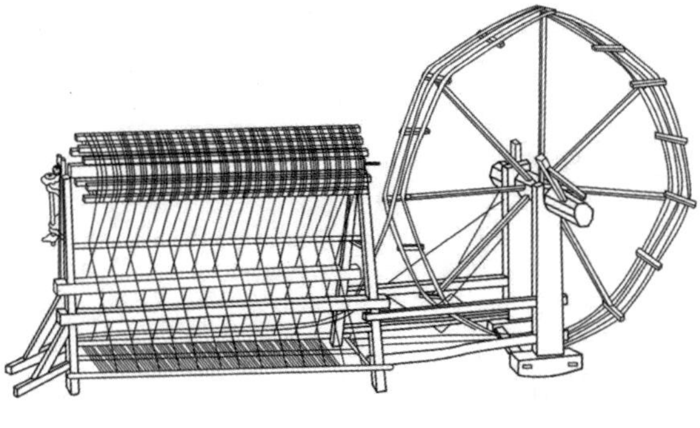

图 5-16　江陵丝纺车

导和变向，力的损失要远远小于通过皮弦带动纱框转动的大纺车或水转大纺车。利用这种力的传导装置，在水力资源使用上受到严格控制的中国古代封建社会，使用人力或畜力无疑要比水力稳定和划算，这也是水转大纺车向各类丝大纺车转变的技术基础。

2　原始腰机

原始腰机又称踞织腰机，中国原始腰机的机件自新石器时代出现，一直到近代一些少数民族地区还在使用。它最明显的特征是没有机架。它是能够满足织机基本功能要求的机具。踏板腰机尽管卷布轴（又称织轴）缚于织造者腰上，但却有完整的机架，显然它是介于原始腰机和踏板织机之间的过渡形态，笔者把它归于踏板织机一类。原始腰机的准备操作，即支架操作工序为：将卷布轴用腰背或腰带缚于织造者腰上，以人的身体作为支架，经轴用双脚蹬直，依靠两脚的位置及腰脊来控制经丝的张力，这样一架原始腰机就支起了。图 5-17 是云南石寨山滇文化遗址出土的西汉青铜贮贝器中原始腰机的图像信息，是迄今为止中国发现最早的、完整的图像信息。

3　双轴织机

所谓双轴织机，是指具有经轴、织轴等固定机架的织机，较原

图 5-17　云南石寨山滇文化遗址出土的西汉青铜贮贝器中的原始腰机
（现藏于云南省昆明市博物馆）

始腰机而言，减轻了织者充当机架的疲劳感。这一机型在中国古代是否存在尚无实物证据，仅见《列女传·鲁季敬姜》的疑似描述和当今新疆和田使用的织机（图 5-18）形制。但世界各地普遍存在这一机型，所以中国纺织史学界认为此一机型在中国应该存在于春秋时期，因为《列女传·鲁季敬姜》中的敬姜是春秋时期鲁国人。笔者认为在中国古代是否存在这一机型，还有待商榷。这仅是利用世界织机史的变迁，再根据《列女传·鲁季敬姜》中的有限描述和当今新疆和田使用的双轴织机对中国古代织机形制的一种猜测。

和田双轴织机巧妙地运用互动型综竿开口，与后文互动式双综双蹑织机有点相似。图 5-18 中杠杆并不是固定的，两个杠杆通过两根横杆或一根横杆（图 5-18 中是一根横杆）连接在一起，通过拨动横杆，可使两个杠杆在 Y 形支架上的横杆上前后运动。杠杆前后两端的综线连接 Y 形架前后的两个综竿，而两个综竿的综线分

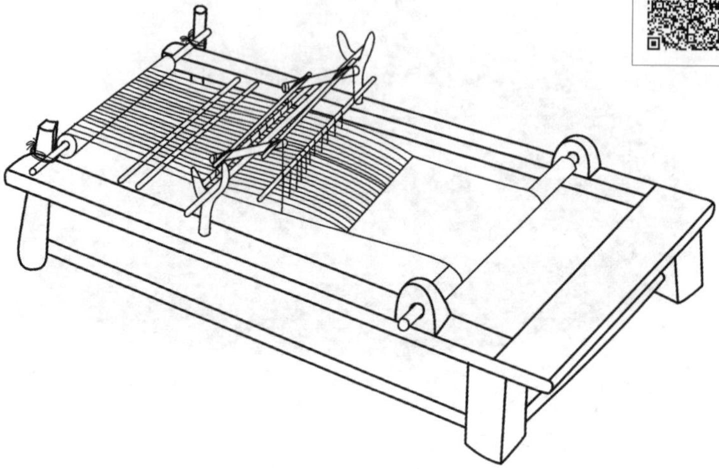

图 5-18 新疆和田双轴织机

别控制着织物的奇数根经纱和偶数根经纱。其操作方法具体如下：将杠杆前端向后移置Y形支架上的横杆上，Y形支架上横杆前面的综竿带动综线提升，形成梭口(图5-19上图)，然后可引纬、打纬；而将杠杆后端向前移置Y形支架上的横杆上，Y形支架上横杆后面的综竿带动综线提升，形成梭口（图5-19下图），并且完成经线的换层操作，然后引纬、打纬。这样就完成了简单的平纹织物织造过程。

4 综蹑斜织机的起源——手提综竿式斜织机的假说

东汉时期综蹑斜织机的形象广泛出现在东汉画像石上。中国双

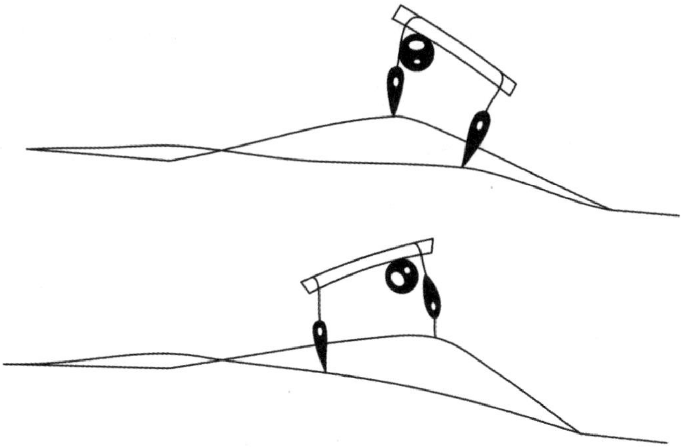

图 5-19　和田双轴织机操作侧面示意图

轴织机到综蹑斜织机的变迁从春秋时期到东汉，历时五六百年。其技术变迁表现在两个方面，一是从水平织机到斜织机，二是从手提综竿织机到综蹑织机。

双轴织机到综蹑斜织机的技术进化，让人感觉突兀，似乎缺少某个中间环节，笔者认为两者之间还存在一个过渡类型的织机——手提综竿式斜织机。手提综竿式斜织机有一个机架，经面和水平的机座成五六十度的倾角，其倾斜机架中间有一个中轴，中轴上有一根可以前后活动的连轴杠杆机构，这一机构就是开口的装置。手提综竿式斜织机开口装置的工作原理与新疆和田双轴织机的开口装置的工作原理一样，其不同在于经面位置的不同，双轴织机的经面是水平的，而手提综竿式斜织机的经面是倾斜的。

手提综竿式斜织机，既具有双轴织机的特点，又具有综蹑斜织机的特点，但其主要工作原理还是与双轴织机类似——手提综竿，但形制已经向综蹑斜织机开始转变，所不同的是没有踏板。笔者之所以认为出现了这一过渡形态的织机，是基于以下几个理由：① 倾斜的机面有利于织工打纬，织工打纬后，由于机面倾斜使纬线在重力作用下更紧密，因为当时先进的打纬工具——筘还没有被发明，倾斜机面有利于工作效率的提高和保证织物的品质；② 机面倾斜有利于织工较好地观察织面的情况，随时做调整；③ 在法国吉美博物馆馆藏中有一台东汉釉陶斜织机，但没有踏板（图 5-20），这正是笔者假设手提综竿式斜织机存在的根源所在。东汉釉陶斜织机作为冥器或者装饰物，一定与真实的器物形状一样，仅有大小差异（冥器可能做成模型），这是秦汉时期陪葬器物的特征。正是因为这件东汉釉陶斜织机没有踏板，这样就有了两种可能，一种可能是，踏板是木制的，早已腐朽；另一种可能是，本身就没有踏板。这一织机的形制是没有踏板的斜织机的可能性是比较大的，这是笔者假设的前提。

此外，笔者怀疑这台釉陶斜织机有可能不是东汉时期的陶器。

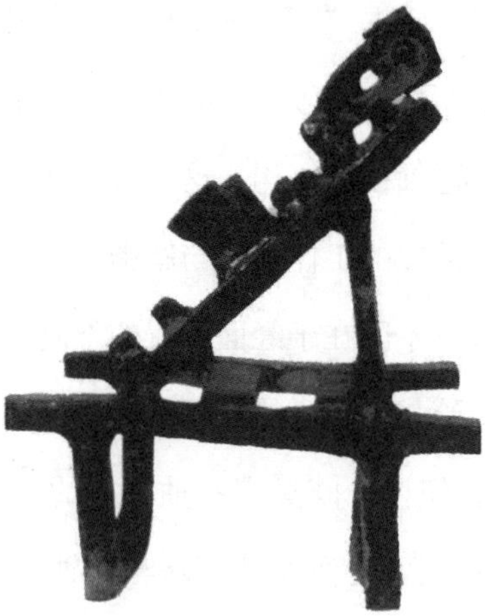

图 5-20　东汉釉陶斜织机

首先，西汉和东汉在制陶方面的水平差异并不是很大，特别是西汉晚期和东汉初年的制陶并没有显著的差别。其次，即使在东汉墓葬中出土这个陶器，也不能断定它是东汉的器物，有可能是更早前的器物，作为陪葬之用。笔者从这台釉陶斜织机和制陶的风格上看，怀疑它是西汉时期的器物。因为笔者从东汉画像石上可以发现，早在东汉章帝时期（76—88 年）就已经有了综蹑斜织机，那么手提综竿式斜织机应该出现更早，推至西汉时期应该是没有问题的。

5 综蹑织机

综蹑织机是带有脚踏提综开口装置织机的通称。织机采用脚踏板与综连动开口是织机发展史上的一项重大发明，它将织工的双手从提综动作中解脱出来，以专门从事投梭和打纬，大大提高了生产率。综蹑织机的出现，使平纹织品的生产率比原始织机提高了 20—60 倍。综蹑织机包括单综单蹑织机、单综双蹑织机、踏板立机、单动式双综双蹑织机、互动式双综双蹑织机和多综多蹑织机。

（1）单综单蹑织机

单综单蹑织机最显著的特点是一个踏板控制一个综片进行提综。四川省成都市曾家包出土的东汉时期画像石《酿酒、马厩、阑锜图》中，有单综单蹑织机一架（图 5-21）。图 5-21 看上去像有两个踏板，其实只有一个踏板，因为最前面的横杠在机架外，显然不是踏板，应该是支撑机架结构的。单综单蹑织机（图 5-22）

图 5-21　曾家包出土的东汉画像石中的单综单蹑织机

的提综结构是马头装置，并且综片是由上综竿和下综竿构成的，上、下综竿都是通过纱线控制着同一层经纱层，或奇数根经纱层，或偶数根经纱层。马头装置由两根木块构成，一根是垂直固定在立柱上的木块（1），另一根是通过圆棍与木块（1）纵叠串在一起，构成可上下活动且前大后小、形似马头的木块（2）。两个马头前端用绳系着上综竿，左边马头处有一杠杆装置，杠杆装置前端与马头前端的上综竿连动，杠杆装置后端通过绳与踏板连动。当踏下踏板时一系列的连动装置使马头前倾上翘，带动上综竿提起奇数根层经纱或偶数根层经纱，形成开口，完成引纬织造。当脚离开踏板时，马头前大后小的结构和下综竿的重力作用，自然将上、下综竿控制的这层经纱下压到另一层经纱下面，形成换层，完成引纬织造。以上是最简单的平纹织物织法，提花织物可以通过挑花技术完成。

（2）单综双蹑织机

单综单蹑织机缺点非常明显，重力作用下的经纱换层毕竟不是很理想，这样催发了单综双蹑织机的产生。单综双蹑织机最显著的

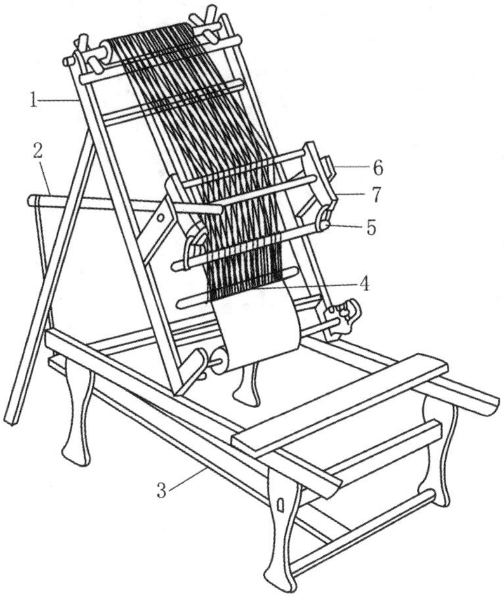

1- 立柱
2- 杠杆
3- 踏板
4- 下综竿
5- 上综竿
6- 木块（1）
7- 木块（2）

图 5-22　单综单蹑织机复原图

特点是两个踏板控制一个综片提综。山东龙阳店、武梁祠、江苏洪楼等地发现的东汉画像石上的织机图像信息就是单综双蹑织机，其中江苏洪楼单综双蹑织机图像（图 5-23）最为完整，其复原图见图 5-24。这种织机与单综单蹑织机操作原理很相似，所不同的是以两块脚踏板控制一个综片的升降。这个综片也是由上综竿和下综竿构成，上、下综竿也都是通过综线控制着同样的经纱层。马头上的杠杆前、后两端分别连着上综竿和一个踏板，而另一个踏板则通过绳连着下综竿。当踏下连接马头上的上综竿的踏板时，马头前倾上翘，带动综竿提起奇数根层经纱或偶数根层经纱，形成开口，完成引纬织造。当踏下连接下综竿的踏板时，下综竿拉下上、下综竿控制的这层经纱下压到另一层经纱下面，形成换层，完成引纬织造。

图 5-23　江苏洪楼出土的东汉画像石上的单综双蹑织机

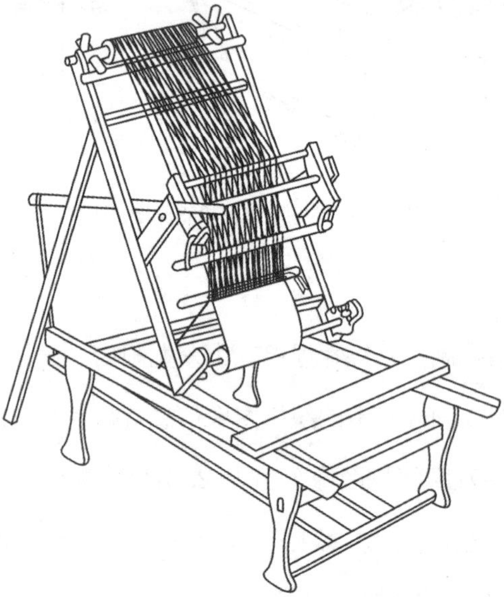

图 5-24　单综双蹑织机复原图

两个踏板就在一上一下中，交替完成经纱的上、下换层。

（3）踏板立机

踏板立机与单综双蹑织机的构造原理基本相似，所不同的是它的经纱平面是垂直于地面的，也就是说织成的织物是竖起来的，故又称为竖机。早期踏板立机可能用于织造地毯、挂毯和绒毯等毛织物。这是因为：一方面，关于踏板立机所织织物的最早的文献出现在唐末敦煌文书中，它是被称为“立机”的棉织品。棉在南宋前仅在西北、西南少数民族中纺用，而该文书出现在西北的敦煌，因此笔者断定踏板立机应该是西北少数民族的发明。另一方面，踏板立机的最早图像信息出现在甘肃敦煌莫高窟内时属五代的 K98 北壁图中。到唐末宋初以后，踏板立机被引进汉族区域用于生产丝织物，在山西高平寺北宋壁画上可以看到踏板立机的形象（图 5-25）。此外，在元代薛景石所著的《梓人遗制》中也有踏板立机的设计图案（图 5-26），从明代《宫蚕图》中可以明显地看出踏板立机已用于丝织（图 5-27）。

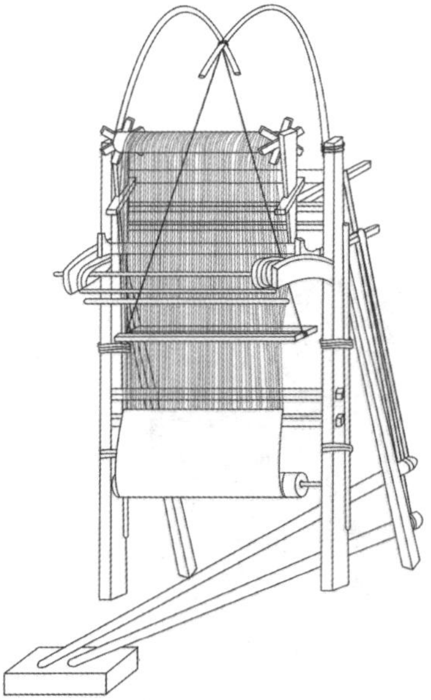

图 5-25　山西高平寺北宋壁画中的踏板立机及复原图

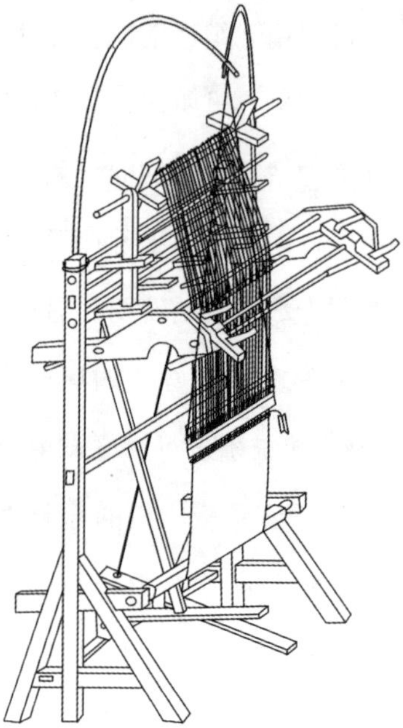

图 5-26 《梓人遗制》中的踏板立机设计图

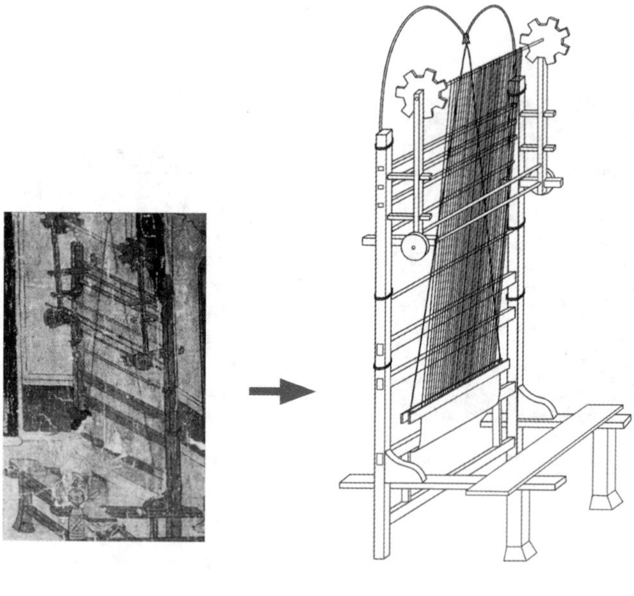

图 5-27 明代《蚕宫图》中的踏板立机及复原图

从图 5-26 中可以明确地看到并推断踏板立机的结构和操作方式：机架基本直立，上端顶部置卷经轴，经纱自上至下展开，通过分绞棒将经纱分成奇数根、偶数根经纱层，综片钩住经纱的奇数根层或偶数根层。织机两旁有形似马头的吊综杆。综片由前综竿和后综竿构成。长踏板在右，通过连杆与后综竿相连；短踏板在左，通过连杆与马头相连，马头又与前综竿相连。织工脚踏短踏板时，马头上翘，将综片前拉，形成开口；织工脚踏长踏板时，连杆后拉综片，马头下垂，完成换层和形成开口。两根踏板牵动马头作上下摆动，交换经纱，用梭引进纬丝，然后用筘打纬。

踏板立机首先出现在少数民族地区，使其真正在汉族区域发展的原因是它占地面积小、结构简单、制作容易、操作方便。

（4）单动式双综双蹑织机

单动式双综双蹑织机最显著的特点是：有两个踏板、两个综片。用两个踏板分别通过鸦儿木使综片向上提升形成开口，在开口时，两个综片之间没有直接关系，是由踏板独立传动提升的，所以称之为单动式双综双蹑织机。单动式双综双蹑织机的图像信息最早出现在南宋梁楷的《蚕织图》（图 5-28）中，此外在明代《便民图纂》

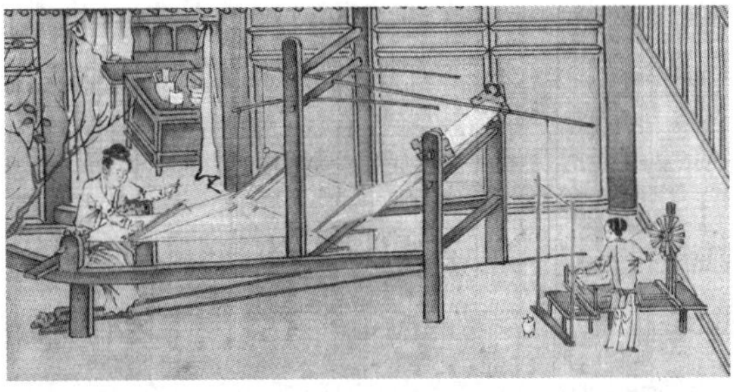

图 5-28　南宋梁楷《蚕织图》中的单动式双综双蹑织机

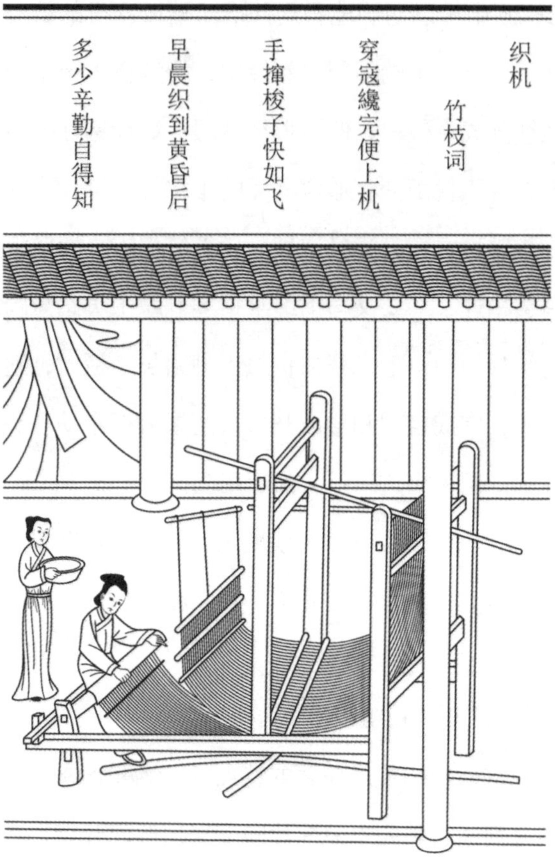

图 5-29 明代《便民图纂》中的单动式双综双蹑织机

中也可见到这类织机（图 5-29）。这两种单动式双综双蹑织机的形制基本一致，有一长一短两块踏板，长的踏板与一根长的鸦儿木相连，控制一个综片，短的踏板与二根短的鸦儿木相连，控制另一个综片。这两个综片都是由位于经纱上、下的两个综竿构成，上综竿通过踏板连动鸦儿木进行提综，而在不踩踏板时下综竿利用其重力作用，将所控制的经纱下拉形成自然开口，完成经纱换层。两个织机的经面也不像东汉踏板斜织机那样倾斜，在织造处经面基本水平，而经轴位置稍高，中间用一压经木将经丝压低，显然这是一种张力补偿结构。

现在单动式双综双蹑织机还在使用，现存的缂丝机（图 5-30）就是此类。所不同的是现存的缂丝机的鸦儿木是横向安置的。在机架顶上安置两根鸦儿木，鸦儿木一端与踏板相连，一端与综竿的两端相连。踩下踏板即可完成提综，与梁楷的《蚕织图》和《便民图纂》中的单动式双综双蹑织机工作原理一模一样。

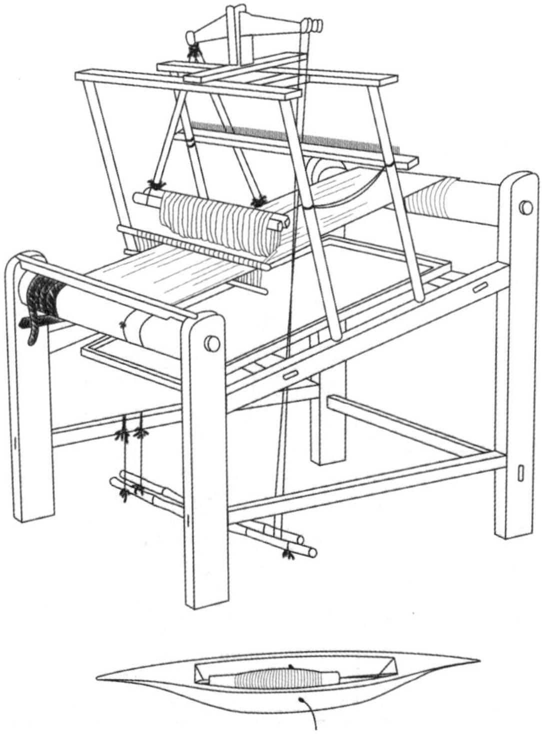

图 5-30　现存缂丝机

（5）互动式双综双蹑织机

互动式双综双蹑织机约在元、明之交出现，它的图像信息在清人卫杰（活跃于 20 世纪初）所著《蚕桑萃编》中清晰地展现出来（图 5-31）。它的显著特点是有两片综、两个踏板。两片综分别控制奇数根经纱层和偶数根经纱层，每片综由上、下两个综竿构成。两个踏板分别与两片综的下综竿相连，两片综的上综竿则分别连接在机架上方一根杠杆的两端。当一个踏板被踩下时，与此相连的综片下降，使一层经纱向下形成开口；而同时另一综片因杠杆的作用被提升，使另一层经纱向上形成开口，正是因为两片综的这种互动关系，使引纬、打纬的梭口很大。当踏动另一个踏板时亦然，正好完成经纱的换层。在欧洲 12、13 世纪，互动式双综双蹑织机已十分流行。中国织机从单动式向互动式的演变，可能得益于 13 世纪东西文化交流的兴盛。

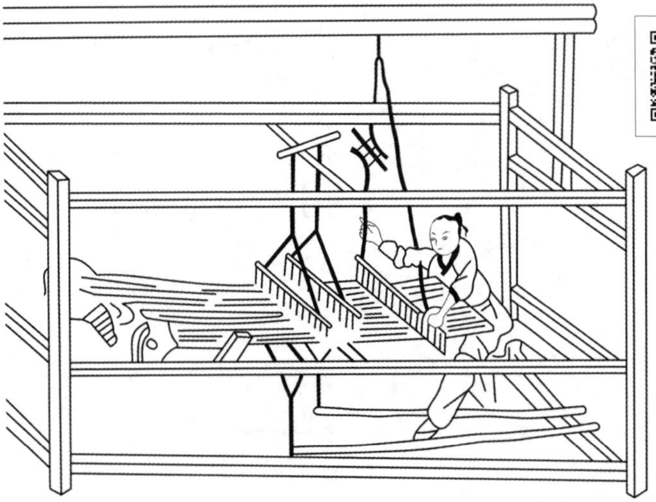

图 5-31 清人卫杰所著《蚕桑萃编》中的互动式双综双蹑织机

（6）多综多蹑织机

在古代文献史料和文物中，没有发现任何多综多蹑织机（包括同综同蹑的多综多蹑织机和多综少蹑的多综多蹑织机）的图谱。仅有记载同综同蹑的多综多蹑织机信息的文献，《西京杂记》中有“机用一百二十蹑”一语，这一信息基本上没有什么作用。但幸运的是，在现在四川成都市双流区仍能看到同综同蹑的多综多蹑织机实物——丁桥织机，这让笔者有理由相信，这一机型在历史上是存在的。因为丁桥织机踏板上布满了竹钉，形状像四川乡下河面上依次排列的一个个过河桥墩——“丁桥”，故这种织机被当地人称为丁桥织机。丁桥织机的特征是用一蹑控制一综，综片数较多，但幅度较狭。它的主要产品有葵花、水波、卐字、龟纹、桂花等十几种花绫、花绵，凤眼、潮水、散花、冰梅、缎牙子、大博古、鱼鳞杠金等几十种花纹花边。

丁桥织机整体机械结构如图 5-32 所示。

丁桥织机的综片有两种，一种是占子，一种是范子。占子是机前由机顶弓棚弹力拉动的综片，专门负责地综运动。

占子的开口传动如图 5-33 所示：踏下丁桥，通过横桥拉动占子的下边框下沉，使经丝随之下沉；松开丁桥，机顶弓棚弹力拉动占子恢复原位，使经丝也随之恢复原位。范子在占子后面，专门负责花综运动。

范子的开口传动如图 5-34 所示：踏下丁桥，木雕拉动范子提升，使经丝随之上升；松开丁桥，综片靠自身重量和经纱张力恢复原位。

占子、范子的个数因花纹复杂程度而不同，生产平纹地花纹织

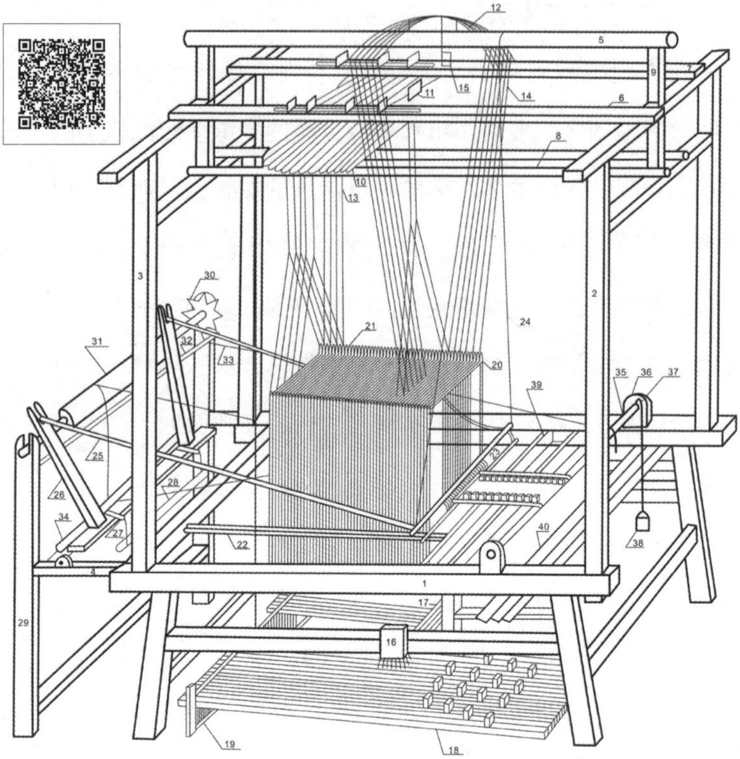

图 5-32　丁桥织机整体机械结构

1—9 系机架部分的机件　10—22 系开口部分的机件　23—28 系织筘部分的机件　34 系分绞棒　35—39 系卷布部分的机件　40 系座板

物仅需要 2 个占子；生产斜纹地花纹织物需要 3—4 个占子；生产缎纹地花纹织物需要 5 个以上占子。花纹循环的投纬数决定范子的个数，而范子和占子的数量又决定踏板的个数，归根到底，纹样的复杂程度决定了踏板的个数。

丁桥织机不管使用多少片综和多少个踏板，带动花综片运动的踏板都放在踏板面左侧，而带动地综片运动的踏板都放在踏板面的

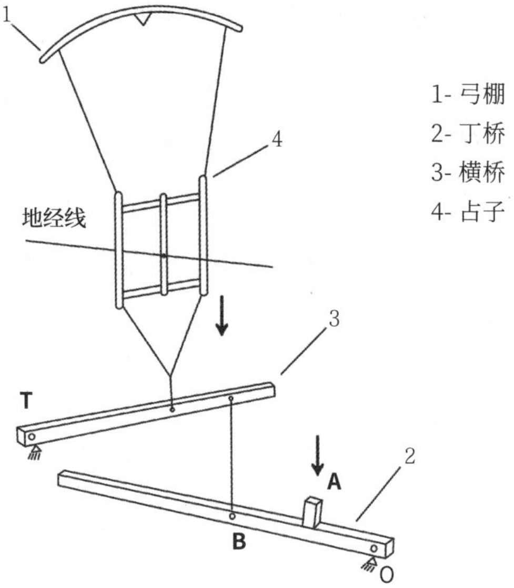

图 5-33　占子的开口传动

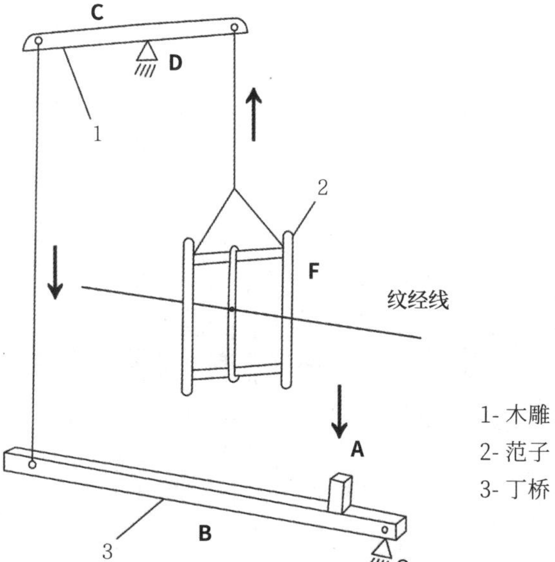

图 5-34　范子的开口传动

右侧。带动花综片运动的踏板上的“丁桥”——竹钉成四排，因为综片有多有少，所以每排的竹钉个数相应也有增减。此外，竹钉的安装位置也是有差异的，一般是每隔 3 根安在同一位置，这样安排是因为踏板数量太多，为了避免踏动时踏到相邻的踏板而影响综片的正确运动。28 综 28 蹑踏板织机的踏板图如 5-35 所示，左面是 24 根花综踏板，右面是 4 根地综踏板，图中甲为吊综绳顺序，乙为竹钉排列顺序。操作时，花综用左脚拇趾按竹钉的顺序踏，第一排是从左到右，第二排是从右到左，第三排再从左到右，踏板成之字排列。地综用右脚拇趾按竹钉的顺序踏。

多综少蹑的多综多蹑织机的信息仅出现在《三国志・方技传》裴松之注中的一段关于马钧的记载：“马先生，天下之名巧也……

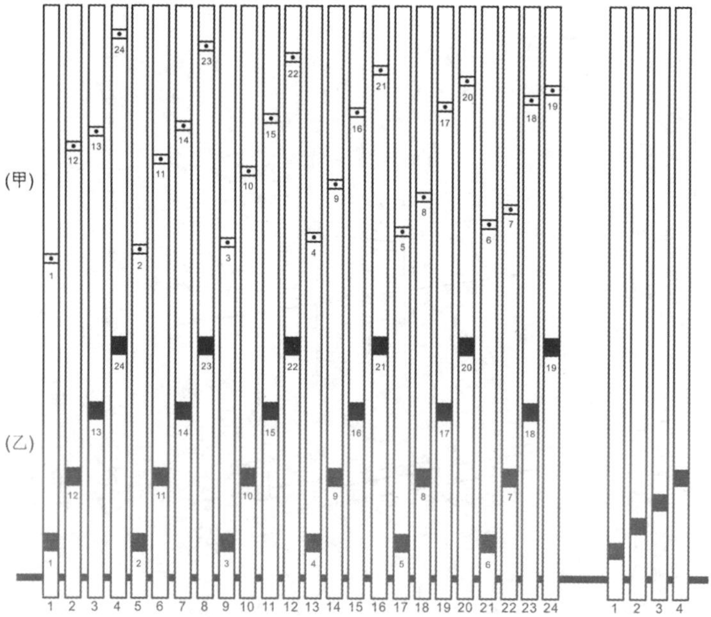

图 5-35　28 综 28 蹑踏板织机的踏板图

为博士居贫，乃思绫机之变……，旧绫机，五十综者五十蹑，六十综者六十蹑，先生患其丧工费日，乃皆易以十二蹑。其奇文异变，因感而作者，犹自然之成形，阴阳之无穷。”马钧改革绫机，用12个踏板控制50片综或60片综。有的学者还做了用12个踏板控制66片综的复原推测（图5-36）。其方案是：在机上设置一托综杆，把所有的综片都挂于托综杆上。将66片综分为12组，前6组每组6片，后6组每组5片。各组综片按纹样要求穿经，一组综就是一个纹样，12组综中任意取2个，可得到66种纹样组合，正

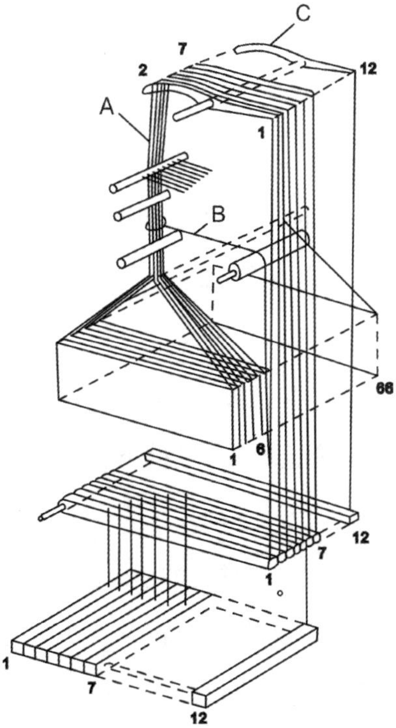

图5-36 十二蹑控制六十六片综的织机开口复原图

注：最下方1—12表示12蹑，依次往上，1—12代表12只杠杆，控制12组综片，1—66代表66片综片，最上方1—12表示12个特木儿。

如裴松之所言“其奇文异变，因感而作者，犹自然之成形，阴阳之无穷”。各组综片通过两个方向与同一踏板相连，一方面通过吊综线与提综杆——特木儿相连，特木儿又与踏板相连；另一方面各组吊综线穿过一根挽环，而每一挽环靠各自的挽线分别经侧面的滑轮连在同一踏板上。在特木儿没有被拉动时，吊综线应该是松的，有一段余量以保证被挽环侧面牵拉后，综片仍可维持原位不动。只有在特木儿上翘，挽线同时又被侧面牵拉时，相应的综片组才能上提。

以上是 2013 年前中国多综多蹑织机史研究的情况，2013 年成都老官山汉墓（西汉景武时期，公元前 156 — 前 87 年）出土的四台多综多蹑织机模型修正了我们此前认知的多综多蹑织机史，其机型有两种：一种是滑框式多综织机，另一种是曲柄连杆式多综织机。这两种织机都是多综少蹑的多综多蹑织机。

滑框式多综织机结构见图 5-37 至图 5-39，其主要提花结构有两个，一是滑框，下连的旋转踏板。滑框通过踩踏旋转踏板完成滑框的垂直运动，进而完成织物花组织的提花综片的提升。二是关于综片的选择的机构，它通过齿梁前后运动，带动由双叉、叉桥、双钩组成的选综机构进行选综。综框上有提升片。在未踏旋转踏板时，齿梁每一齿下对应一片综片，选综机构的双钩正好在提升片两端正下方钩住提升片。脚踏旋转踏板，使整个滑框垂直上升，连带选综机构也上升，进而完成提花综的开口操作，可投纬。未踩旋转踏板则是经纱层的闭合操作，可打纬。而织物的地组织则是通过两个踏板和一个滑轮构成互动式双综双蹑的机构完成平纹地的操作。

曲柄连杆式多综织机（图 5-40），它的选综机构和动作原理、

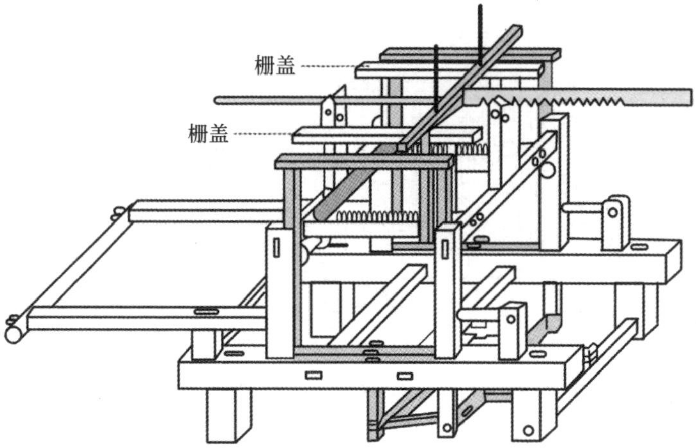

图 5-37 滑框式多综织机的整体结构图

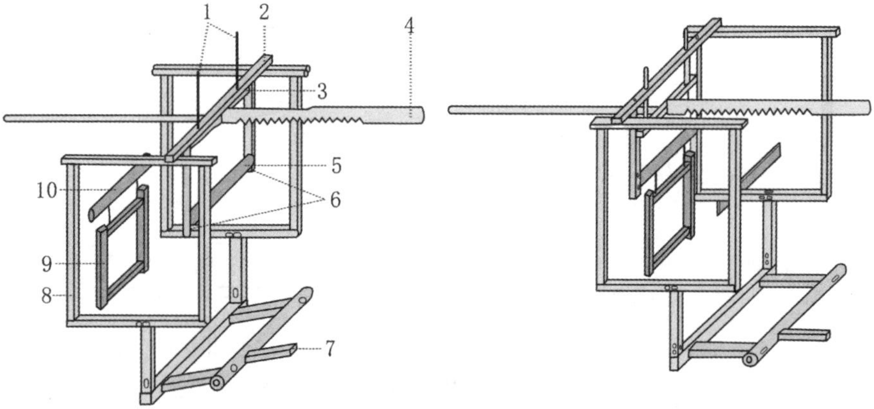

（a）未踏下旋转踏板时提花结构的状态　（b）推动齿梁后踏下旋转踏板时提花结构的状态

图 5-38 滑框式多综织机提花综的机构结构图

1- 双叉　2- 提升梁　3- 叉桥　4- 齿梁　5- 提升片　6- 双钩　7- 旋转踏板
8- 滑框　9- 综框　10- 提升片

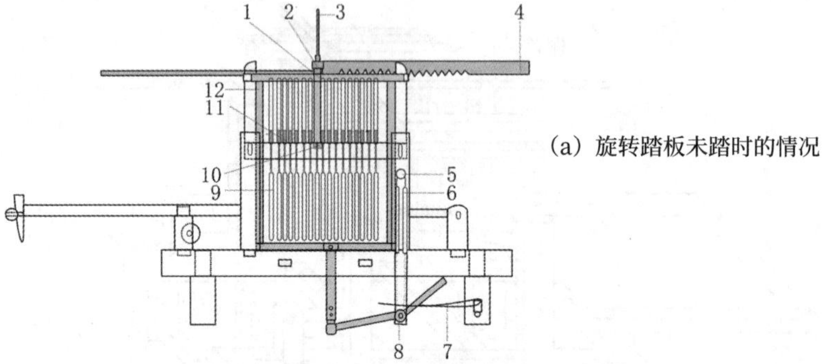

1- 叉桥　2- 提升梁　3- 双叉　4- 齿梁　5- 滑轮　6- 地综　7- 踏板　8- 旋转踏板　9- 综框　10- 双钩　11- 提升片　12- 滑框

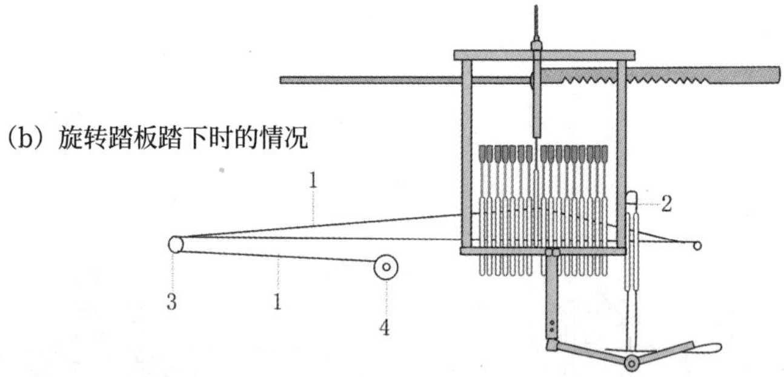

1- 经线　2- 滑轮　3- 经辊　4- 经轴

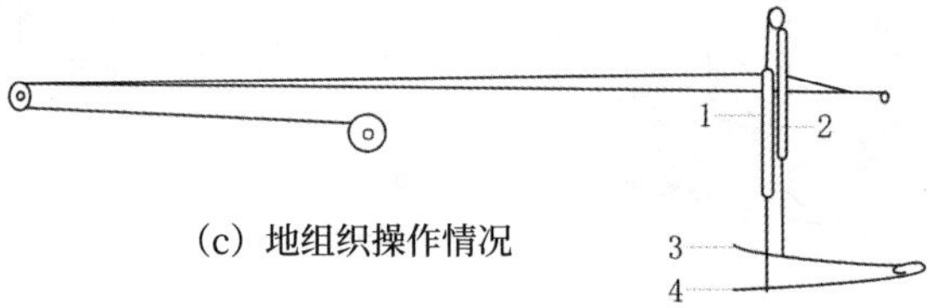

1- 地综 1　2- 地综 2　3- 踏板 a　4- 踏板 b

图 5-39　滑框式多综织机的操作情况

地综的提升原理与滑框式多综织机相同，提花综的提升原理不同（图 5-41、图 5-42）。踏下旋转踏板，连杆上升，连杆上的钩顶起提升片，完成一个提花开口。

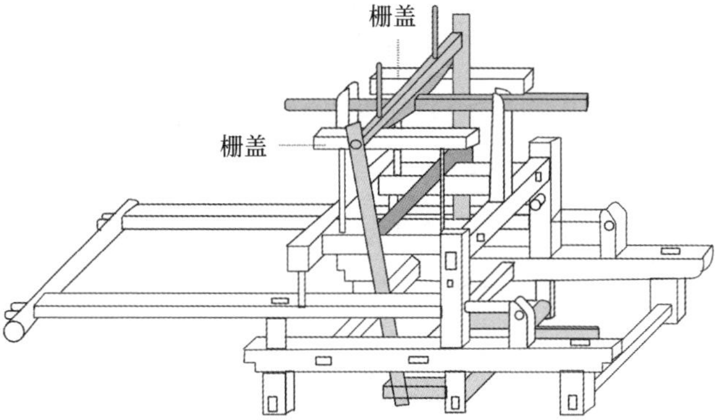

图 5-40　曲柄连杆式多综织机的整体结构

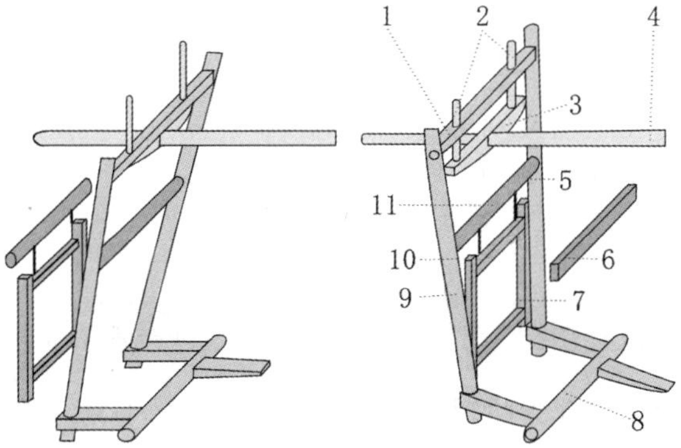

图 5-41　曲柄连杆式多综织机提花综的机构结构图

1- 提升梁　2- 双叉　3- 叉桥　4- 齿梁　5- 双钩　6- 提升片　7- 综框　8- 旋转踏板　9- 连杆　10- 双钩　11- 提升片

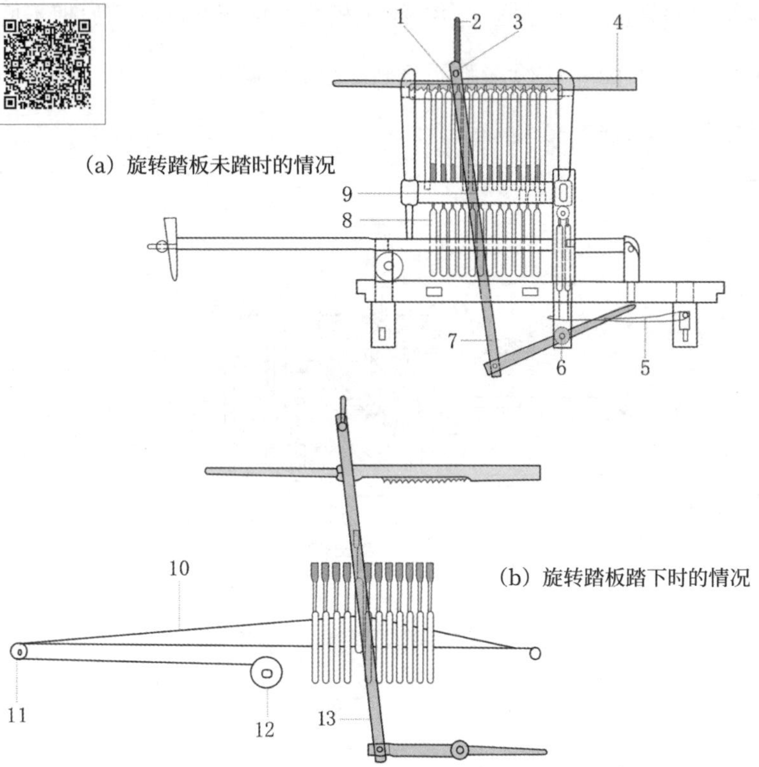

图 5-42　曲柄连杆式多综织机的操作情况

1- 叉桥　2- 双叉　3- 提升梁　4- 齿梁　5- 踏板　6- 旋转踏板　7- 连杆　8- 综框　9- 双钩　10- 经线　11- 经辊　12- 经轴　13- 连杆

通过对以上多综多蹑织机的时间排序，发现技术最先进的滑框式、曲柄连杆式多综少蹑织机最先出现，其次是 120 综 120 蹑的同综同蹑多综织机出现，最后出现 12 蹑控制 66 综的多综少蹑织机出现。这是一种技术反演现象。这是什么原因呢？这样一个故事或许可以给我们一个解释：古罗马皇帝苇斯巴芗统治时期有人发明了一整套滑轮和杠杆等省力机构，将其献给皇帝，皇帝却说没有必要使用这些工具，有了这些工具我们的奴隶就没有工作可做了。于是将这些先进的发明束之高阁了。可见，发明与应用是两回事。中国古代的多综织机确实经历了这样一个反演迷局，至于哪一种织机先被发明已不再重要了，重要的是我们要明白造成这种现象的可能原因。

6　小花楼提花织机

保守估计，小花楼提花织机出现在唐代，大花楼提花织机出现在明代。大花楼提花织机是在小花楼提花织机基础上发展起来的。

在中国古代美术作品中，小花楼提花织机的图像信息很多。南宋《耕织图》中的小花楼提花织机是三人操作织平纹地花纹的织机（图 5-43），南宋吴注本《蚕织图》中的小花楼提花织机（图 5-44）则是两人操作织平纹地花纹的织机。之所以说此两图都是织平纹地花纹的小花楼提花织机，是因为织工前面的地综都只有两片，只有织平纹地花纹的织物需要两片地综。随后，元代《王祯农书》中的小花楼提花织机，似乎还是织平纹地花纹织物的（图 5-45）。明代《天工开物》中有织斜纹地花纹织物的小花楼提花织机版图（图 5-46），之所以说该图是织斜纹地花纹织物的小花楼提花织机，是因为该图中织工前面的地综有 4 片，地综片 3—4 片是织斜纹地花纹织物的。《农政全书》中有织缎纹地花纹织物的小花楼提花织机版画（图 5-47），因为图中地综有 5 片，5 片以上的地综是织缎纹地花纹织物的。

图 5-43　南宋《耕织图》中的小花楼提花织机

图 5-44　吴注本《蚕织图》中的小花楼提花织机

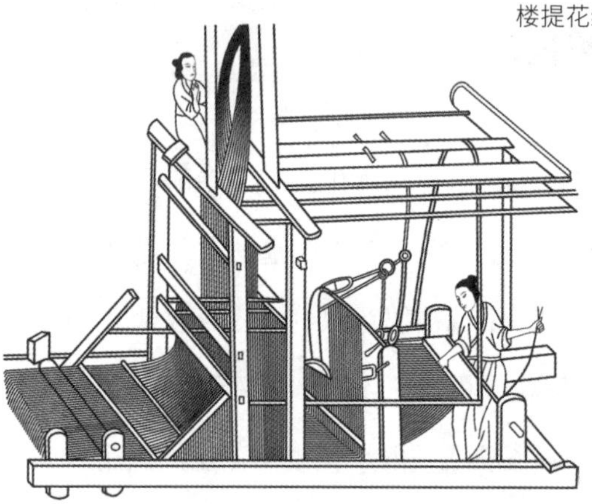

图 5-45　《王祯农书》中的小花楼提花织机

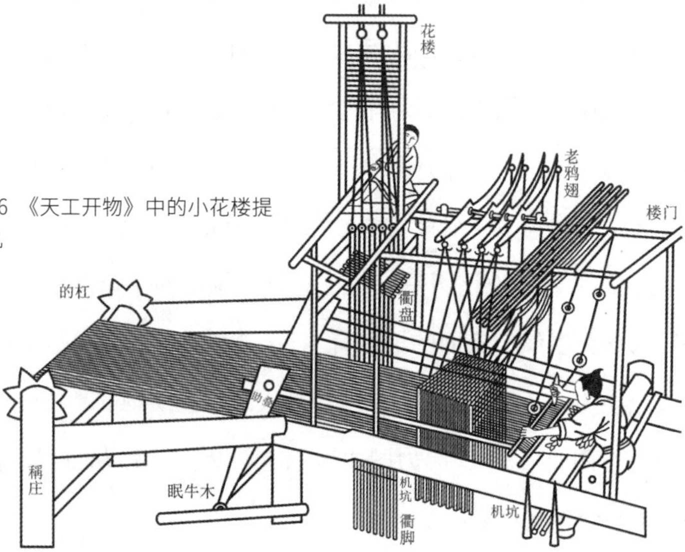

图 5-46　《天工开物》中的小花楼提花织机

图 5-47 《农政全书》中的小花楼提花织机

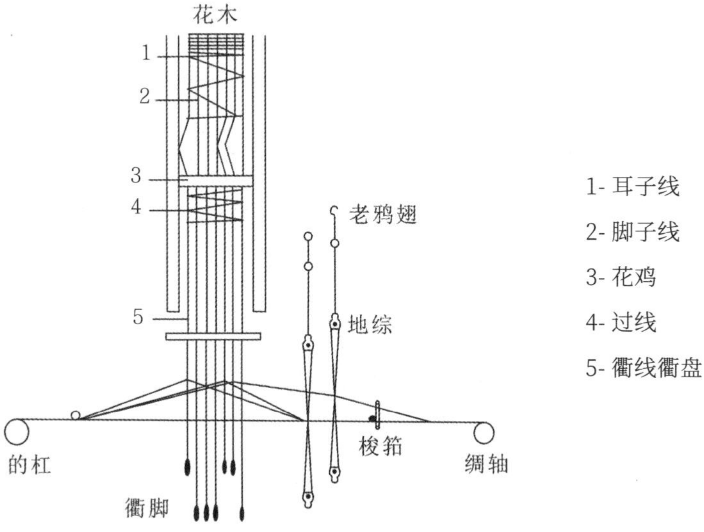

图 5-48 小花楼提花织机的开口图

小花楼提花织机最重要的机构是开口机构，包括地综开口机构和花综开口机构（图 5-48），而开口机构中最复杂的是花综的开口机构。

小花楼提花织机的地综开口机构，由织机下的织工通过控制范子和占子来操作，范子是上开口综片，占子是下开口综片，具体形制和操作见前文关于多综多蹑织机的相关论述。小花楼提花织机中范子和占子的作用，与多综多蹑织机中的作用不一样，两者都是负责地综的，范子运动是织出地组织，占子运动与花综配合，在提起的花部间形成间丝组织。而在多综多蹑织机中，占子负责地综，范子负责花综。

小花楼提花织机的花综开口机构（图 5-49）是“隆起花楼，中托衢盘，下垂衢脚”，这句话说明花综开口机构由三部分构成：上部为耸立的花楼，作用是提吊丈纤及纤上花本，提花工处在花楼中间位置，这样能顾及花楼的上下，便于提花操作；中部为衢盘，衢盘由 10 多根衢盘竹组成，托在头道、二道楼柱的下横档上。衢盘竹可按织物的花数多少，进行增减，上接丈纤下的丈栏，下兜衢脚线，中间穿入经丝；下部为垂直的衢脚。小花楼提花织机花综的提花操作，由花楼上的提花工通过控制耳子线（花本的纬线）和脚子线（花本的经线）构成的花本来操作。

为什么花本会显现出丰富的纹样呢？这主要在于花本上的每一纬耳子线控制着各种各样的开口方式。从图 5-49 中可以发现，花楼上的提花工通过拽拉花本上的每一纬耳子线，将花本上设计好的脚子线提起，而每一根脚子线控制着一根丈纤，此时每根丈纤控制着一定数量经线的提升和下降。这样，每一纬耳子线控制着众多丈纤，从而控制着织面上每根经线的开口。于是，花楼上的提花工每拽拉花本上的一纬耳子线，就会在经面上形成一纬开口，花楼下的织工引纬、打纬，完成一纬花综的操作。花楼上的提花工每拽完

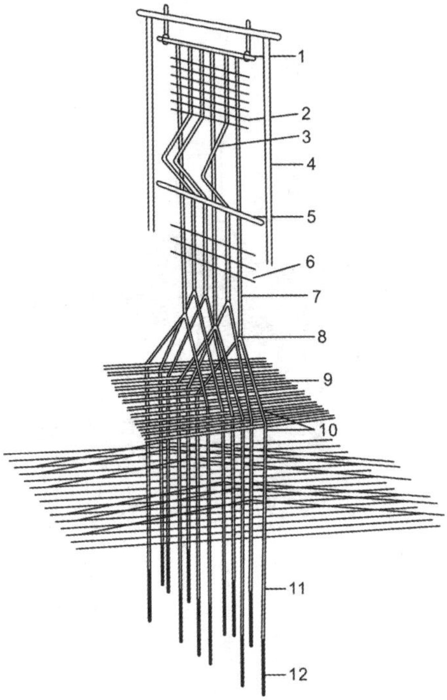

图 5-49 小花楼提花织机的花综开口机构图

1- 千斤筒 2- 耳子线 3- 脚子线 4- 花楼柱 5- 花鸡（文轴子）
6- 过线（已提花的耳子线） 7- 纤线 8- 栅栏子 9- 衢盘 10- 中衢线
11- 下衢线 12- 衢脚

一纬耳子线，将其移至花鸡（文轴子）下，以备下一个循环花纹的操作使用。

下面用实例来说明丈纤是如何控制众多的经纱开口的。设计在数为 6 的装造（图 5-50），即每一根丈纤通过丈栏连接 6 根衢线，总共 300 根丈纤，1800 根衢线，每根衢线穿一组经线。若每根衢线穿入 4 根经线，总花经数为 7200 根，衢线的排列顺序如同现代提花机装造上顺穿法。机构下部为衢脚，由衢脚上的衢脚线连接衢线，衢脚排列方法与衢线相对应，为 4 组 6 排，每组 75 根，每排

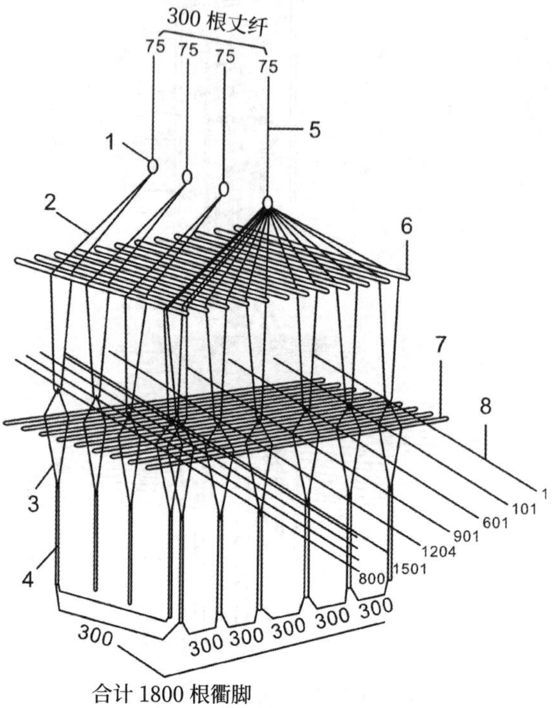

图 5-50　小花楼提花织机中丈纤控制经线举例

1- 丈栏　2- 衢线　3- 衢脚线　4- 衢脚　5- 丈纤　6- 衢盘竹（6 花用 12 根）
7- 衢脚盘　8- 经丝线（数根为一组）

300 根，共 1800 根，通过衢脚盘交叉排列，使之在运动时不乱。衢脚是长约一尺半的小竹棍，水磨使竹棍光滑，以利提拽和回落。正是因为有这样精巧的花综开口机构，可以设计在数各种各样的造，从而使得小花楼提花织机上所提的花纹精确、细致、丰富多彩。

小花楼提花织机上的卷送机构、打纬机构都是沿用多综多蹑织机的相关机构，并没有太大的变化。其具体机构可参见《天工开物》中的小花楼提花织机复原图（图 5–51）。

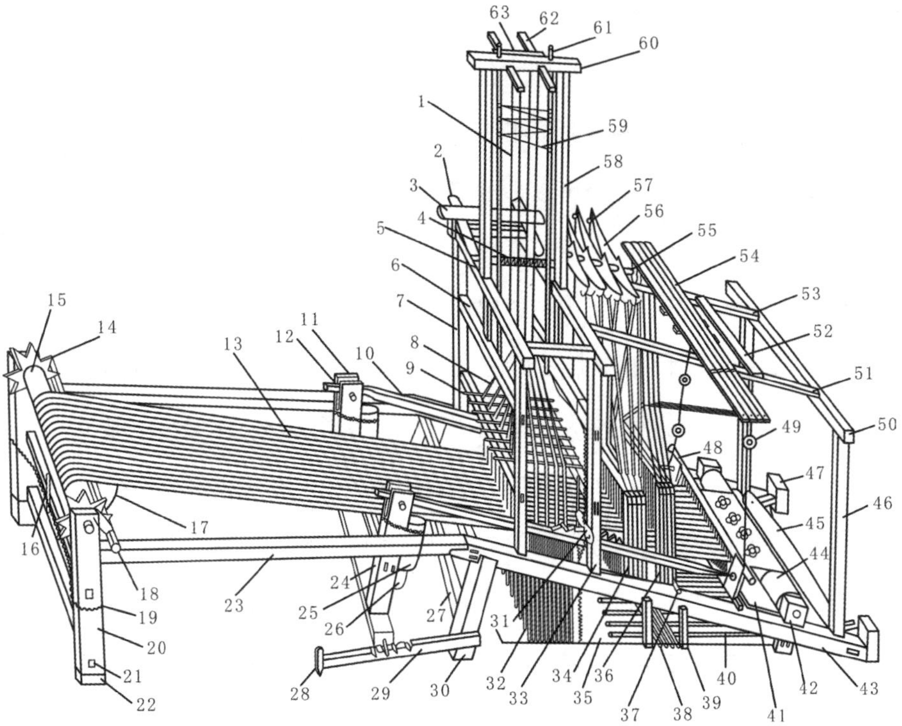

图 5-51 《天工开物》中小花楼提花织机复原图

1- 丈纤（线） 2- 坐板枕头 3- 坐板 4- 花机 5- 燕翅 6- 楼柱横档
7- 二道楼档 8- 衢线 9- 衢盘 10- 横杆 11- 马头 12- 叠助销 13- 经
14- 羊角 15- 的杠 16- 绞棒 17- 放的绳 18- 搭角方 19- 绞关 20- 称桩
21- 称桩横档眼 22- 入上称桩 23- 排雁 24- 叠助 25- 撞机石 26- 鬼脸
27- 横档 28- 固定木桩 29- 眠牛木 30- 机腿 31- 高压板 32- 衢脚
33- 头道楼柱 34- 范子 35- 机坑 36- 幛子 37- 挡范竹 38- 横沿竹 39- 老鼠尾
40- 脚竹 41- 搁梭板 42- 狗脑 43- 机身木 44- 局头 45- 坐板 46- 门楼柱
47- 顶机石 48- 扣框 49- 吊框子 50- 门楼盖 51- 左架梁 52- 吊框板
53- 右架梁 54- 滋木 55- 鸟坐木 56- 老鸦翅 57- 算盘珠 58- 冲天柱
59- 花本横线 60- 冲天盖 61- 花杆竹 62- 横托木 63- 纤耙

7　大花楼提花织机

大花楼提花织机是中国古代织机发展的顶峰，它的特点主要是能够表现大图案、多色彩、组织变化丰富的各类提花织物。纬向纹样宽度可达全幅，甚至可以是拼幅和巨型阔幅。经向纹样长度，亦不受一本花长度的限制而无限扩大。较之小花楼提花织机所织纹样，大花楼提花织机所织造的织物纹样更大，但最主要的区别在于它可织左右不对称的通幅织物。明代《天工开物》中龙袍篇里提到的织龙袍机，无疑是指大花楼提花织机。可以这样说，大花楼提花织机完全是为云锦织物而度身定做的。大花楼提花织机的出现标志着云锦发展的成熟。考证古代纺织品，可以发现大图案、多色彩、组织多变的织物直到明代才大量出现，特别是明代定陵中才大量出土左右不对称的通幅织物，由此可以断定：在明代妆花织物开始兴盛时，大花楼提花织机的成熟工艺形成。到清代，江南的江宁、苏州、杭州三织造建立，继续采用和改革大花楼提花织机，织造云锦，并将其发展推向顶端。

小花楼提花织机与大花楼提花织机不仅提花的位置不同，在牵线结构、装造方法、提花操作及适应生产的品种等方面都不同。小花楼提花织机只能织造纹样单位较小的提花织物，而大花楼提花织机纤线较多，适合织大型的织物。大花楼提花织机是小花楼提花织机的进一步发展，为古代南京匠师们所创造发明，堪称世界手工纺织业中机型最庞大、结构最巧妙的机器。特别是精巧的环形花本装置（图5-52），比小花楼提花织机具备的花本信息更多，这就是它的先进之处，起到了现代机械、电子提花龙头的纹针升

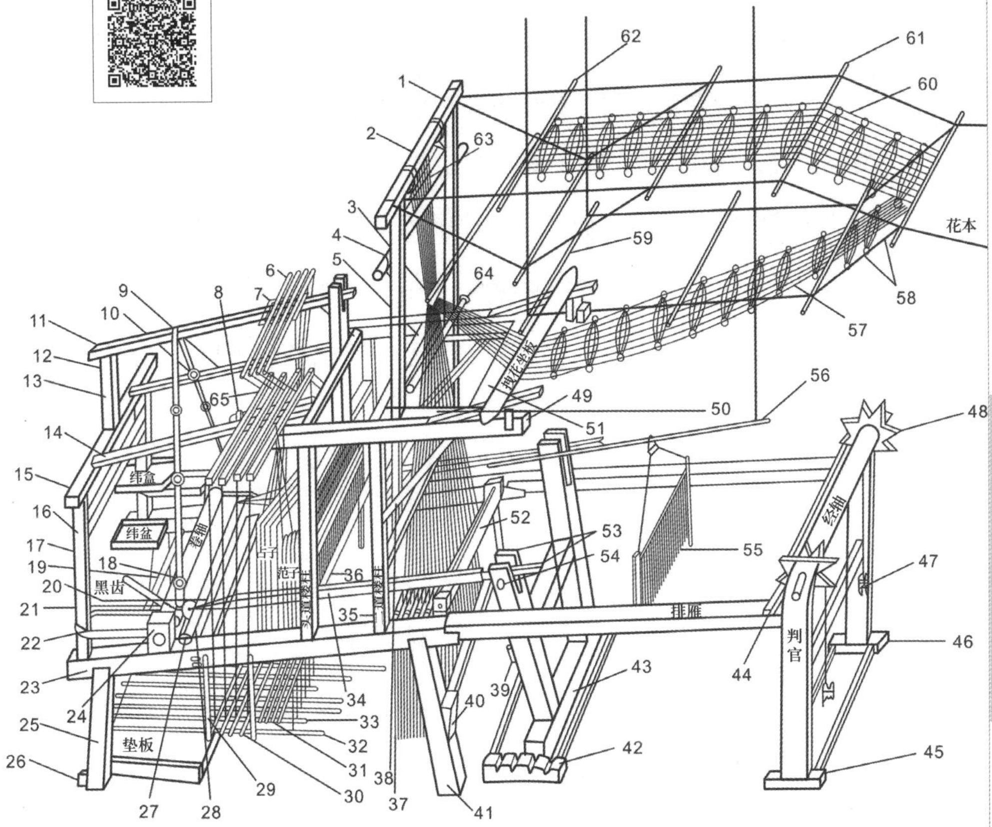

图 5-52 大花楼提花织机结构图

1- 冲天盖 2- 冲天柱 3- 纤（大纤） 4- 别纤枕头 5- 二道火轮圈
6- 头道火轮圈 7- 弓棚 8- 城墙垛 9- 乾出力 10- 牛眼睛 11- 三架梁
12- 鸡冠 13- 鸭子嘴 14- 鹦哥架 15- 花门架 16- 花门柱 17- 吊框子
18- 撬尺 19- 坐板 20- 竹筘黑档 21- 辫绳 22- 边纬箱 23- 机身 24- 狗脑
25- 前机腿 26- 顶机石 27- 筘框 28- 虾须绳 29- 天平 30- 脚竹芯 31- 横沿竹
32- 脚竹 33- 搭马竹 34- 撞杆 35- 猪脚盆 36- 高压板 37- 猪脚 38- 猪脚线
39- 撞机石 40- 踏脚 41- 腰机腿 42- 立人盘 43- 立人 44- 搭角方 45- 轮角
46- 顶椿 47- 边扒 48- 羊角 49- 燕翅 50- 小排雁 51- 三道火轮圈 52- 托经棒
53- 马头 54- 立人销 55- 行车 56- 车道竹 57- 脚子线 58- 耳子线 59- 花本
60- 明纤 61- 桂华竹 62- 拼花竹 63- 双纤千斤顶 64- 花机 65- 鹦哥

降机构以及和纹版程控系统相结合的作用，满足了整幅妆花织料的织造要求。

大花楼提花织机与小花楼提花织机除花楼结构多环形花本装置不同外，其开口也略有不同（图 5-53）。首先，大花楼提花织机的地综由范子控制，而花综则由拽提纤线使花综经丝上升，拽提纤线是由拽提花本上的耳子线控制。同时，踩落障子（占子），将拽提部分经丝按一定规律回至原来位置，这时所形成的开口织入花

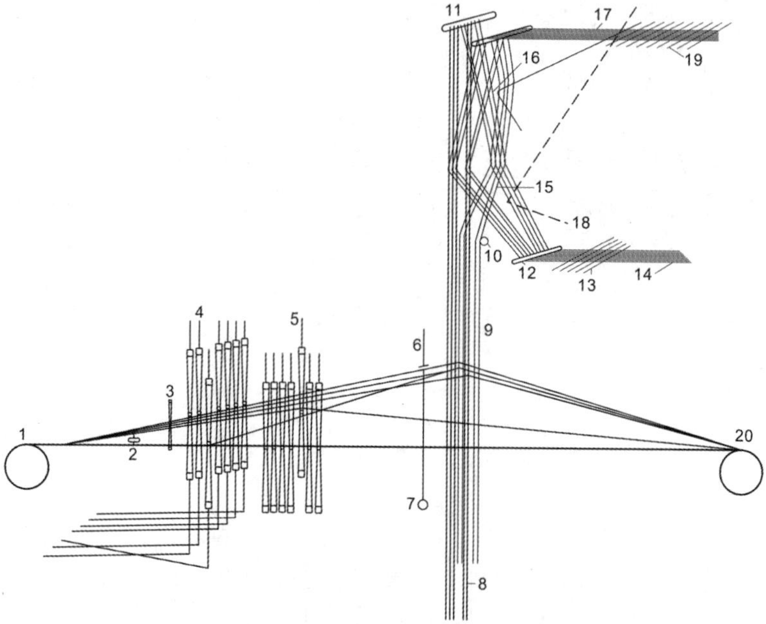

图 5-53 大花楼提花织机开口示意图

1- 卷轴 2- 梭 3- 筘 4- 障子（占子） 5- 范子 6- 压丝板 7- 秤砣石 8- 衢脚 9- 纤线 10- 花机 11- 千斤筒 12- 挂花筒 13- 花本 14- 脚子线 15- 下磨口 16- 上磨口 17- 耳子线 18- 提花后转入下磨口的耳子线 19- 花本 20- 经轴

纬，即彩纬和金、银线等。之所以这样做，是为了牢牢固定纬丝，当然，这需要挑花结本时精巧的设计。其次，大花楼提花织机没有衢盘，直接由纤线控制经纱，每根纤线控制一定数量经纱。大花楼提花织机的其他机构与小花楼提花织机、多踪多蹑织机在结构、功能上大体相同。

Part 6

甲骨文中的纺织篇

甲骨文是商代中晚期出现的一种契刻在龟甲、兽骨上的文字符号，它是汉字的硬性祖先（指被保留下来的文字符号），也是中华民族进入文明社会的重要标志。甲骨文的研究方法是借助汉字篆书和《说文解字》《广雅·释诂》等古代字典进行契合性解读，这是一种非常有效的研究方法，现已整理出 4000 多个不同形体符号的文字。经过研究考辨，其中与后世有联系并能够辨识确定的有 1000 多个字。甲骨文作为象形文字和会意文字的混合体，其造字规律中蕴含着许多纺织信息，既包含着纺织技术信息，又表征着当时的纺织文化，可以说它是研究商代纺织技术、纺织文化不可多得的信息宝库。

1　“桑”“丧”的甲骨文新解

甲骨文学界认为“桑”的甲骨文体异构繁复，有两百多种。“桑”的甲骨文体有两大类，一类是最基本的字体，它们的形体以生长着许多柔软细枝的树表示（常见形体见图 6-1），另一类是在最基本的字体上加口形，有两口至六口不等（常见形体见图 6-2），正是因为“口”在最基本字体中的多寡、位置以及树枝形状的变化，直接导致“桑”的甲骨异构字体很多。罗振玉（1866—1940 年）认为早期无“丧”，以“桑”通之。于省吾（1896—1984 年）进一步解释，口是代表器形，乃采桑时所用之器，由于商代已有丝织品，因此带口的桑树形为采桑的本字，其为丧亡之丧者是假借字。

图 6-1　“桑”的最基本字体

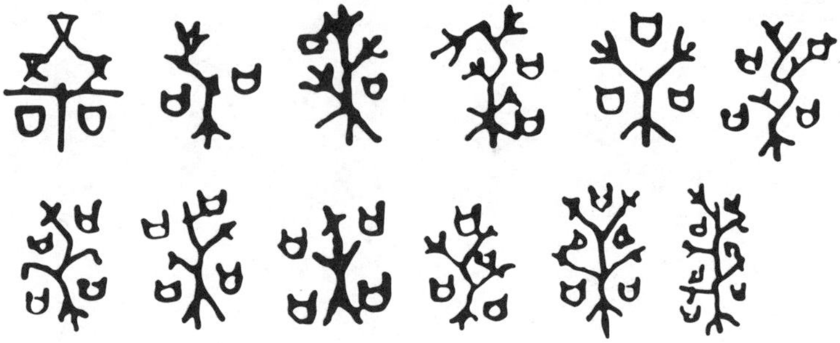

图 6-2 “桑”的第二类字体

对于“桑”“丧”甲骨文体的解释，笔者有不同于罗、于两位先生的拙见：“桑”的甲骨文异体很多，但只有一种基本字体，即甲骨文学界认为的最基本字体。笔者认为甲骨文学界所认为的“桑”的第二类字体并非 “丧”的假借字，而就是“丧”的本字。笔者对“桑”所谓的第二类字体中口形的解读不同于罗、于两位，笔者认为口形在甲骨文中是指口，并不是指采桑所用的箩筐。主要有如下两点证据：

第一，甲骨文的其他文字中出现的口形都作口解（图 6-3），只是到了金文阶段才有一个“器”作青铜器解。“器”的金文（图 6-4）像一只狗守护着四个青铜器，之所以断定是四个青铜器，原因一是商代青铜器制造业很发达，中国古代传世的大型青铜器都是在商代铸造的，如司母戊大方鼎、四羊方尊等。原因二是青铜器在商代贵族的生活、宗教、文化中很重要，商朝人很迷信，祭祖和祭神都用青铜器，并且青铜器在当时很昂贵，甚至军队中也没有完全装备青铜武器，贵族只能根据等级分级别地享用。后世“器重”一词即反映青铜器之重量和重要。原因三是只有口形作青铜器解才可

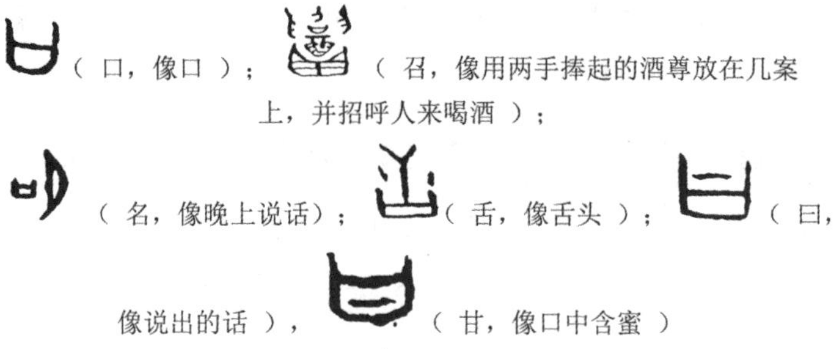

图 6-3 甲骨文中关于口形的解读

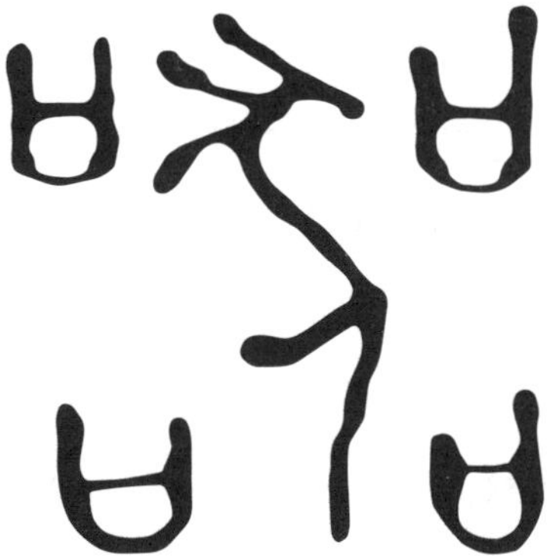

金文

图 6-4 “器”的金文

理解“器”的会意，用狗来护卫很多（古代三个同样的符号表示多，四个同样的符号则表示很多）比较重要的青铜器。甲骨文学界正是从金文“器”中口形作青铜器解，来引申甲骨文中“桑”的第二类字体作采桑之器。笔者认为这种解释是带有“以古推更古”的辉格解释，虽然有一定的借鉴意义，但如果口形在甲骨文中作容器（包括采桑之器）理解，只有“桑”字一孤证，显然这种解释是不充分的，因此笔者认为于省吾先生的解读有些不妥。

第二，“桑”所谓的第二类甲骨文字体中，口形完全可以用口解释。首先，笔者解读口形在该字中的含义。图 6-2 中，桑林中的口完全可以解释得通“丧”这个字，为什么呢？古时认为桑林是祭祀祖先的处所，桑林之下常常是家族墓地。之所以古人葬于桑林，这与古人的魂灵观相关。古人认为人的死亡并不是生命的终结，新旧生命是一个持续化的过程。子孙的生命是祖先灵力的转化。这一观点来源于古人对“天蚕再变”神奇现象的解读——野蚕在桑树上成蛹、生长、吐丝结茧、成蛾、产卵的不断循环，犹如灵魂转世一般，而桑树则是灵魂转世和“通神”的媒介，这正是古人将死人葬于桑林和在桑林中举行宗教仪式的原因。从“葬也者，藏也，慈亲孝子之所慎也”“汤乃以身祷于桑林”等相关记录也可略见一斑，亦可从蒙古诺因乌拉匈奴墓出土的汉代织物山岳双禽树木纹锦（图 6-5）中见到古人对桑树的崇拜。这样就不难解释甲骨文“丧”中“桑林中有口”的意思是在桑林中举行葬礼时亲人们的祷词和哭喊声。其次，笔者对丧的读音进行考察。丧有两种读音，sāng 和

图 6-5 东华大学屠恒贤复制的山岳双禽树木纹锦

sàng，凡与死人有关的都读 sāng，与桑同音，可见古时桑具有神性，且作为通神的媒介，这反过来证明“丧”的甲骨文字体应理解为宗教方面的事件——祭祖和葬礼，而不是经济方面的事件——采桑。

2 “学”“教”同体的纺织考源

甲骨文学界传统观点这样解释“学”：爻疑罔之省，字象双手结罔，非学之不能结。之所以这样解释，可能其观点是从“学”的字形变迁（图 6-6）中推导出来的，有的人解释“学”字的甲骨文下面、金文和篆体文中的“冂”是指网的架子，金文和篆体文中“冂”下是个“子”，表示一个小孩子，金文和篆体文中的一些“学”的变体字中有一只手拿着一根鞭子的形态（见图 6-6 中金文和篆体文第一种字形右边），这是会意棍棒下面出好学生。

图 6-6 “学”字的变迁

有人这样解释：“教”的甲骨文（图 6-7）像有人在执鞭演卜，下面是孩子学习的形象。这里的“爻”被认为是占卜。

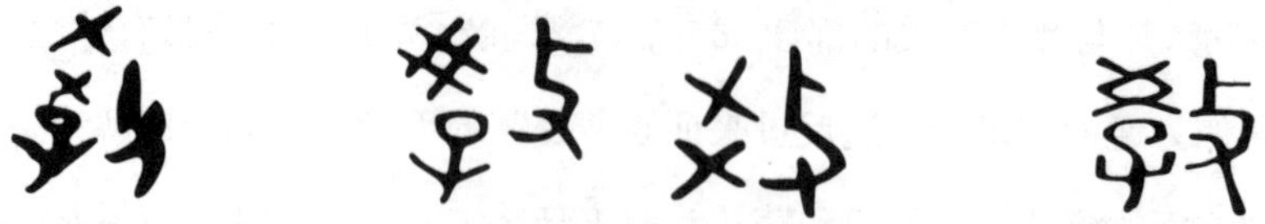

甲骨文　　金文　　篆体文

图 6-7 “教”字的变迁

对于“学”“教”甲骨文中“爻”形和“冂”形的解读，笔者有二点拙见：

第一，“爻”形应该是指纺织。劳动是人类最基本的社会活动，具有社会性和教育性。之所以它是社会性的，主要是因为劳动技能需要模仿，劳动经验需要交流。正是因为这种模仿和交流使劳动具有教育性，因此教育起源于劳动。笔者认为教育首先应该是一种劳动。“教”的甲骨文中“爻”形被认为是占卜，显然是有问题的。理由一是《说文解字》言“爻，交也”，《广雅・释诂》有“爻，效也”，可见爻的本意不是《周易》中的“爻象”；理由二是“教”的金文中还有是网状的形象（图 6-7 第一个金文形象）。笔者曾经认为“爻”形很可能是指地里的粮食作物，“教”和“学”会意为学习种植庄稼也说得通，但其他所有表示作物的符号都没有用“爻”形表示。此外，对篆体“觉”（图 6-8，“觉”暂时没有发现甲骨文和金文）的解读更让笔者认为甲骨文中“爻”形是指纺织。图 6-8 中字体下面表示一个人眼睛一睁开，即看到两只手形和“爻”形，什么东西在古代一觉醒来就能看到呢？应该是勤劳的妇女在纺织啊！结罔是在水边。文字中象形符号的创造是有一定规律的，每一个符号在所有甲骨文中的会意有固定的意义，根据“觉”“教”“学”

图 6-8 “觉”字的篆体

的篆体会意，笔者反推出两只手形和“爻”形是在从事纺织劳动的表征，“爻”形也可作纺织的简化表达。

此外，从创造甲骨文的历史语境来研究，也可见“爻”是纺织的符号。早在新石器时代早期，人类过着定居生活后，就已经会结罔了，而创造文字是在新石器时代晚期，比较难的劳动是纺织而不是结罔，不然为什么中国神话中都是伟人——黄帝、嫘祖发明纺织呢？传说创造文字的仓颉是黄帝时代的人物，需要学习和教育的应该是当时最难且比较重要的一种劳动，因此“教”和“学”中“爻”形应该是纺织。

第二，“冂”形应该不是网的架子的会意，而是指蒙昧或未睡醒的意思，因为《说文解字》中有：“学，觉悟也。从教从冂，冂尚矇也，臼声。”这样就不难解释“学”与“教”中出现一只手拿着一根鞭子的形态的原因了——学生不懂或学习时打瞌睡。

由此看到，“教”与“学”源自于纺织。此外，从“学”与“教”的甲骨文会意解读，不难发现“教中有学”“学中有教”，两字应该是同体，这也可能是“教学相长”一词最好的一种解读方式。

3 “糸”（mì）、“丝”在甲骨文中的悖论思考

“糸”与“丝”的甲骨文（图 6-9）传统解读的意思实在让人费解。

图 6-9 “糸”与“丝”的甲骨文

① 先从以今观古的角度推，参考《说文解字》中的“丝，蚕所吐也”“糸，细丝也”和南唐文字训诂学家徐锴（920—974 年）“一蚕所吐为忽，十忽为丝。糸，五忽也”的相关解释，笔者认为“糸”比“丝”要细，“丝”即茧丝，“糸”是一根蚕丝单纤维，因为每一根茧丝都是由两根蚕丝单纤维构成，甲骨文“丝”是商代人通过观察茧丝创造出来的，这是很容易发现的，只要将茧丝放在水中充分浸泡后就可以发现，不然为什么不以三根或四根蚕丝单纤维图像构成一根茧丝的文字图像呢？徐锴的解释笔者有些疑惑，为什么是十根茧丝加捻成一根丝呢？难道当时南唐十颗茧缫成的丝为“丝”，五颗茧缫成的丝为“糸”？笔者认为徐锴错误地认为丝是缫过的丝，他错误地把认识问题说成了工艺问题，尽管如此他还是给出了一个重要的信息，即“糸”只有“丝”的一半，这也可以从两者的甲骨文图像信息中可见。

另外，为什么“糸”和“丝”中的每根茧丝纤维都以两个或三个椭圆形串成？因为这些椭圆形很像一个个蚕茧，会意这些都是蚕所吐之物，在有些椭圆形形象上还有↑和↓，笔者认为它们应该表示纤维束，这是为了进一步表明这些椭圆形是蚕茧。甲骨文中之所以会出现很多种类的“糸”和“丝”的异构体，是因为汉字是不断进化和变迁的，它们向着简化、美观方向发展，发展到篆书“糸”和“丝”就只有↓符号了（见糸和丝的篆书体，图 6-10）。

图 6-10 “糸”和“丝”的篆书体

② 如果上面的推论成立的话，那为什么甲骨文学界关于“糸”的解读居然有两种，一种是丝，另一种是绳（图 6-11）呢？笔者认为这形成了一个悖论，汉字之祖——甲骨文中居然同一种符号有两种解读，因为最初的汉字（不是词汇）应该比现代汉字多得多，越古老越多，随着历史的前进不断地简化。现在我们认识的甲骨文很少，这仅仅是因为我们解读得很少和发现的甲骨文残片还很有限，并不代表甲骨文字本身很少。

从图 6-11 来看，“孙”“绝”“幽”中的一根“糸”都可作茧丝的一根单纤维解。“奚”作绳解有些牵强，因为它的出现使一个甲骨文符号表达两种不同的含义，这完全不符合甲骨文的造字规律。笔者认为，到了金文阶段才有了“糸”作绳索之意，这可以从

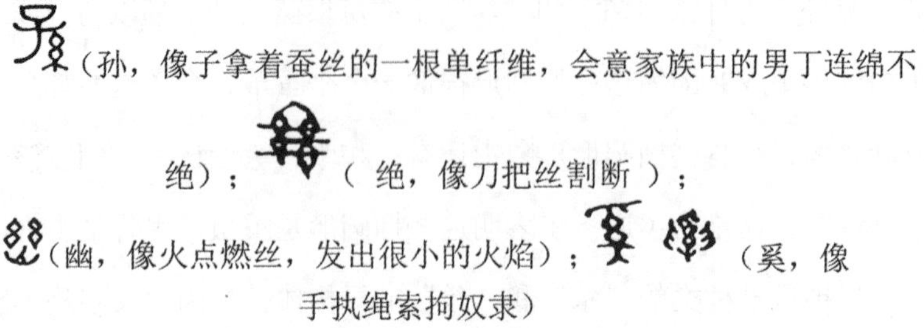

图 6-11 甲骨文学界对“糸”两种不同的解读（悖论的展示）

金文中出现很多关于“糸”作绳意解的字中窥其整体，如金文“县”（图 6-12，古时县与悬互通）中的“糸”就作绳索解，其会意是“一只眼睛看到用绳子系着的悬挂在高处的人头”。对于“奚”，笔者认为其甲骨文图像表达的是用手把一根茧丝单纤维捆缚在一个小人偶上，这可能是在实施一种在原始社会普遍存在的诅讥之法——诅讥被实施者成为奴隶。原因一，《说文解字》中对奚的解释是女奴；原因二，蚕丝单纤维有可能被古人认为是施巫术的一种法器，毕竟中国古代有丝崇拜的传统，丝崇拜肯定会分为致善和致恶两种，致恶的丝崇拜必然会产生巫术中的用丝。

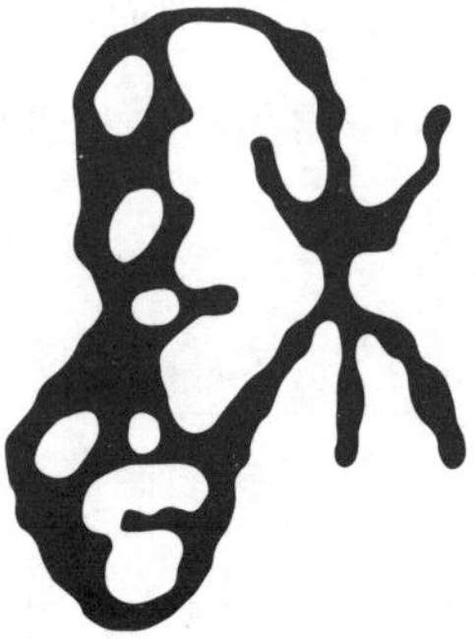

图 6-12 金文“县”

因此，笔者认为甲骨文中“糸”是一根蚕丝的单纤维，而“丝”是一根蚕丝，甲骨文中表示绳索的图像符号一定不是“糸”的甲骨文符号，只是目前没有被学界解读出来。直到金文产生后，“糸”的符号才被赋予了新的含义——绳，但它肯定还有些规律至今仍未被解读出来，即它“在什么情况下表示是丝，而在什么情况下表示是绳”，这需要有志之士深入研究。

4 甲骨文中的纺织生产再究

甲骨文“专”的图像信息有轮、有杆、有线，很像用纺专(图5-1)纺纱。“专”的象形字（甲骨文）表示人们用手（图6-13左图）转动纺轮（图6-13中图）集合纤维（图6-13右图）的纺纱操作，它既全面概括了纺专的主要部件——捻杆和纺轮，又表达了操作的方式——用手转动。

高汉玉先生认为“缫”有甲骨文体（图3-4），笔者对此存在一些疑问，具体内容见本书的“丝处理篇”。笔者需要强调的是“缫”

图6-13 “专”的象形字（甲骨文）

这一工艺在商代不可能存在。此外，图 3-4（d）被甲骨文学界认为是“辔”，笔者既不赞同高先生的观点，也不赞同甲骨文学界的观点，这两个甲骨文异构体应该是指缫丝过程中找到绪头后将蚕丝单纤维进行合股加捻，且是将多根蚕丝单纤维合股加捻，因为在甲骨文中三个“糸”的表征符号是指多根“糸”，这可从“品”“森”的甲骨文造字规律中得到佐证。

Part 7

纺织度量篇

对于大众而言，纺织的度量仅停留在“匹”的认识层面。如果中学时期对历史稍有兴趣的人则仅停留在“匹马束丝”图片信息和文字解读的印象中，殊不知这张图的解读是有问题的。纺织度量包括纺织品的度量（长度、精密程度）、蚕丝的度量，而这些度量又与中国传统文化有着密切的联系。

1　曶鼎铭文中“匹马束丝”之“束”“丝”新解

曶鼎乃西周中期青铜重器，清代乾隆时期流传于世，后下落不明，现仅存几张铭文拓片和《金石萃编》《积古斋钟鼎彝器款识》等金石专著中关于其形制的只言片语。即便如此，曶鼎铭文拓片的内容也成为研究西周中期社会政治、经济状况不可或缺的宝贵资料。

曶鼎铭文记述了三件事，其中“匹马束丝换五夫”（很多观点认为“夫”是指奴隶）的铭文（图 7-1）成为证明奴隶社会主要劳

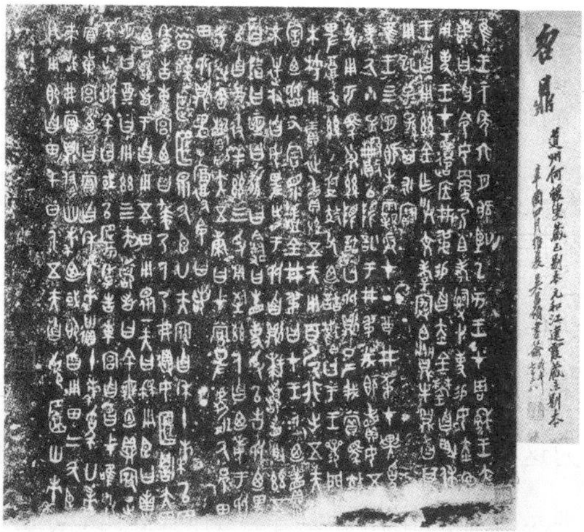

图 7-1　曶鼎铭文拓片
注：其中关于“匹马束丝”的信息是“使厥小子□以限讼于井叔我既赎女五夫效父用匹马束丝”。

动力——奴隶不值钱的“铁证”和断定奴隶生活悲惨的依据。甚至一些教育图本中以图片形式（图 7-2）将这一铁证展现出来，让受教育者深信不疑。此外，网络上这一观点也是大行其道，似乎已成为不刊之论。通过对曶鼎铭文中“匹马束丝”之“束”的丝织品度量考查和对相关铭文的合理解读，笔者对“匹马束丝换五夫”证据的使用提出疑问，并得出中国奴隶社会丝织品昂贵和劳动力价格更贵的结论。

图 7-2 相关历史教科书中关于“匹马束丝换五夫”的图片形象

从曶鼎铭文中“匹马束丝”的“匹马”与“束丝”的并列结构来看，“束”指度量单位，与匹对应；“丝”指物品，与马对应。据此，传统历史学界认为其铭文中“束”“丝”分别为“一束”“蚕丝”的意思，否则不会以图 7-2 来表示。但笔者并不认同传统历史学界对“束”的解释，其理由有三：

① 传统历史学界的观点有物品与度量单位不匹配的问题。传统历史学界认为曶鼎铭文中“匹马束丝”的“丝”指蚕丝，这也是东汉成书的《说文解字》中的解释，而此处的“束”则被传统历史学界认为是捆扎容积单位，一束之内是弹性很大的容积单位，因为这有一个压缩蚕丝的强度问题，有很大的人为因素，二束以上则是一个捆扎和容积并存的问题。试问此处蚕丝如何用容积单位

来度量？自中国文献有相关记载以来，关于蚕茧、生丝、熟丝的计量都采用质量单位，因为容积单位由于压缩力大小不同而存在很大的差异。西周时期用蚕丝与其他物品进行物物交换时，如果采用蚕丝的容积单位计量，会受到很多人为因素影响，为避免纠纷，应该不会采用。查阅中国度量史发现，先秦时期的容积单位有“溢”“掬”“庾”“升”“豆”“区”“釜”“钟”“鼓”“盆”等，其质量单位有“石”“钧”“铢”“镒”“两”“黍”“累”等，两种度量单位中都未发现有“束”这一度量单位。

② 考察中国古籍，“束”是指纺织品度量单位，五匹为一束，它与“丝”的本意“蚕丝”是不能搭配的，“束”的后面只能搭配纺织品，如《穆天子传》中出现“束帛”的文字表达，帛的单位是匹，而束则是将五匹帛捆扎在一起。那么曶鼎铭文中“匹马束丝”的“丝”应该是指丝织品，这种用法可从成书于南朝的《玉台新咏》中载东汉末年事《古诗为焦仲卿妻作》（又名《孔雀东南飞》）中“足下蹑丝履，头上玳瑁光”一句可见。但又有一个问题，“束丝”这种搭配在其他西周铭文和相关文献中没有看到，这让人怀疑“束丝”这一搭配是否合理，继而怀疑曶鼎铭文乃至曶鼎的真实性。但1976年在陕西扶风县云塘发现了曶尊、效卣等青铜器，“曶”“效”都是曶鼎铭文中所载的人物，另外关于曶鼎铭文的记载和拓片早在清代乾隆时期已存在，由此可见，曶鼎铭文拓片不可能是造假的，继而证明了曶鼎的真实性。既然曶鼎铭文的表达可信，但其“束丝”表达与成书于战国时期的载西周事的《穆天子传》中的“束帛”有异，这是因为“束丝”（五匹丝织品）的称呼较“束帛”（五匹帛）的称呼要早。其原因有二：一则，《穆天子传》是战国人撰写西

周事，其不可避免带些“以今观古”的辉格史观，“束帛”多半为战国时期人的称法，而将此称法强加给西周人。二则，“束丝”“束帛”称呼使用的先后顺序表明战国时期较西周丝织品的品种增加不少，因为帛只是丝织品中的一种，而丝则是泛指丝织物。

③ 整体考证“匹马束丝”所在段文，可证明“五夫”很贵，进而推断丝织品也很贵，更是反证“束”作“五匹”解的正确性。考证段文先要选取比较可信和正确的释文。铭文拓片释文较多，大体差不多，仅个别字不同，但就是这几个字的不同，与本文所考证的内容密切相关。一方面，笔者选取依据四川省博物馆收藏铭文拓片李学勤先生所做释文，但对谢凌先生据此所给的释文解释有疑问。另一方面，选取王德培先生对释文解释的观点，但对其所采用郭沫若先生的释文有些疑问。原因有二：一则，郭沫若先生释文中在“匹马束丝”文字后，还有丝的质量度量信息“丝三寽”，那么要问既然是以质量单位度量丝，那前文何必用“束丝”呢？显然这里存在前后逻辑矛盾。而李学勤先生对郭沫若先生“丝三寽”释文为“兹三寽”，“兹”指酬金，这显然与“匹马束丝”不冲突。二则，对于“匹马束丝”所在段文的后文是贵族曶给五夫酒、羊、酬金，还是曶的下属给曶酒、羊、酬金？这是一个关键问题，笔者赞同王德培先生的观点：“五夫”并不是奴隶，应该是甿（当时相当于隶农）。从整体文字来看，由于一些不可知的原因使五夫背离曶而投靠效父，曶为私了，愿出匹马束丝换五夫，而鉴于效父两次爽约，盖有勒索刁难之意，西周法律规定甿不得背旧主投新主，以致成讼。如果五夫是奴隶，这并不是什么大事，何必写在大鼎这种重器上呢？甿在西周时期是非常重要的劳动力，并且有一定的社会地位，不然不会

以酒、羊、酬金给予破格慰问，以致他们不再受效父引诱离去。此外，“束丝”乃五匹丝织物，丝织物在西周时期是何等宝贵，因为丝织品生产必须经历异常繁复的过程，丝非祭祀神灵、王族和贵族祖先及自身的大日子是不能使用的，非五个奴隶能相比。这样看来，五夫的价值很贵，反过来从曶的给价“匹马束丝”等于“五夫”来看，如果“束丝”是指传统观点的“一捆丝”，那如何准确体现五夫的价值呢？只有“束丝”作“五匹丝织品”讲，方可体现五夫的价值。

由以上三点可见，图 7-2 表达的信息有误，应该是一匹马加五匹丝织品的价值等于五个甿的价值。

2 对南唐徐锴关于蚕丝度量的献疑

南唐文字训诂学家徐锴关于“一蚕所吐为忽，十忽为丝，糸，五忽也”的度量观点如图 7-3 所示。

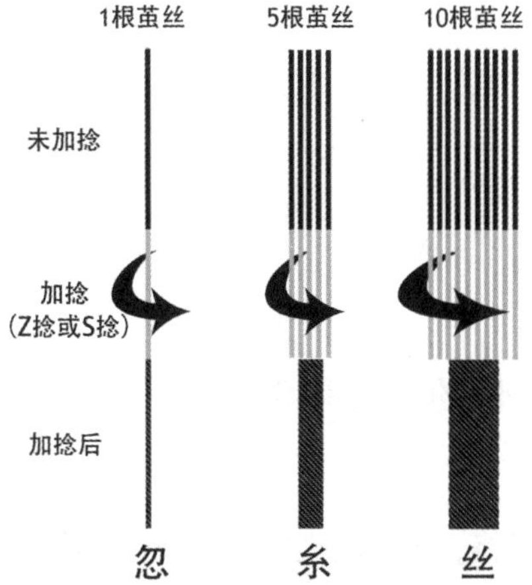

图 7-3 徐锴关于丝的度量

笔者认为这种度量观点是有问题的。

① 成书于南北朝时期的数术专著《孙子算经》中有最早关于度量“忽”相关的记载：“蚕吐丝为忽，十忽为一秒，十秒为一毫，十毫为一厘，十厘为一分”，并没有“十忽为丝，糸，五忽”的表达。但徐锴之后南宋成书的《五灯会元》卷十四有“木人密运化机，丝毫不爽。石女全提空印，文彩未彰”，明显将一根蚕丝的直径作为长度的度量单位。笔者认为《五灯会元》有可能受徐锴论述的影响，乃至成语“丝毫不差”“丝毫不爽”都是受徐锴训诂的影响。

② 比徐锴所处时代要早成书的《说文解字》对“丝”“糸”的解释为“丝，蚕所吐丝也”“糸，细丝也”，这似乎与徐锴的论述也不相同。笔者在此认为，徐锴只是根据自己的认识对“丝”“糸”进行补充和解释。南唐在五代十国时期相对于其他地区较为安定和经济繁荣，丝织业空前发达，可想而知徐锴一定看到过南缫车缫丝，缫过的丝正是多根茧丝并股加捻，徐锴可能错误地把认识问题说成了工艺问题。但徐锴这句话有其意义，它可以成为证明五代十国时期已有南缫车的一个间接证据。

③考证甲骨文“丝”“糸”的图像信息即可说明徐锴的错误，具体论证参见“‘糸’（mì）、‘丝’在甲骨文中的悖论思考”一节。

3　对织物度量的补充和再考

织物的度量即规格，统一的规格便于征税和商品贸易，从成书于春秋时期的《诗经》中“抱布贸丝”即可见以布交换丝的物物交换，但这一交换物各自肯定是有一定的规格，不然这一交换是不可能顺利进行的。同时期成书的《左传》亦有“夫布帛之有幅焉，为之制度”，故才有“吴起使其妻织组，而幅狭于度，出其妻”一说。织物的规格常用“匹”，但匹的规制在不同历史时期略有变化，如图 7-4 所示。

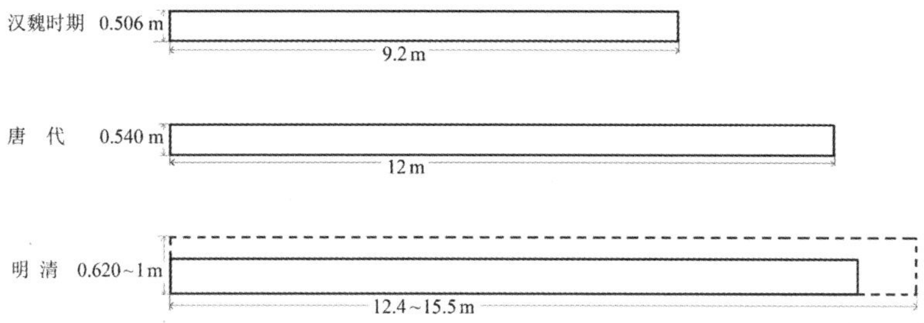

图 7-4 中国古代各时期“匹”的度量变化

之所以特别在明清时期发生较大的门幅变化，主要在于织机的进步，甚至出现二人共织的织机。同时明清时期织物度量单位“匹”的长度也发生变化，我们认为可能有两方面原因：① 随着封建商品经济的发展，各地已出现很多强大的纺织区域经济，如江浙和四川等地，但在不同纺织经济区内，其匹的长宽各有不同，这可能与各地的生产习惯、市场消费习惯有关。② 匹的长度也有可能与明清时期运输的商业化有关，纺织品运输的体积与其费用密切相关，假设按五代后周规定匹的规制，则一匹丝织品的体积明显小于一匹麻织物、棉织物的体积，但这三者都有相同的匹心（使纺织品围绕在其周围的木板），从经济学角度来看，显然丝织品运输成本要高些。为了节省运输费用，古代商号可使 1 匹丝织品的长度略长于 1 匹棉纺织品或麻织物的长度，使丝、棉、麻三者一匹的体积相同，这样丝织品在大宗运输中会节省很多费用，同时明清时期匹长不等可能与不同商号的经营策略有关。

确定“匹”的织物度量后，基于匹来看其他织物度量单位就有一个非常具体的概念了。但是非常遗憾，中国古代典籍中关于纺织度量的注释说法不一，导致其十分混乱。但笔者经过研究，推出织物度量：1 两 = 1 匹 = 2 端 = 4 丈 = 5 寻 = 40 尺；1 束 = 5 匹；1 纯 = 2 两或 5 两。

此外，魏唐之际曾一度出现“张”的规格，据吐鲁番文书中的记载，1 张规格约长 8 尺至 1 丈、宽 4 尺至 5 尺，相当于今之长 2 m、宽 1 m 上下，是一种流行于中亚地区的规格。后在内地亦有使用。我们在此有一点需要澄清，宋代词《九张机》中的“张”不是织物的规格，原因有二：① “张”的度量用法是在魏唐之际流行，而非宋代流行。② 如果文中“张”是度量单位，那能织出九张织物的织机该有多大？甚至其后创作词《百张机》，那整个织机比金字塔还大。显然词中“张”不是织物度量单位。③ 词中“张”应该指操作的意思，而“机”是指织机的意思。所谓几张机是指操作织机几次。

4　对织物古代精密程度表述的现代表征

对于《仪礼·丧服》中的“升”，郑玄解释为“一升为八十缕”，其实升是古代表示经密的单位，1 升指织物幅宽上有 80 根经纱。

假设以汉幅 50.60 cm 为例，1 升 = 1.58 根 /cm，那么 15 升布的经密就是 1.58 × 15 = 23.70 根 /cm，30 升布的经密 = 1.58 × 30 = 47.40 根 /cm，可见 30 升布已经非常精细了。笔者对《仪礼·丧服》中各丧服的形制及精密程度的换算见图 7-5 至图 7-9。

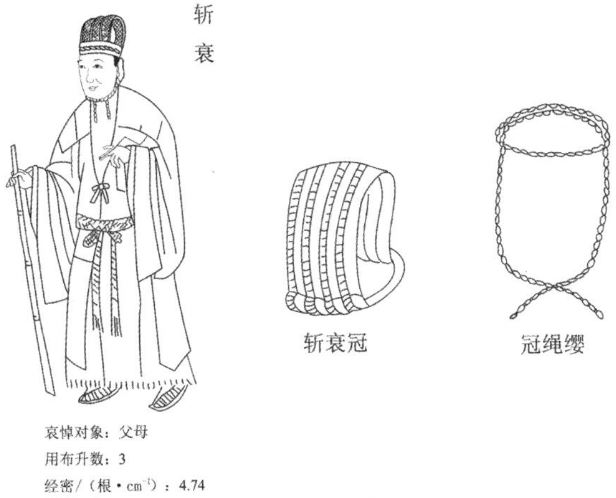

图 7-5　斩衰形制及精密程度

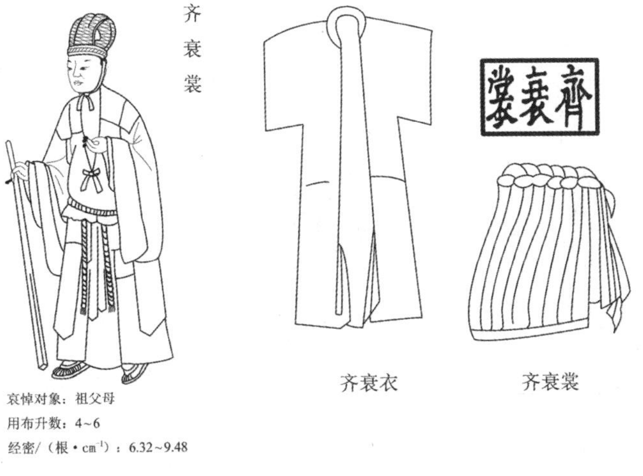

图 7-6　齐衰形制及精密程度

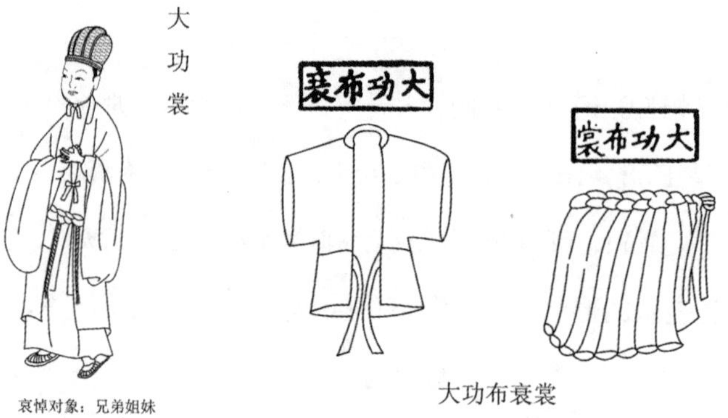

哀悼对象：兄弟姐妹

用布升数：7~9

经密/（根·cm^{-1}）：11.06~14.22

图 7-7 大功形制及精密程度

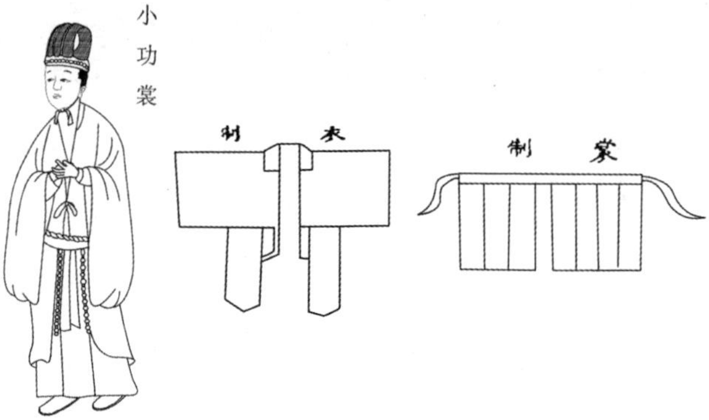

哀悼对象：父母辈亲属

用布升数：10~12

经密/（根·cm^{-1}）：15.80~18.96

图 7-8 小功形制及精密程度

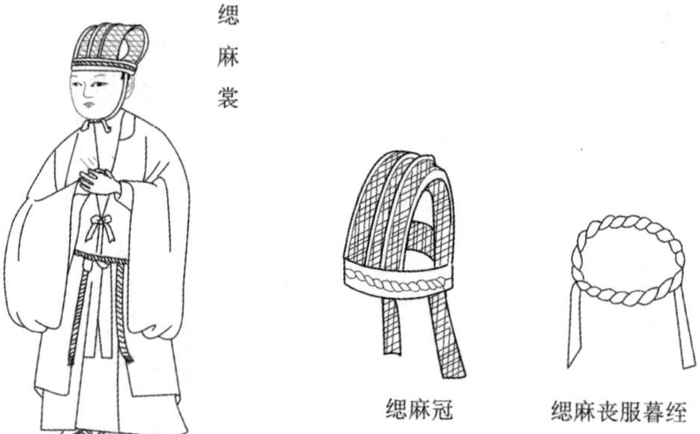

哀悼对象：远房亲戚

用布升数：7

经密/（根·cm^{-1}）：11.06

图 7-9 缌麻形制及精密程度

Part 8

中国孝文化中的纺织篇

迄今为止，无论从学理研究还是应用研究，中国孝文化研究都有相当多且精深的经典论述和观点，但学术之争从未停息过。中国孝文化仅内涵就有从文字学、伦理学、人类学、文化学等维度进行界定的，而中国孝文化类型又被裂分为儒家孝文化、释家孝文化、道家孝文化三类。中国孝文化的作用则被人为分成孝道说和孝治说。凡此争论皆有一个共同点，即争论者的观点是依据其掌握的材料在其学科背景下进行自我阐述，其是否为孝文化的历史本原，我们认为还需要再思考。但他们的研究还是有意义的，即从不同的维度去解读中国孝文化。笔者基于所学学科背景，试图从纺织服饰史的维度对中国孝文化的相关问题进行探讨，得出一些不同于传统观点的结论，以求教于方家。

1 基于纺织图像信息研究的中国古代单向度孝文化内涵的问疑

无论是周代宗法制度的孝文化、孔孟孝论的孝行观、汉儒的孝文化，还是宋明理学的孝文化，都是一种单向度的孝文化，即苛求子女行孝至善、至真、至纯，甚至严格到要求子女“身体发肤，受之父母，不敢毁伤，孝之始也”的地步。更有甚者，元代郭居敬编录的《二十四孝》，用一些荒诞不经的故事来鼓励民众行孝，如郭巨埋子奉母、王祥卧冰求鲤等。孝子之纯情让人心酸，其行为令人不解，甚至愚蠢至极，而有些父母的行为又何异于禽兽，如瞽叟的“食子”之心、王祥继母之刻薄等。笔者在此要追问，这是孝治，还是愚民？笔者认为孝的本质就是子女与父母的人际关系，既然是一种人际关系，它就应该具有交互性特征。所谓孝文化的交互性是指父母和子女之间是有感情、信息、物质的交流，孝并不仅仅指子女单向地竭力侍奉双亲，应该也有父母尽心尽力地抚育子女，让他们健康成长（包括身体和心理）。

我们可以从纺织技术史中的图像信息研究来窥见孝的交互性。

汉字作为一种融象形与会意于一体的文字，其文字的图像表达可以反映出当时的纺织技术和当时人们的世界观、价值观等。我们在前文对甲骨文中所蕴含的纺织技术进行了系统的研究和考辨，得出“教”具有纺织技术的根源：用教鞭去教孩子学习纺织技术。“孝”字是在西周时期才出现的，初文只有金文而没有甲骨文，金文“孝”是由两个甲骨文“老”和“子”组成的。笔者认为，“孝”字出现于西周，在某种程度上可以推测“孝”的概念一定在西周才出现，但孝行为应该在西周前就已经出现了，不然不会在西周时出现“孝”这个字，这可能从文字的角度为周公定礼制提供了一些间接证据。那么，现代字体中与“教”形体有些相似的“孝”到底与纺织是否有关呢？

这一研究也属于图像信息中纺织技术史的研究范畴。比较“教”与“孝”的文字变迁（图 6-7、图 8-1），发现“孝”字的形体变化不大，属于继承型，而“教”字则变化很大，属于突变型，其实两者之间并没有所谓的联系。有人认为“孝”的字形是交而生子，并解释生殖在古人心目中的重要地位，用“不孝有三，无后为大”来解释。笔者认为这是用孟子阐释不孝行为来解读孝，显然是错误的。《说文解字》作为中国古代第一部字典，是解读汉字的利器。《说文解字》解释篆体孝字云：“善事父母者。从老省，从子，子承老也。”一些研究者认为，金文、篆体的“孝”的意象是一个孩子扛着一个老人，其主要证据就是《说文解字》中“子承老”，他们认为是举起之意。笔者认为《说文解字》关于“孝”的解释很多研究者没有看懂。“善事父母者”是对“孝”的解释，“从老省，从子，子承老也”是对形的解释，其中“子承老”是解释字的结构，并无他意。笔者认为“孝”的形体将“老”和“子”组合在一起，体现的就是一种人际关系，即老人与儿子的关系。之所以会出现这种孝关系，可从孔子处找到答案。如子曰：“予之不仁也！子生三年，然后免于父母之怀。夫三年之丧，天下之通丧也。予也有三年之爱于其父母乎？”（《论语·阳货》）这一解释难道不是孝文化交互性的解释吗？正是因为父母从孩子出生到小孩三岁，不分昼夜、忽略自我地照顾小孩，才有小孩的健康成长。要知道古代婴儿的存活率不高，一个孩子能成年，其长辈特别是其父母要付出很多心血，因此孩子为父母守孝三年不为过。

金文

篆体文

图 8-1 “孝”的文字变迁

对于孝的交互性，古代最为重要的实践依据是汉代画像石、画像砖上关于斜织机的相关信息。笔者曾经重点研究过这些图像信息中的织机，但对图像信息中的故事内容有所忽视，近期重新进行研究时，发现斜织机图像信息中有两种类型：一类是织妇织布，回首与其后下跪一人似在交谈，以山东嘉祥县武氏祠西壁画像中的“曾母投杼”图为典型（图 8-2）；另一类是织妇织布，回首与其后站的一人或两人或三人交谈，以山东省滕州市龙阳店出土的《狩猎、纺织、车骑出行画像》（图 3-6）、《楼阁、纺织、兵库画像》（局部）（图 8-3）最为典型。

图 8-2　山东嘉祥县武氏祠西壁画像中的“曾母投杼”图

对于第一种画像石、画像砖的故事，笔者认为应该是曾母训诫曾子的情节，并不是“曾母投杼”（所谓曾母投杼是指曾参的母亲接连三次听到“曾参杀人”的传闻，便信以为真，投杼而走，谓流言可畏），因其中下跪之人绝非献谣之人，这与汉代礼数（即使故事描述的是春秋时期的事，但图为汉代所作，图像信息应该反映汉代的情况）不符。特别是图 8-2 中，虽然下有“谗言三至，慈母投杼”的说明，这仅仅只是明代沈颢《画麈》中所言“题与画，互为注脚”而已。另外，如果图 8-2 真是“曾母投杼” 的信息，这与孝又有何关系？它凭什么可以放在祠堂供人祭拜，显然只能是曾母训诫曾子的情节，因为曾子是有名的大孝子。对于第二类画像石、画像砖的故事，虽然都没有相关文字信息，让我们无法确认其人其事，但它们却进一步证明了我们对第一种画像石、画像砖故事的推测，因为它说明当时并不是所有人会谈时都是下跪的，还有站立交谈的，只有晚辈对长辈才下跪。此外，第二类画像石、画像砖的图像信息中，除织妇外，还有小孩出现在织机旁，表现了慈母形象（图 8-3）。无论是第一类还是第二类画像石、画像砖中斜织机的相关信息，都体现了慈母爱子、教子之形象，体现出孝文化的交互性特征，而不是愚孝。正所谓子有贤孝，其父母必贤也。这在某种程度上告诉我们，在强调子行孝时，也要强调父母爱子，这两者不可偏废。

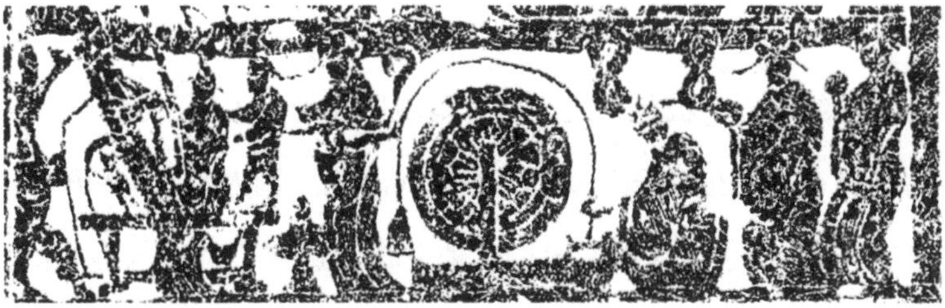

图 8-3　山东省滕州市龙阳店出土的《楼阁、纺织、兵库画像》（局部）

2　中国古代寿衣及丧服密度的孝诠释

中国古人把死看得很重，对死人而言有寿服，对哀悼者而言有丧服。无论是寿服还是丧服，都体现了孝文化。

从目前的考古结果来看，大部分汉族的墓葬寿服多以丝织物为主，在西汉及先秦，甚至用丝织物裹尸、包裹青铜器，这体现了丝绸作为一种崇拜物存在于孝行为之中。中国古人之所以发明丝织，与其宗教和孝行为有密不可分的关系。中国古人在桑林之中看见“天蚕再变”，希望自己也能变幻躯体再生，因而对这种虫子产生崇拜。在不断发展的认识过程中，古人发现蚕吐丝成茧是其幻化的关键，继而他们又对丝产生了崇拜，他们认为只要已逝长辈或晚辈身上裹满丝就能灵魂再生，这样就使他们努力地将蚕丝织成织物，用于灵魂再生，这正是中国丝织产生的动机。我们从长沙马王堆一号汉墓中发现辛追身上裹了几十层丝绸，这就是其子孙的孝心所在，他们希望其灵魂再生，从其T形帛画（图 8-4）上可见一斑。或许有人会问，凭什么认为丝绸崇拜是古人的宗教观？我们可从商周时期青铜器被丝绸包裹这一现象得到解释。用丝绸包裹青铜器说明中国古人认为丝绸可以将被包裹之物送上灵魂归属处，不然不会用它。

研究丧服密度“升”及其用法也可看出中国人对孝的理解。从图 7-5 至图 7-9 中可以看出，哀悼父母、远房亲戚穿的丧服的用布升数都是固定的，而哀悼祖父母、兄弟姐妹、父母辈亲属的用布升数根据不同的情况而定。中国古代丧服用布升数越少，表明关系越亲密，哀痛之心越重。哀悼父母穿的丧服的用布升数固定反映了人们与父母的关系是中国古代最为重要的，是一种核心关系，不受任何情况的影响而改变。而哀悼远房亲戚的丧服用布升数也固定，并且所用布的升数相对比较少，这是一种礼的表现。丧服的用布升数不统一在某种程度上反映了哀悼者和被哀悼者关系的亲疏，可以间接反映孝顺的程度，同时也在某种程度上起到奖励孝行的作用。

图 8-4　长沙马王堆汉墓出土的 T 形帛画

3 纺织服饰史背景下民间孝故事的考辨

涉及纺织服饰的民间孝故事，其划分标准不同，归属因此也不同。从文化遗产角度来划分，其属于染织类非物质文化遗产中的民间传说方向。从科学技术史角度来划分，其属于纺织服饰技术史外史范畴。无论何种划分标准，将其归入纺织服饰史下纺织服饰文化史是没有问题的。凡是涉及文化的内容都有必要进行追根溯源，只有这样方能体现其历史的厚重感和严肃性。当今学术界忽略了与纺织相关的民间孝故事的研究,这严重影响到这些民间孝故事的传播，甚至引起很多地方申请非物质文化遗产之争。目前主要有两个问题需要厘清，一是到底是孟母还是曾母以“断杼”或“投杼”来教导其子，二是董永与七仙女的故事的流变和真实性考究。

曾经有人根据图 8-2 推论，传统观点认为的孟母断杼应该是曾母投杼，是后世人将曾子改成孟子。一则曾母的生活年代比孟母要早，二则图 8-2 确实有点像孟母断杼的情形。但笔者认为这一推论是有问题的。第一，以图 8-2 中的图像信息有点像孟母断杼来推论是曾母投杼，是有问题的。图 8-2 中并没有表达曾母投杼喻学习之艰辛的文字信息，只是体现了曾母的勤劳和慈母形象。第二，关于孟母断杼的最早的文字信息是韩婴的《韩诗外传》，而后才有孟母断杼的第二种表达源——刘向的《列女传》和曾母投杼的表达源——《战国策·秦第二》。显然从文献出现的先后顺序来看，将曾母投杼表达成孟母断杼的根源是有疑问的。

此外，笔者认为最先描述孟母断杼的《韩诗外传》最为真实，《列女传》表达的孝教育虽好，但明显带有后世加工色彩，至于其后《三字经》中的“子不学，断机杼”的表达则是错误的。

《韩诗外传》这样表述：“孟子少时，诵，其母方织。孟辍然中止，乃复进。其母知其喧也，呼而问之曰：‘何为中止？’对曰：‘有所失，复得。’其母引刀裂其织，以此戒之。自是之后，孟子不复喧矣。”这种表述应该是符合历史本原的。孟子读书不用心，正在织布的孟母就用剪刀剪断正在织的布，以一种自我惩罚的方法，来唤起孟子的孝心，进而劝其好好读书。孟母的这种做法一方面说明了孟子少时是个顽童，屡教不改，不然怎么会有孟母择邻和断杼的教育方式，另一方面说明孟母这一行为符合当时的情况，因为记录这一行为的韩婴之儒学与同时代董仲舒及其后学不同，他推崇荀子，尊信孟子，并不纯粹是为统治阶级服务，他的著作应该真实反映了孟子与孟母之间发生的事情。

《列女传》中这样表达：“孟子之少也，既学而归，孟母方绩，问曰：‘学所至矣？’孟子曰：‘自若也。’孟母以刀断其织。孟子惧而问其故，孟母曰：‘子之废学，若吾断斯织也。夫君子学以立名，问则广知，是以居则安宁，动则远害。今而废之，是不免于斯役，而无以离于祸患也。何以异于织绩而食，中道废而不为，宁能衣其夫子，而长不乏粮食哉！女则废其所食，男则堕于修德，不为窃盗，则为虏役矣。’孟子惧，旦夕勤学不息，师事子思，遂成天下之名儒。君子谓孟母知为人母之道矣。”有的研究者认为《列女传》中“孟母方绩”与其后“孟母以刀断其织”相矛盾，因为“绩”为纺纱，于是就有了在纺纱时怎么去断其织的疑问。笔者认为孟母“方绩”与“断杼”并不矛盾，这恰好说明《列女传》中的孟母断杼部分是人为修改了的《韩诗外传》的相关部分。“孟母以刀断其织”中的“织”并不一定是指正在织的布，也可以是已经织成的布，孟母从纺纱动作转换到剪断织成的布的动作，这恰好说明孟母教育孟子是经过深思熟虑的，并不是即兴而为。但从《韩诗外传》和《列女传》相关材料的对比来看，《列女传》中孟母的话多了不少，这正说明后世对之前的文献加工了，人为地将孟母的形象拔高了。

《三字经》中“子不学，断机杼”让人看到一个很暴力的孟母，孩子不学习，母亲居然把自己的工作设备——织机和梭子给毁坏了。这无疑又是对孟母断其织的错误解读。笔者认为从尊重历史文献的角度而言，“子不学，断机杼”改为“子不学，断机布”为妥。

另外，对于董永的孝故事，笔者有两点认识不同于传统观点。第一，从文本考源上即可看出一些疑问。董永孝故事的文本有很多，如西汉末年刘向《孝子传》说、曹魏时期曹植《灵芝篇》说和两晋时期干宝《搜神记》说。刘向《孝子传》据说是遗失了，但《汉书·艺文志》不见著录，因此不少人怀疑《孝子传》是后人伪托，笔者认同这一观点，并认为曹植《灵芝篇》可能是董永孝故事已知的最早文本。对于唐宋的一些重要著作如《法苑珠林》《太平御览》等书，其中标明引用了刘向《孝子传》中董永的孝故事，笔者认为文本本身是不可信的，因为刘向的《孝子传》中有董永因孝而感动天帝，因而派织女下凡间来帮助他，这个文献中有“善有善报”的佛家因果思想，试问佛教在东汉明帝后才在中国流传开来，西汉刘向怎么会将这一他死后才出现的思想写进他的书里呢？另外，我们从西汉画像石中只见董永“鹿车载父”的图像信息，并不见织女相助的图像信息，这足以证明刘向《孝子传》是后世至少是东汉明帝之后的人假托刘向之名而写，现今已知最早关于董永孝故事的文本非曹植的《灵芝篇》莫属。第二，从董永孝故事流传的范围来看，它是通过自上而下的政治宣传后在全国流传开来，民间的宣传是有限的。它不同于黄道婆传说的流传，黄道婆传说在长时间里没有受到官方认可。黄道婆仅由民间祭祀，使得黄道婆的庙仅存在于上海松江和江浙一小部分地区。董永孝故事受到官方重视，一定有其原型。所幸在《汉书》卷十七《景武昭宣元成功臣表》中，两汉之交山东千乘真有一董永，他还被汉光武帝封侯，这应该是其原型。由此可见，董永孝故事一开始在东汉初年出现，只有故事前半部分即“鹿车载父”“卖身葬父”，此为官方宣传，而到东汉中后期才逐渐出现“织女相助”的情节，这明显带有民间传播的色彩。

Part 9

《论语》中的纺织服饰考辨篇

《论语》是记录孔子及其弟子言行的专著，两千多年来一直受到儒家先贤、大儒们的重视，并对其做了注疏。《论语》中的相关信息涵盖所著书时代的方方面面，从思想史来看，它有治国平天下之表述；从礼仪史来看，它体现了复周礼之决心；从纺织技术史来看，它蕴藏着大量纺织服饰的相关信息。而这些相关信息没有得到相应的重视，缺乏系统的研究和考据，以致多被当下文化界甚至纺织服饰界的一些研究者误解，谬误观点流传甚广，思之甚为憾事，所幸古人关于《论语》之注疏世代累积，可为我辈研究提供大量的考辨信息，故撰此篇以补遗阙。

1 前素与后素、绘与绣之辨

《论语·八佾篇》第八章有："子夏问曰：'"巧笑倩兮，美目盼兮，素以为绚兮。"何谓也？'子曰：'绘事后素。'"对于"绘事后素"，一些学者直接解释为"绘画先有白地子，然后才画上画"。即"绘事后于素"，也即先素说，此说出自朱熹（1130—1200年）。《论语·八佾篇》朱注："绘事，绘画之事也。后素，后于素也。"另一些学者用"绘事后素"解释《考工记·设色之工》中的"画缋"（这些学者认为画缋是局部染色），认为"绘事后素"是"当时的画工已经知道，洁白的图案背景可以突出花纹，加强效果，因而，必须在上色彩后再画白色花纹加以衬托"。即"绘事后再素"，此说来源于郑玄，《考工记》郑注："素，白采也，后布之。为其易渍污也。"《论语·八佾篇》"绘事后素"郑注："绘，画文也。凡绘画，先布众色，然后以素分布其间，以成其文。喻美女虽有倩、盼美质，亦须礼以成之。"

笔者认为此二种解释有待商榷。其一，关于"绘事后素"之"后"的解读，笔者倾向于第二类学者的观点，但笔者只认同郑玄的相关注解，即“绘事后再素”，而非全部认同郑玄的观点和第二类学者的观点。笔者之所以认同郑玄“绘事后再素”的观点，在于《考工记》郑注中将素解释为白采，这与“素”在《说文解字》中的解释一致。“素”在《说文解字》中乃是“白致缯也”，是作为一种白而细的丝织品的代名词。笔者认为此处的“素”并非白色的质地，乃是绣白色的丝线，即郑玄所谓“白采也”。其二，关于“绘”，笔者认为并不是绘画之意，既不赞同郑玄也不赞同朱熹的观点——二者都认为“绘”有绘画之意。这是因为古今文字之变，古者缋训画，绘训绣。譬如《说文解字》：“绘，会五采绣也。”所谓“会五采绣”是指用五种颜色的绣线进行刺绣。

2 身份象征之辨

《论语·公冶长篇》第八章有：“……‘赤也何如？’子曰：‘赤也，束带立于朝，可使与宾客言也，不知其仁也。’”古今儒家学者多释“束带”为“整饰衣冠，表端庄”，因为清代考据学者刘宝楠（1791—1855年）的《论语正义》中解释有：“带，系缭於（于）要（腰），所以整束其衣，故曰束带。”当下各版《论语》中对于“束带”的解释多为“穿上官服”，这从大体上来看是正确的，但着眼于细处，却反映了大家对中国纺织服饰文化不甚了解，不利于传播纺织服饰文化。

带，是中国古代的一种腰饰。在唐代以前，官服等级体系——如官服的颜色、补子的纹样等——还没有形成之前，带的一个重要功能就是区别尊卑，特别是大带（图 9-1）。《论语·公冶长篇》第八章孟武伯问仁中的带即指大带。所谓大带，最晚在东周已出现（图 9-2），它是用丝帛裁制成条状的朝服腰饰之一。仕宦阶层朝会时系于腰间，由后绕前，于腰前缚结，束好后将大带多余部分垂下，下垂部分称为“绅”。绅的长短与地位高低呈正比，以示尊卑。此外，色彩、材料、装饰等根据地位不同均有规定，可从《礼记·玉藻》中得到印证：“天子素带，朱里，终辟；（诸侯）而素带，终辟；大夫素带，辟垂；士练带，率，下辟；居士锦带；弟子缟带。”

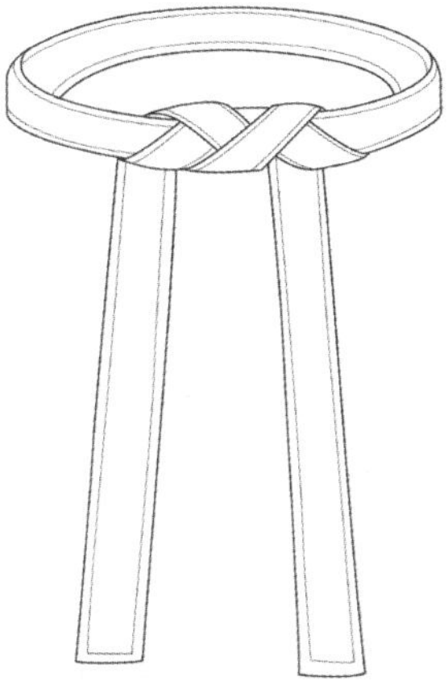

图 9-1 明代《中东宫冠服》中所描绘的大带

图 9-2 系大带的陶范（山西侯马东周墓中出土）

《论语·公冶长篇》第二十六章有：“颜渊季路侍。子曰：‘盍各言尔志？’子路曰：‘愿车马衣轻裘与朋友共敝之而无憾。’……”又《论语·雍也篇》第四章有：“……子曰：‘赤之适齐也，乘肥马，衣轻裘。吾闻之也，君子周急不继富。’”正因为有这两个表达，后世将“乘肥衣轻”“乘肥马，衣轻裘”变成了奢侈生活的代名词。而西汉元帝时期（前48—前33年），黄门令史游所作蒙学课本《急就篇》中有：“旃裘韎鞢蛮夷民。”旃通毡，乃是一种毛制品，通过物理加压、加湿，将兽毛加工成片状物。裘是指毛在内、皮在外的一种皮服。因此，有些学者将旃裘两字分开，解释“旃裘韎鞢蛮夷民”为“毡、裘、韎鞢的使用是不文明的蛮夷所为”。根据这些学者对《急就篇》“旃裘韎鞢蛮夷民”的解读，一些学人包括曾经的笔者在内都有这样的疑问：既然裘是华夏文明（其后发展成汉文明）所鄙视的蛮夷民穿戴之物，那么一生强调“克己复礼”、崇尚周礼的孔子会让他的学生公西华（文中的赤）去穿戴吗？这确实让人费解，到底是《论语》错了，还是《急就篇》错了？其实认真分析“旃裘”两字的含义，即可得出合理解释。“旃裘”两字不能分开解释。其原因有二：一是《急就篇》中“旃裘韎鞢蛮夷民”一句中“旃裘”后面“韎鞢”二字作为一个词使用，颜师古注：“韎鞢，胡履之缺前雍者也。”即露出脚趾的皮鞋。《急就篇》是蒙学，字句强调对称并列，因此“旃裘”与“韎鞢”是并列的两个词。笔者认为“旃裘”应该是指毡衣，毡子本身制作粗糙、味道较重，所以毡衣才为华夏文明所鄙视。二是《周礼》中记载天官有司裘之职，出现这一职务则说明周代官僚体制中的制裘有着重要的政治或经济目的。而“司裘掌为大裘，以共王祀天之服，中秋献良裘，王乃行羽物。季冬，献功裘，以待颁赐”，则说明在周代政治体系中皮裘作为非常重要的政治工具和手段，维系着整个等级体系，因为它为周天子祀天和赏赐诸侯臣下必备之物。此时裘的华服形制和质量绝非少数民族的裘服、旃裘所能比。笔者认为华夏文明及其后的汉文明从来就没有歧视过裘服，甚至大用，不然不会有华夏文明始祖伏羲“冬裘夏葛”的记载。认为华夏民族歧视裘服的观点可能源出《急就篇》，有未对“裘”与“旃裘”作区分之误。

《论语·泰伯篇》第二十一章有：“子曰：‘禹，吾无间然矣。菲饮食而致孝乎鬼神；恶衣服而致美乎黻冕……’”其中黻，乃是一种纹样，后世作为天子礼服上十二章之一。其纹样为两个己字相背，代表帝王能明辨是非、知错就改的美德。此处黻代表天子礼服，冕则指天子礼帽。黻冕则代指天子的祭祀服饰。

《论语·子罕篇》第二十七章有：“子曰：‘衣敝缊袍，与衣狐貉者立，而不耻者，其由也与……’”其中缊袍夹层中的填充物值得回味。所谓缊袍，乃是一种衣长过膝的中式服饰，袍内纳有乱麻或絮旧绵（指丝絮）以御寒。华夏族甚至南宋之前的汉族地区并没有植棉，所以缊袍夹层中只能填充麻絮或丝絮。缊袍为贫困者的礼仪性服饰，特指贫困但又不失其志之人。

《论语·先进篇》第五章有：“子曰：‘孝哉闵子骞！人不间于其父母昆弟之言。’”这一句被后世编辑成《二十四孝·单衣顺母》。而“单衣顺母”的故事多被编辑成：“周闵损，字子骞，早丧母。父娶后母，生二子，衣以棉絮；妒损，衣以芦花。父令损御车，体寒，失纼。父察知故，欲出后母。损曰：‘母在一子寒，母去三子单。’”春秋时期华夏地区居然有棉，这是否是笔误，将“绵”写成“棉”，抑或根本就是编撰者在胡编，导致当下很多视频一再沿用其错。无独有偶，在一些博物馆中经常也可以看到一些春秋战国时期的袍服下面标注“棉袍”，这显然也是错误的。

3 质与文之辨

《论语·雍也篇》第十八章有：“子曰：‘质胜文则野，文胜质则史。文质彬彬，然后君子。’”对于这一章的解释，多数《论语》注释本将“质”释为质朴，“文”释为华丽的装饰，“野”释为粗俗野蛮，“史”释为言辞浮夸的史官，因此这句话的解释为“质朴胜过了文采，便像（不开化的）乡下人，显得粗俗野蛮；文采排挤了质朴，便像言辞浮夸的史官。文采和质朴配合恰当，才像个君子。”这样的解释非常精彩，但笔者认为，这不过是后世对孔子言论的注释和拔高而已，并非孔子本意。孔子在这章所谈只是君子的着装，其原因在于，“文”在东汉时期的字典《说文解字》中没有华丽的装饰之意，更何况在此之前的春秋时期。《说文解字》释：“质，以物相赘。”譬如先秦诸侯交换质子，就是这个意思。引申其义为朴也，地也。可见质的引申义有质朴或织物的地组织之意。特别是作织物地组织之意时，时常固定搭配“有质有文”，而《说文解字》中关于“文”的解释只有一种：“文，错画也。象交文。凡文之属皆从文。”即文通纹，指花纹之意。这样看来，《论语·雍也篇》第十八章谈的是君子着装的纹样和地组织要搭配协调，才能体现君子的中庸之道。

4 《论语》中的纺织度量之辨

《论语·子罕篇》第三章有：“麻冕，礼也；今也纯，俭……”

对于这句话的理解，很多当下流行的《论语》注释本都没有很好地解释，只是以“用麻做礼帽，这是符合礼节规定的；现在用丝做，省工了”来解释。这就让人很迷惑，麻纱比丝一般要粗，怎么会更费工呢？另外，《论语·子罕篇》第十章有：“子见齐衰者，冕衣裳者与瞽者，见之，虽少，必作；过之，必趋。”这里齐衰乃是中国丧服中五服之一，五服的穿戴体现血缘亲疏和古人的尚礼。要深层次理解两句话，必须了解中国古代的纺织服饰文化和中国古代纺织品的度量。

所谓“麻冕，礼也”，是指麻冕乃周代非常重要的祭帽。而齐衰则是中国古代的人们哀悼祖父母的丧服，其所用布料为麻织物。为什么祭祀和丧葬都用麻织物（丧服也用葛织物）呢？《白虎通·绋冕篇》：“麻冕者何？周宗庙之冠也。”《尚书》曰：“王麻冕。”周代葛麻乃是百姓所衣用的主要原料，那为什么周王室要用寻常百姓衣用的原料——麻做天子之冕呢？难道周王室缺少比较珍贵的纺织原料吗？显然不是。刘宝楠《论语正义》载：“冕所以用麻为之者，女工之始，示不忘本也。”关于如何做麻冕，刘宝楠《论语正义》云：“论语麻冕，盖以木为干，而用布衣之，上玄下朱，取天地之色。”丧服用麻、葛，一则百姓获取容易，可不增加百姓的麻烦；二则传说麻在风中摇曳可见其哀，故以麻作丧服示悲伤之情。

所谓“今也纯”是指“而今天用丝冕代替麻冕”。因为孔安国注言：“纯，丝也。”《说文解字》释义：“纯，丝也，从糸，屯声。”丝乃纯之本义也，故其字从糸。

为什么说制作麻冕会比丝冕费时，那是因为冕的标准是三十升布。孔安国注言：“绩麻三十升布以为冕。”这就是比较制作三十升麻布和三十升丝织物到底哪个更费时的问题。升是古代对织物精密程度的表征，郑玄对《仪礼》注解时有“一升为八十缕”，这是指在织物幅宽上有 80 根经纱的织物就是一升。假设以汉幅 50.60 厘米为例（因为周代的度量不是很明确），1 升 =1.58 根 / 厘米，那么 30 升 =1.58 × 30=47.40 根 / 厘米，这就是要求每根纱线的直径是 0.210 毫米。显然麻缕要制成这样的规格比丝线难得多。

齐衰乃是哀悼祖父母的丧服，所用布为 4—6 升，而在此处却泛指丧服。丧服形为衣裳，实则为中国古代孝文化的体现，而孝文化的实质是以血缘亲疏为依据，故有五服体现血缘亲疏之论，有“出五服”“在五服”之说。关于五服信息的整理参见图 7-5 至图 7-9。

5　君子服饰搭配、穿着与形制之辨

《论语・乡党篇》中第六章对君子的服饰搭配有详细的描写：“君子不以绀緅饰，红紫不以为亵服。当暑，袗絺绤，必表而出之。缁衣，羔裘；素衣，麑裘；黄衣，狐裘。亵裘长，短右袂。必有寝衣，长一身有半。狐貉之厚以居。去丧，无所不佩。非帷裳，必杀之。羔裘玄冠不以吊。吉月，必朝服而朝。”

在颜色的搭配上，君子着丝织物有严格的规定。“不以绀緅饰”中的“绀”，《说文解字》曰，“绀，帛深青而扬赤色也”，即丝织品呈深青色而又发射着赤光。而“緅”在《玉篇》中指“青赤色”，在《说文新附》中指“帛青赤色”。可见，君子穿丝织品时不能用深青色和青赤色作为衣服领子和袖子的装饰。而对君子的便服或内衣也有颜色要求。“红紫不以亵服”中的“亵服”，《说文解字》曰 “亵，私服也”，可见，亵服即家居便服或内衣，君子不能用红紫色做便服或内衣。之所以不能用深青色、青赤色、红紫色，一则郑玄认为绀緅紫色类乎玄色，红色类乎缁色，而玄、缁乃是祭服颜色，所以不宜做镶边、亵衣；二则此三色非正色，古人讨厌其夺正色。此外，君子穿不同的裘服，其罩衣的颜色各不同。“缁衣，羔裘；素衣，麑裘；黄衣，狐裘。”其实，缁衣、素衣、黄衣分别与羔裘、麑裘、狐裘之色一致。刘宝楠《正义》：“郑注云：‘缁衣羔裘，诸侯视朝之服，亦卿、大夫、士祭于君之服。’……经传凡言羔裘，皆谓黑裘，若今称紫羔矣。”麑裘，则为初生之鹿的皮制成的白色皮衣。狐裘则为黄色，不然《史记·田敬仲完世家》不会有：“狐裘虽敝，不可补以黄狗之皮。”最后，君子服装与玉饰、帽子的搭配都有讲究。“去丧，无所不佩”是指丧期过后便可以佩带各种玉饰，反过来的意思就是丧期君子不能佩带任何玉饰。而“羔裘玄冠不以吊”则是指不穿黑羔羊皮袍和黑帽子去吊丧，“吉月，必朝服而朝”是指每年正月初一一定要穿上朝服去拜见君主。

在穿着方面，君子尤其讲究。“非帷裳，必杀之”中“帷裳”，刘宝楠《论语正义》：“郑注云，帷裳，谓朝祭之服，其制，正幅如帷也。”可见，帷裳是用整幅布制成，不加裁剪。“当暑，袗絺绤，必表而出之。”袗，指单衣，在此句中名词活用为动词，意为“以……做单衣”。絺，指细葛布；绤，指粗葛布。“絺绤”则代指葛布。“必表而出之”则表示单衣在内衣之外。“亵裘长，短右袂。必有寝衣，长一身有半”是指在家所穿的皮裘要长些，右边的袖子要短些，相当于现代的睡袋之功用。古人有寝衣之说，其长度为一个半身长，相当于一个小被子。当代的懒人服与古代亵裘、寝衣也是同样的设计思维。

在坐具方面，君子以“狐貉之厚以居”，即用狐貉皮的厚毛做坐垫。这一句的理解必须要有一个文化背景，古代华夏族甚至汉族形成后直到西晋时期之前，人们室内家居无座具，仅席地而坐，故坐垫可以使腿脚更舒服，这就可以理解以狐貉皮的厚毛做坐垫的必要性。

Part 10

《诗经》中的纺织篇

《诗经》中的纺织考证历来是研究春秋时期纺织技术史强有力的工具，这方面的研究成果很多，同时疑问也很多。笔者对《诗经》中有关纺织的句章进行重新考证和辨析，以期让读者更清晰地了解春秋时期的纺织技术。

1 《诗经》中的葛及其葛产品

关于葛植物的描写集中在《周南 · 葛覃》《邶风 · 旄丘》《王风 · 采葛》《唐风 · 葛生》。春秋时期葛屦、葛屦都是指葛鞋，葛鞋的描写集中在《齐风 · 南山》《魏风 · 葛屦》《小雅 · 大东》。絺指葛纤维织成的精细织物，绤指葛纤维织成的粗糙织物。关于絺的描写集中在《周南 · 葛覃》《鄘风 · 君子偕老》，绤的描写只在《周南 · 葛覃》中出现。

笔者认为研究者对《诗经》中关于葛植物描写的解释有两个误解。

误解一，是对葛植物的利用没有区别对待。有的研究者认为凡是《诗经》中描写的葛就是用于纺织，显然这是错误的。葛植物用途之一：葛藤蔓可供编织筐篮箱箧等用。葛藤蔓的利用情况《诗经》中没有提到，但藤蔓的描写则在“葛之覃兮，施于中谷，维叶萋萋”“葛之覃兮，施于中谷，维叶莫莫”（《周南 · 葛覃》）和“葛生蒙楚，蔹蔓于野”“葛生蒙棘，蔹蔓于域”（《唐风 · 葛生》）句中可见。葛植物用途之二：葛藤蔓用水煮泡后所剥取之茎皮纤维可与麻媲美，供纺织及做鞋用。在《周南 · 葛覃》中明确描述了利用葛茎皮纤维的纺织过程，“葛之覃兮，施于中谷，维叶莫莫，是刈是濩，为絺为绤，服之无斁”。这句话提到纺葛前的两道工序“刈”和“濩”，同时提到絺、绤两种葛织物；除了《周南 · 葛覃》外，《鄘风 · 君子偕老》也有关于絺的描写，“蒙彼绉絺，是绁袢也”（上衣罩着的葛衫，是她素色的内衣啊），可见絺用于制衫。此外，关于葛鞋的描写有“葛履五两，冠緌双止”（《齐风 · 南山》）“纠纠葛屦，可以履霜？”（《魏风 · 葛屦》）“纠纠葛屦，可以履霜”（《小雅 · 大东》）。不难发现同是“纠纠葛屦，可以履霜”一句话，用在《魏风 · 葛屦》和《小雅 · 大东》中意思却完全相反。到底葛屦能不能履霜呢？从《韩非子 · 五蠹》“夏葛冬裘”即可知，葛植物纤维对于防霜防寒很勉强，所以周代葛类产品多用于内衣和春、夏、秋三季服用和鞋用。葛植物用途之三：食用。葛根可以提取淀粉，称为葛粉，是上好的食材；葛的嫩叶还可作蔬菜食用。《诗经》中只有《王风 · 采葛》一诗中谈到葛植物的食用，诗中“彼采葛兮”显然是采葛的嫩叶食用，因为“采”即是采嫩叶之意，如采桑、采茶等。葛植物用途之四：药用，《诗经》中没有论及。

误解二，有些学者从《王风 · 葛藟》“绵绵葛藟，在河之浒”“绵绵葛藟，在河之涘”“绵绵葛藟，在河之漘”中的“绵绵”“河之浒”“河之涘”“河之漘”推知，葛藟是一种用于纺织的纤维植物，且在春秋时期已经进行了人工栽培。笔者认为当时并没有人工栽培葛藟，葛藟也不是一种纺织用的纤维植物。原因在于：首先，《中国果树分类学》《中国高等植物图鉴》中都认为葛藟是一种野生葡萄。其次，《周南 · 樛木》中有“南有樛木，葛藟累之”“南有樛木，葛藟荒之”“南有樛木，葛藟萦之”，从“累”“萦”可知，葛藟是一种藤蔓植物，从“荒”（使荒之的意思，说明其野生）可知葛藟是一种野生的藤蔓植物，并没有人工栽培。再次，直到战国时期的秦国才允许大规模开垦荒地，此前大部分华夏土地都一直实行井田制（虽然鲁国在公元前 594 年实行初税亩，变私田为公田，但真正废井田、开阡陌是战国时期秦国商鞅变法完成的，可见井田制一直是战国时期各国的主要农业经济制度），井田之外的野地——河泽山川并不能任意开荒，河泽山川之利属于王室所有，所以生长在“河之浒”“河之涘”“河之漘”并不能说明葛藟已经有人工栽培了。

2 《诗经》中的麻类植物及麻类织物

《诗经》中的“麻”特指大麻，早在新石器时代晚期，中国就开始人工种植大麻。中国最早所知的大麻织品实物是在河南荥阳青台村仰韶文化遗址中发现的距今约 5630 年的碳化大麻织物，研究证明其大麻纤维为人工栽培。《诗经》中沤麻类纤维的描写可在《陈风 · 东门之池》“东门之池，可以沤麻”“东门之池，可以沤纻”句中得到反映，“麻”指大麻，“纻”指苎麻，大麻和苎麻是《诗经》中提到的两种麻类植物。隋唐时期鸿儒孔颖达（574—648 年）认为：“然则沤是渐渍之名。此云沤，柔者。谓渐渍使之柔韧也。”可见，春秋时期沤麻的方法是自然沤泡。成书于春秋战国之际的《考工记》，已明确提出自然沤麻后碱煮的重要性。从《曹风 · 蜉蝣》“麻衣如雪”的描写中可以印证《考工记》沤麻、碱煮的存在，同时也可以推断至少春秋末期（因为《诗经·曹风》最迟成诗于春秋末期）已有碱煮的工艺。

麻类植物沤泡、碱煮后的下一步工序是绩麻。《说文解字》对“绩”的解释为把麻类纤维劈开后接续起来搓成线。有的研究者将“绩”理解为把丝纺织成丝织品的过程，这显然是错误的。从《陈风·东门之枌》中“不绩其麻，市也婆娑”和《豳风·七月》中“八月载绩”两句里可知，绩麻至迟在春秋时期已成为平民百姓的一项日常的生产活动。绩麻是最原始的纺纱工艺之一，中国在旧石器时代晚期就已经出现，刚开始用手搓绩，进入新石器时期后使用纺专，商、周时期麻纺的主要工具应该还是纺专。直到西汉、东汉的帛画、石画像中才有大量纺车的信息出现。在《小雅·斯干》中有“乃生女子，载寝之地，载衣之裼，载弄之瓦”，“瓦”即纺专，全句的意思是生了女儿，放在地上睡，给她包上小襁褓，给她玩纺专。看来纺专纺纱是女孩子从小必须学的。可见《诗经》中所描写的麻纺工具一定是以纺专为主，当时的纺纱工具正处于从纺专向纺车过渡的时期。

虽然《诗经》中对麻类植物的描写只提及大麻、苧麻，但其麻类纺织品描写却集中反映在大麻织物和苘麻（俗称白麻）织物上。大麻织物描写为“麻衣如雪”（《曹风·蜉蝣》）。苘麻除了做褝衣，还用于丧服，后来逐渐用来做绳索之类的物品。

《诗经》中对大麻、苧麻、苘麻的织造过程并没有描述，但可以通过其他古代文献勾勒出当时的织造水平。周代，平民和奴隶穿用的都是大麻布。此外，大麻纤维较粗，也用于做丧服——五服，而五服之升数却可反映当时的生产技术水平 。此外，周代苧麻布的生产也有精细的规格和标准，它们也可反映当时的纺纱水平：7—8升粗苎麻布供奴隶使用，或作包装使用；10—14升供一般平民用；15升以上细如丝绸，供贵族用；最精细达30升，供王公贵族制帽用。由此可见，周代苎麻织物较大麻织物要高级些。

《诗经》中对麻类植物的描写也主要体现在大麻上，如“黍稷重穋，禾麻菽麦”（《豳风·七月》）、“丘中有麻”（《王风·丘中有麻》）、“麻麦幪幪”（《大雅·生民》）。对于种麻，《齐风·南山》有明确的描述，即“执麻如之何？衡从其亩”（怎么种植大麻？横直地把地耙）。从这些描述中可知，春秋时期已人工种植大麻，但必须厘清的是，上述描写的大麻主要是食用而非纺织用。因为大麻的果实（苴，麻子）是商、周时期重要的粮食，曾被列为“五谷”之一；在《豳风·七月》中“八月载绩”“九月叔苴”“九月筑场圃，十月纳禾稼。黍稷重穋，禾麻菽麦”句章中，不难看出问题，如果“九月叔苴”（九月份收大麻种子，是《诗经》中描写拾麻种的仅有的一句），又如何“八月载绩”（八月人儿绩麻忙）呢？如果八月份大麻都被纺织用了，哪里还会有九月结麻籽呢？看来当时种大麻主要是为了获取麻籽食用（商、周时期大麻作为果蔬食用，而非榨油。榨油用的芝麻直到西汉张骞通西域后才从大宛，即中亚传入汉朝）。绩大麻只是一种副业，八月绩的是上年的大麻茎皮。

3 《诗经》中的植物染料及其工艺

《诗经》中提及的衣饰颜色有“绿衣”“缁（黑色）衣”“锦

（彩色）衣”“素（白色）衣”“黄裳”“朱（红色）幩”“毳衣如菼（芦苇般颜色）”“毳衣如璊（红玉般的颜色）”“青青（青色）子衿”“缟（白）衣綦（绿色）巾”“缟（白色）衣茹藘（绛红色）”等，可见春秋时期的染料库丰富多彩。

春秋时期的染织之所以如此发达，一是因为春秋时期已有红、黄、蓝 3 种原色植物染料，构成调色板的基本颜料，只要有红、黄、蓝 3 种原色，即可调出各种各样的颜色。从诗经中“缟衣茹藘”（《郑风 · 出其东门》）、“终朝采绿”（《小雅 · 采绿》）、“终朝采蓝”（《小雅 · 采绿》）可知，茹藘可染红色；绿即荩草，可染黄色；蓝即蓝靛，可染蓝色。二是因为春秋时期已有多次浸染法和套染法的工艺。多次浸染是指在同一染料中多次染物，这样使染色浓艳。青海都蓝县诺木洪塔里他里哈遗址出土的纺织品从实物层面上证明，早在西周时期，染匠已摸索出一套多次浸染和套染的工艺。成书于春秋战国之交的《考工记》有载“三入为纁，五入为緅，七入为缁”，从文献层面上证明多次浸染法的存在。此外，《诗经 · 邶风 · 绿衣》有云“绿兮衣兮，绿衣黄里”，绿色并不属于红、黄、蓝 3 种原色，一定是通过 3 种原色套染而成，故可以推定早在春秋时期中国纺织技术中已有套染法。

4 《诗经》中的毛类制品

《诗经》中毛纺品的描写可见“无衣无褐，何以卒岁？”（《豳风 · 七月》），褐就是一种粗制的毛织品，当时所用的原料就是绵羊毛，《豳风》描述的是今陕西彬县以北一带的农家生活，但羊毛纺织生产又何止在西北少数民族中进行呢？周代金文中即有“毛”和“羊”的表达形式（图 10-1、图 10-2），可见毛和羊在当时社会生活中占有一席之地，否则是不会反映到文字上去的。《小雅·无羊》中“谁谓尔无羊？三百维群”反映的正是周人已从事畜牧业的最有力的证据。

图 10-1 金文“毛”的表达

图 10-2 金文“羊”的表达

李仁溥先生认为，由于毛纺源于少数民族，周人对华夏之外游牧民族文化多有鄙夷，从周人对少数民族东夷、北狄、西戎、南蛮的称谓可见一斑。此外，毛织物不如丝、麻织物精美。这样的文化心理和生产现状导致当时贵族们对毛纺并不看重。但毛褐却为贫苦奴隶所倚重，纺毛织褐借以御寒过冬的人，必定不在少数。这一观点仅凭“褐”为贫苦奴隶服用而认为贵族恶毛，有些以偏概全。笔者认为当时贵族并不恶毛，毛皮衣物在当时某些畜牧业发达的地方普及，说明其保暖的效用性较高，是物品性质使然。其原因有二：

其一，笔者要反问，《诗经》中只谈褐，那精美的毛织物为谁所有呢？不能因为没有谈精美的毛织物而否定它的存在吧。毛织物是比毡更复杂的织物的形态。西汉元帝时成书的《急就篇》中有“旃裘鞣䩨蛮夷民”，让旃裘（毡衣）成为在中国古代华夏文明鄙夷少数民族文化的明证。但《诗经 · 王风 · 大车》中有“大车槛槛，毳衣如菼”“大车哼哼，毳衣如璊”，有些观点认为坐车的是贵族，毳衣（毛毡衣）为贵族服用。笔者在此要反问，坐车的除了主人外，还有驾车人吧？诗中所用并非主人而是驾车人，毳衣可谓驾驶服也。这一文献并没有与《急就篇》相关论述相左，恰是相互印证。毡服才是华夏鄙夷之物，因为毡子本身制作粗糙、味道较重。《急就篇》中没有说毛织物是蛮夷民所使用的，可见毛织物不为华夏民族所鄙夷，而是为其所喜好。

其二，《诗经》中描写兽皮、裘服并未有任何鄙夷之意，反而都是贵族所好，因为它们的保暖性极佳。在“文茵畅毂”（《秦风·小戎》）、“献其貔皮”（《大雅·韩奕》）中，“文茵”是虎皮，“貔皮”是狐皮。虎皮装饰车辆，狐皮作为珍贵的礼品，可见皮制品的珍贵。裘服是《诗经》中描述最多的毛类制品，裘服以羔裘和狐裘为主，且多为贵族服用。在《邶风 · 旄丘》《郑风 · 羔裘》《唐风 · 羔裘》《秦风·终南》《桧风 · 羔裘》《小雅 · 都人士》中都可见“羔裘”“狐裘”的描写。《桧风 · 羔裘》中“羔裘逍遥，狐裘以朝”“羔裘遨翔，狐裘在堂”，从“朝”“堂”可见穿羔裘、狐裘的人的贵族身份。试问保暖性和吸湿性更好的毛织物会被鄙夷吗？

所以，毛皮衣物保暖的高效用，从技术层面上证明了《诗经》中所反映的毛皮衣物使用区域普及化的正确，驳斥了从社会层面上来说毛皮衣物为华夏民族所鄙夷的观点。

5 《诗经》中的丝织过程

丝织过程是一个复杂的过程，包括养蚕（备苇、整桑枝、养桑、采桑、采蘩）、缫丝、织帛。

备苇在《豳风·七月》中有记载。“七月流火，八月萑苇”是指在暑退将寒的八月，要在湖中砍芦苇，把它编织成蚕箔，以供来年春天饲蚕之用。《诗经》中关于桑的描写涉及18首诗24处。关于桑需要厘清两点：一是很多研究者认为，凡是《诗经》中关于桑的描写都是蚕桑之用，其实不然。桑树是商周时代的神树，它是沟通人与神的媒介，是世界树、宇宙树、生命树。商、周二代有桑林和桑田之分，桑林是从事宗教仪式的场所，桑田为种桑养蚕所用。所以桑林树木高大，以便通神；而桑田矮小茂盛，以便采摘。商代开国之君曾在桑林祈雨，可见当时的人认为人在桑林中可与神相通。正是由于商、周之人对生殖的崇拜，桑林又成为男女爱情故事的场所。《鄘风·桑中》中有“期我乎桑中”，足见男女在桑林中幽会是受宗教保护的。二是桑分为鲁桑和荆桑。鲁桑（又名地桑）枝干条叶丰腴低矮，少椹，所以用于养蚕；荆桑树型高大，多椹，桑椹可以食用。流传于陕西一带的《豳风·七月》中有“女执懿筐，遵彼微行，爰求柔桑”，诗句中描写采桑女只带筐，没有带上梯和竿，定是鲁桑无疑。原产于齐地的鲁桑已在不远千里的秦地人工种植，可见鲁桑属于蚕桑。从西晋时期的《嘉峪关七号墓室壁画—妇提笼采桑图》也可得到验证，只要气候允许，即使远在西北，也种植矮小的鲁桑。

采蘩在《召南·采蘩》中有记载，“于以采蘩，于沼于沚”。采蘩的目的是水煮蘩草，浇向蚕卵可催其早生。

《诗经》中没有缫丝和织造的描写，但却出现大量丝织品的描写，如稠、镐、锦、绢等，足见当时丝织技术的发达。《小雅·大东》中“小东大东，杼柚其空”就有织造工具部件“杼”“柚”的记载，笔者认为“杼”指引纬的梭子，“柚”指固定经纱的卷经轴和卷布轴，因此“杼柚”应该代指织机。春秋时期的织机应该介于原始腰机和踏板织机之间，因为踏板织机直到战国时期才出现。

Part 11

成语中的纺织篇

古代成语是中国语言文学宝库中的瑰宝。从表面看，它们出自古代的诗文、神话、寓言、历史故事等；而从本质上看，它们却深深根植于古代的生产和生活。

纺织技术一直伴随着人类自身的进化和社会的发展，其在人们的生产、生活中地位突出。纺织技术包括纺纱和织造两个方向的工艺，而纺织方面的考证包括工艺考证和文化考证。本篇从中国古代成语出发，试图考证各种纺织工艺的根源和流变，以及中国古代纺织文化的灿烂。

1 “作茧自缚”中的纺织知识

“作茧自缚”是指蚕吐丝作茧把自己裹在里面，蚕作茧并不是为了自缚，而是为了保护自己免受天敌的猎食。李商隐的“春蚕到死丝方尽”与“作茧自缚”一样，误解了蚕的习性。蚕并不是一直吐丝至死，它还要成蛹化蛾，何来“到死丝方尽”？此外，“春蚕到死丝方尽”一句并非赞美奉献精神，其实李商隐用此句比喻一个女人思念（“丝”通“思”）情人到生命的尽头，笔者窃以为李商隐对蚕的习性了解甚少，故出现如此之流传千年的经典误句。诚然，野蚕作茧避免了很多自然界的天敌伤害，却不想最终还是被人杀蛹、取茧丝用。

对于茧的处理，可参见“中国古代的茧蛹处理方法变迁”部分的介绍。关于蚕化蛾后的废茧，中国古代是如何处理的呢？用来作保暖的填充物。古人所谓“绵袍”（图 11-1）并非将“棉”写成“绵”，因为到宋以后才有棉花在中原地区的普及应用，而古代之“绵袍”是指以废茧为填充物的衣物。

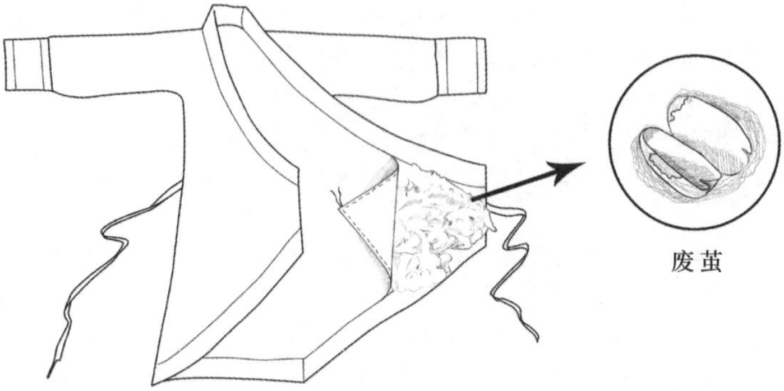

图 11-1 绵袍

2 “满腹经纶”“余音绕梁”“络绎不绝”的解说

“满腹经纶”之“经纶”原意是指整理过的以备丝织之用的蚕丝，引申义为人的才学、本领。到底怎样整理蚕丝才能用于丝织呢？从“络绎不绝”“余音绕梁”之“绎”“络”和“绕”即可见一斑。

“绎”在古代字典中皆有解释，《说文解字》中“绎，抽绪也”，《方言》中“绎，理也，丝曰绎之”，《三苍》中“绎，抽也”。三本书中关于“绎”的解释其实都是一样的，即缫丝时找绪头。关于“络”的解释，《广雅》释义为：“络，缠也。”络亦可解释为绕丝、绕纱的器具。络丝是指将缫车上脱下的生丝转络到篗子上，这一工艺就是当代纺纱技术的络筒工艺。从工艺先后顺序上看，成语“络绎不绝”应该是颠倒了工艺的先后顺序，笔者认为一直为人们沿用的“络绎不绝”应该为“绎络不绝”。而“余音绕梁”之“绕”的本意应该与“络”一样，因为《说文解字》中有：“绕，缠也。”

“络”“绕”操作工艺的变迁与缫丝工艺、器具的演变密切相关。1979 年江西贵溪战国时期的崖墓出土了一批纺织工具，其中就有三件“I”形、三件“X”形绕丝架。缫工从水中抽绪后，将蚕茧丝绕在绕丝架上，然后再用纺轮将多个蚕茧的丝合股，因为从《诗经》中可知，春秋晚期还在使用纺轮纺纱，这说明春秋战国时期缫丝工艺可能仍处于分流阶段。到西汉时期出现缫车（纺车的形制），但缫丝仍然是分流的，因为汉画像石中并没有看见缫丝工艺合流的图像信息。从唐诗中笔者发现，唐代出现了手摇缫丝，具体是什么形制不太清楚，因为诗中的信息比较模糊。直到北宋秦观的《蚕书》中才出现缫丝工艺合流的迹象，即出现抽绪和蚕茧丝合股两道工序合流的手摇缫车。南宋梁楷《蚕织图》中绘有一台脚踏缫车，并且抽绪和蚕茧丝合股两道工序明显已经合流。元代以后有关工序合流的缫车记载多且详细，《王祯农书》《农政全书》《天工开物》《豳风广义》都有文字记载和图考，其中既有手摇缫车，也有脚踏缫车。

3　成语中的织造工艺

（1）从成语看织造的起源

罗是中国古代丝织物的一种，凡经线起绞、纬线平行交织的丝织物均可称为罗织物，其组织为罗组织。因为罗组织稀疏，古时多用于生产家纺品（如罗帐、罗扇等），以及作为捕鸟之用的网。成语中“天罗地网”“包罗万象”“门可罗雀”之“罗”皆可释义为网，从“罗”与“网”的通用即可见织造和结网的关系。其实织物之织造起源于编织（结网是编织的一种）。

首先，从中国纺织考古发现物来看，中国迄今发现最早的织物是葛罗织物（当然是最原始的组织结构），其发掘于距今 6200 多年前的江苏吴中区草鞋山新石器文化遗址第 10 层。该织物的发现一方面说明织造源于编织；另一方面，它又是对传统观点“平纹织物是最早出现的织物组织形态”的有力驳斥。笔者认为织物组织形态的发展先后经历了罗组织（当然是最原始的罗组织）、平纹组织、斜纹组织、缎纹组织、更复杂的复合组织，这是织造源于编织使然。

其次，从神话学研究中也可窥见罗与网关系之一斑。虽然神话带有夸张的成分，但其毕竟源于生活，适当地选取其中材料进行研究，对历史研究起到一定的补充作用。从《淮南子·汜论训》中“伯余之初作衣也，緂麻索缕，手经指挂，其成犹网罗”可知，伯余（一说为黄帝，另一说为黄帝的大臣）刚开始教人们制作衣裳的时候，搓麻绳，捻麻线，用手牵拉经线，靠手编结做成的那种“衣裳”就像捕捉鱼虾禽兽的罗网。这则材料涉及的人物是否可信，暂不可考，但关于纺织的工艺应该是可信的，它证明了最初的“衣裳”组织形态应该是罗织物（最原始形态的）。

（2）从成语看相关织造机具的发展

成语“不足（何足）挂齿”“丝丝入扣”反映了中国古代定经、打纬机具从分流到合流的变迁过程。

从“不足（何足）挂齿”到“丝丝入扣”的变化：“不足（何足）挂齿”之“齿”原义是指织机上的定经齿，并不是指人的牙齿。在河姆渡新石器文化遗址就发现很多齿状物，经考察它是原始腰机上的定经机具(图11-2)。如果没有定经齿,很难提高丝织效率和质量,因为丝织特别需要锯形物来增加丝线的经线密度,只有这样在丝织过程中才能避免丝线的经常性折断。可能正是由于定经齿的发明,才使丝织成了一种极普遍的可操作性织造,不再仅限于能工巧匠操作了。因此,能挂在齿上的丝,说明其可以丝织,最终成为美丽的织锦;而不能挂在齿上的丝,则说明其质量不能用于丝织。最后“挂齿”引申为“重要的事物”,逐渐形成现在所用的喻意。

“丝丝入扣”之“扣”通“筘”。筘是织机上的主要机件之一,它有三个功能:一是固定经纱;二是控制经纱的密度;三是打纬。丝丝入扣是指织布时每条丝线都要从筘齿间穿过。比喻做得十分细致,有条不紊,一一合拍。其实,筘的三个作用最初是由不同的机具完成的。固定经纱和控制经纱的密度应该是由定经齿来完成,打

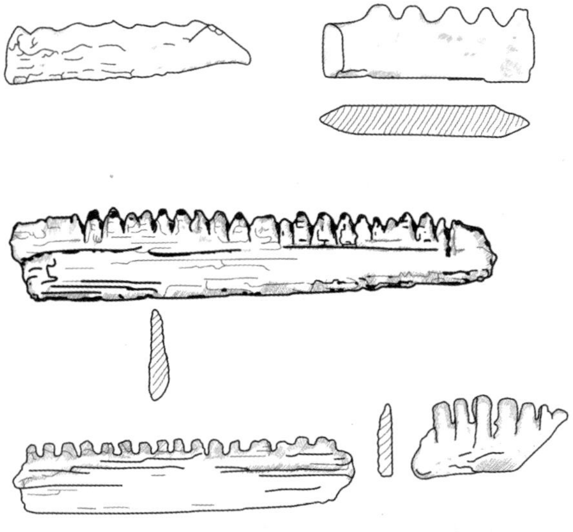

图 11-2 河姆渡文化遗址出土的定经齿

纬由打纬刀完成，最后筘的出现导致三个功能从分流到合流。

中国古代打纬工具先后经历了打纬刀、斫刀、筘三个发展阶段。中国历史上出现的打纬工具，直到现代都可看到。打纬刀在西南少数民族原始腰机上还在使用，斫刀在手工织造纱罗织物时必须使用，而筘则在操作水平织机包括花楼提花织机时必不可少。

打纬刀在中国新石器时代可能已经出现。1975 年到 1978 年两次发掘河姆渡新石器时代遗址时，就出土了一把长硬木制造的木刀，其长 43 cm，背部平直，厚 8 mm，刃部较薄，呈圆弧形。经民俗学对照研究，学者认为木刀是原始腰机上的打纬刀。此外，1978 年在中国江西贵溪县鱼塘公社仙岩一带春秋战国崖墓群中，也发现过打纬刀。

斫刀的使用是打纬工具发展的第二阶段，它将投纬、打纬合二为一，其大约出现在春秋战国时期，两汉时期广泛在斜织机上使用，这可从江苏泗洪县曹庄出土的东汉画像石中得到证明。元代薛景石所著《梓人遗制》就有斫刀的相关介绍，斫刀中的纡子是构成斫刀的主要部件，从其形制上看，显然创造斫刀的人在设计它时，认真思考过梱和木刀的特点，有意以之嵌入其内，使其既可投纬又可打纬。

筘的使用是打纬工具发展的第三个阶段，应该出现在东汉末年或以后，在此之前并没有发现关于筘的任何古代图像信息和实物（相关文献不可信，且本身存在很多矛盾，因为相关文献在不同时期都存在着重新编修的现象）。之所以断代筘的出现在东汉末年或以后，是因为筘应该是同步或稍晚于梭子出现，而“梭”这个字最先在东汉末年刊行的《通俗文》中出现。从筘的外形看，创造者无疑受木梳篦的启发，将经纱依次穿入筘齿之间，既可控制和固定经纱疏密、布幅宽度，拉筘后又可利用筘齿均匀打纬。其实，控制经纱疏密的部件——定经齿，早在河姆渡新石器时代遗址中就被发现，笔者推测控制经纱疏密和打纬经历了一个从分流到合流的过程，这一变迁与水平织机的广泛使用是密不可分的。

站在"齿"和"筘"发展变迁的维度上看，笔者发现投纬、打纬、定经机构三个机具的关系变迁十分复杂（图 11-3），它们经历了分流、合流，再分流、合流的变迁过程。图 11-3 中的"梱"需要解释一下，梱即一个小木棍，纱线系在其上，用于投纬，与黎族原始腰机上的投纬工具一样。新石器时代，梱、打纬刀、齿状物并用。随着斜织机的广泛使用和罗纱织物的织造要求，投纬工具、打纬工具合二为一，斫刀出现。之所以斫刀会出现在斜织机和罗纱织物织造上，因为斜织机和罗纱织物织造上筘不能且不便被使用，而斫刀却可以在斜织机上灵活使用。其后，随着水平织机的广泛使用，梭子、筘又从投纬和打纬中分流出来，但筘却又对打纬和定经

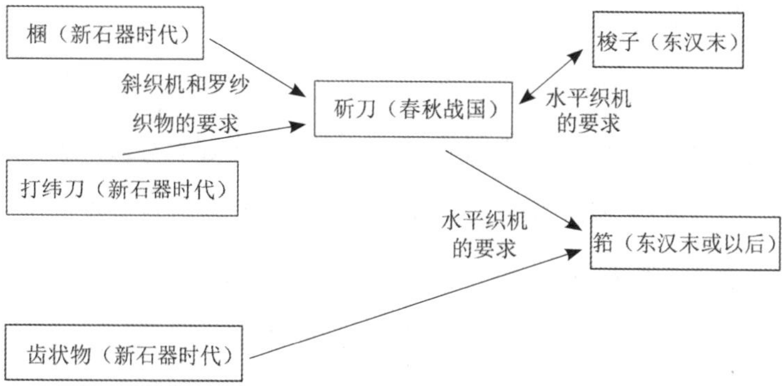

图 11-3 打纬、投纬、定经工具的变迁发展关系

进行了一次合流。水平织机的水平织面状态使得梭子、筘的操作更方便。当然，斜织机和水平织机在中国古代纺织技术史上一直被持续使用，斜织机更多地用于平纹织物的织造，而水平织机逐渐向花楼提花织机转向，用于织造纹样复杂的织物。

4 成语中纺织文化的表达

纺织技术是一种技艺，而纺织文化则指在其工艺发展时期内形成的思想、理念、行为、风俗、习惯、代表人物，及由纺织活动从事者整体意识所辐射出来的一切活动。成语中蕴含着丰富的纺织文化。

（1）从成语看纺织文化的含义

成语中“文过饰非”“文质彬彬”之“文”，现在多释义为“语言”，其实“文”通“纹”。只有完全理解“文质彬彬，然后君子”一句，才能对“文”有本源的理解。该句中“文”指织物上的花纹，“质”指织物上的地纹，“彬彬”则是指花纹和地纹的和谐之态。“文质彬彬，然后君子”全句本义应是“君子在衣着上，应该穿花纹和地纹相互协调的服饰”，其后该句才引申强调君子表里如一、表面和内心相互协调，反映了中国古代做人的中庸之道。

成语中“下笔成章”“顺理成章”之“章”，今人多误读为“文章”之意，殊不知古时“章”是指刺绣的图案。《左传正义》中有“中国有礼仪之大，故称夏；有服章之美，谓之华”，可见刺绣在先秦时期是华夷之辨的一个因素。《尚书·虞书》也有“天子衮服十二章”起源的记载，其后帝服十二章一直在充实和沿用，这说明精美的刺绣是中国古代昭明辨等的主要标志。“章”在随后的岁月里逐渐引申为“美好事物”的意思，如“下笔成章”“顺理成章”之“章”。

“文”“章”两字连用本意指最美好的事物。其后，逐渐引申为现在的文章之意。但人们应该明白，写出来的文章一定是书写者最好的文字。可见“文章”一词中的深刻的纺织文化内涵。

此外，不同成语中的“锦”“绣”因其意指美丽的织物纹样，最终也像“文”“章”一样都引申出“美好事物”之意，并广为流传，如“锦上添花”“锦绣前程”“锦绣山河”“锦囊妙计”“衣锦还乡”“花团锦簇”“繁花似锦”，足见其背面蕴含的浓厚的中国纺织文化。

（2）“经天纬地”与中国古代经锦的兴盛

成语“经天纬地”中，经是指织物的纵线，纬是指织物的横线，经、纬指织造，比喻治理天下。人们对“经天纬地”的喻意有些不解：既然经、纬指织造，为什么“经天纬地”不是“经纬天地”呢？只有溯其出处，才能知其引申义。“经天纬地”出自《国语·周语下》：“天六地五，数之常也。经之以天，纬之以地。”其意为“天有阴、阳、风、雨、晦、明六气（六种气象），地有金、木、水、火、土五行（五种物质），这是天地的常数。以天的六气为经，以地的五行为纬，有条有理地管理天下”。这句话杂儒家学说和道家学说（包括阴阳五行学说）为一体。“经之以天，纬之以地”反映了中国古代“天人感应”“顺天命”的正统儒学思想，丝织物上的经线成为联系天的介质，而纬线则是联系地包括人在内的介质。所以经线成为织物之根本，织物经线显花成为文化信仰，于是就大量出现经锦。

此外，道学思想早在黄帝时代就产生，其崇尚“无为”、节俭。纬线显花工艺较经线显花工艺耗费更多的原料和工时，在生产力极其有限的情况下不可能被采用。战国时期纬线显花织物的少量出现，体现了社会信仰的混乱，因为这一时期是“礼崩乐坏”、“窃国者侯”、私欲横行、价值观百家争鸣的时代。商、周时期成形的丝织物崇拜遭到破坏。而到汉初，黄老之术和儒学并用，周礼复兴，节俭之风再盛，这样纬线显花工艺不可能有生存的空间。南北朝时期因为战乱，儒、道两学再次势弱，加之带有西北少数民族血统的北朝、隋唐统治者采取兼容并包的文化政策，在生产力不断提高的前提下，导致社会热衷于奇巧之物，纬线显花工艺——纬锦的出现是这一时代不可避免的产物。由此可见，“经天纬地”的儒学思想是古代经锦兴盛的一个重要原因。

Part 12

古代笔记小说中的纺织篇

中国古代笔记小说是中国古代受众最广、自汉至清一直盛行的大众读物，虽然叙事有些夸张、荒诞，但关于纺织（包括服饰）的描写极为丰富且最接近古人真实的生活状态，因为只有纺织品描写合乎当时的真实情况，才能使读者有代入感。因此可以说一部中国古代笔记小说中的纺织描写，就是一部最贴近中国古代老百姓真实生活的纺织史（文化）。

1 《神异经》《海内十洲记》中的纺织

《神异经》《海内十洲记》旧本题汉东方朔撰，两书中描写神鬼怪异，有一些与纺织服饰相关的信息，但需要甄别后剔除不实的信息，保留可信的信息才能为后世研究所引用。

《神异经·东荒经》中关于一个善人国的男女服饰记载如下：

“东方有人焉，男皆朱衣缟带玄冠，女皆采衣……”

此处应该是对东方善人国男女服饰整体形象的描写，文中有衣无裳，可见其形制皆为深衣。“朱”色乃正色，中国古代服制中，崇正色而贱间色，服朱者皆为士族阶层乃至贵族阶层；缟带乃白色生绢带，与朝服之大带、革带有别，乃质朴之衣饰，泛指学子之服；元冠即玄（黑）冠，士阶层常服冠帽。由此可见，善人国男子皆为士人，即饱读诗书之人，且穿着比较正式。对于女子之采衣，并非指《仪礼·士冠礼》中所言未冠者之衣，因为古代只有男子才行冠礼，此处女子之采衣应是彩色之衣，其彩色应该是用刺绣完成的，可见善人国女子衣着很华丽，衣食无忧。这可能是作者对理想国中男女服饰形象的想象。

《神异经·东荒经》中关于大桑树、大茧的记载如下：

“东方有桑树焉，高八十丈，敷张自辅。其叶长一丈，广六七尺，其上自有蚕，作茧长三尺。缲一茧，得丝一斤。有椹焉，长三尺五寸，围如长。”

虽然此则描述不实，但“其上自有蚕，作茧长三尺。缲一茧，得丝一斤”却反映出当时人们对种桑养蚕之辛劳的自我催眠，希望寻找到如此大的桑和蚕，从而得到解脱。这则描述可作为解释种桑养蚕辛劳的另类证据，因为虽然神话是人类心理的一种夸大的反映，但其本身还是有一定的现实依据的。

《神异经》《海内十洲记》都有关于火浣布及其变种的相关神话传说，具体内容可参见“矿物纤维石棉在中国古代出现的记载和研究”部分。

2 《南方草木状》中的纺织纤维

《南方草木状》三卷，晋嵇含撰。该书介绍了岭南地区植物，分草、木、果、竹四类，凡八十种。其中纺织纤维的信息仅在草部甘蔗部分有蕉葛的记载：

“甘蔗，望之如树，株大者一围余。叶长一丈或七八尺，广尺余二尺许。花大如酒杯，形色如芙蓉，著茎末百余。子大，名为房，相连累，甜美，亦可蜜藏。根如芋魁，大者如车毂。实随华，每华一阖，各有六子，先后相次，子不俱生，花不俱落。一名芭蕉，或曰巴苴。剥其子上皮，色黄白，味似葡萄，甜而脆，亦疗饥。此有三种，子大如拇指，长而有锐，有类羊角，名羊角蕉，味最甘好。一种子大如鸡卵，有类牛乳，名牛乳蕉，微减羊角。一种子大如藕，长六七寸，形正方，少甘，最下也。其茎解散如丝，以灰练之，可纺绩为絺绤，谓之蕉葛。虽脆而好，黄白不如葛赤色也。交、广俱有之。《三辅黄图》曰：汉武帝元鼎六年，破南越，建扶荔宫，以植所得奇草异木，有甘蕉二本。”

从文中我们可知：一者，蕉葛树是芭蕉的一种，芭蕉又是甘蕉的一种；二者，芭蕉之甘甜与纺绩效果是负相关的，即少甘之芭蕉茎才可用于纺绩；三者，芭蕉的茎纤维需要在草木灰水中脱胶才能纺纱织布。

《南方草木状》中卷下竹类之箪竹有“九真”（郡名，今在越南境内，秦至后唐大体一直存在于中原政权版图内）的竹疏布，其记载为：

“箪竹，叶疏而大，一节相去六七尺，出九真。彼人取嫩者硾浸纺绩为布，谓之竹疏布。”

经考证，箪竹确实“叶疏而大”，但并非一节相去六七尺。因为今天还在中国南方种植的粉箪竹也是叶疏而大，但每个竹节并非相距六七尺，这点需要注意。另外，“取其嫩者”到底是指叶，还是竹茎？笔者认为是指竹茎。首先，从前后文来看，“取其嫩者”之前是“一节相去六七尺，出九真”可知其应是竹茎；其次，从国家级非物质文化遗产浙江东阳竹编来看，由竹子获取的纤维以竹茎纤维为好。最后，“硾浸”足以说明是以竹茎为对象，若以竹叶为加工对象，则早就被打坏了。

3 《续齐谐记》中的纺织

《续齐谐记》一卷，南朝梁吴均（469—520年）撰。今本《续齐谐记》仅十七条，有很多民间故事，其中不乏与纺织服饰相关的民间故事。

其一，“汝南桓景随费长房游学累年，长房谓曰：‘九月九日，汝家中当有灾。宜急去，令家人各作绛囊，盛茱萸，以系臂，登高饮菊花酒，此祸可除。’景如言，齐家登山。夕还，见鸡犬牛羊一时暴死。长房闻之曰：‘此可代也。’今世人九日登高饮酒，妇人带茱萸囊，盖始于此。”此则故事道出重阳节登高、插茱萸、饮菊花酒之由来。其中与纺织相关的乃是茱萸囊，此物正好印证唐代王维《九月九日忆山东兄弟》中“遍插茱萸少一人”中的如何插茱萸。

其二，“桂阳成武丁，有仙道，常在人间，忽谓其弟曰：‘七月七日，织女当渡河，诸仙悉还宫。吾向已被召，不得停，与尔别矣。’弟问曰：‘织女何事渡河？去当何还？’答曰：‘织女暂诣牵牛，吾复三年当还。’明日失武丁，至今云织女嫁牵牛。”此则故事是关于织女、牵牛爱情的由来。其可信度还是值得怀疑的，因为早在东汉崔寔的《四民月令》中就有织女、牵牛劳燕分飞的悲情故事，并未言武丁说此事。

其三，“弘农邓绍，尝八月旦入华山采药。见一童子，执五彩囊承柏叶上露，皆如珠，满囊。绍问曰：‘用此何为？’答曰：‘赤松先生取以明目。’言终，便失所在。今世人八月旦做眼明袋，此遗象也。”此则故事告诉后世八月旦做眼明袋的由来，为当下申请染织类非物质文化遗产的单位提供了相关的民俗依据。

其四，“吴县张成，夜起，忽见一妇人，立于宅上南角，举手招成。成即就之。妇人曰：‘此地是君家蚕室，我即是此地之神。明年正月半，宜作白粥泛膏于上祭我也，必当令君蚕桑百倍。’言绝，失之。成如言作膏粥，自此后，大得蚕。今正月半作白膏粥，自此始也。”此则故事是中国农历正月半用白膏粥祭祀蚕神的依据之一。

其五，在《续齐谐记》中“青衣小儿”“青衣婢”的称呼。青衣乃是古时地位低下者所穿的服装。婢女亦多穿青衣，后为婢女的代称。

4 《荆楚岁时记》中的纺织

《荆楚岁时记》为南朝梁宗懔（约 501—约 565 年）撰，隋代杜公赡注（“按”后内容为其所注），原书已佚，现存一卷，系明人从类书中辑出。《荆楚岁时记》是中国最早记录楚地岁时节令、风物故事的笔记体专书。其中不乏一些与中国古代纺织服饰相关的风俗，对其进行收集整理有利于楚地染织类非物质文化遗产的传承和保护。

（1）正月十五祭祠蚕神和占卜蚕事

《荆楚岁时记》有：正月十五日，作豆糜，加油膏其上，以祠门户。先以杨枝插于左右门上，随杨枝所指，乃以酒脯饮食及豆粥糕糜插箸而祭之。按：《续齐谐记》曰：“吴县张成夜起，忽见一妇人立于宅东南角，举手招成。成即就之，谓成曰：‘此地是君家蚕室，我即此地之神。明年正月半，宜作白粥，泛膏其上以祭我，当令君蚕桑百倍。’言讫而去，遂失所在。成如言作膏粥，自此以后年年大得蚕。”世人正月半作粥祷之，加肉覆其上，登屋食之。咒曰：“登高糜，挟鼠脑，欲来不来？待我三蚕老。”则是为蚕逐鼠矣。《石虎邺中记》（笔者注：成书于东晋）云：“正月十五日，有登高之会。则登高又非今世而然者也。”

其夕，迎紫姑，以卜将来蚕桑，并占从事。按：刘敬叔《异苑》（笔者注：成书于南朝宋）云：“紫姑本人家妾，为大妇所妒，正月十五日感激而死，故世人作其形迎之。咒云：‘子胥（云是其婿）不在，曹夫人（云是其妇）已行，小姑可出。’于厕边或猪栏边迎之，捉之觉重，是神来也。平昌孟氏恒不信，尝以此日迎之，遂穿屋而去。自尔，厕中着以败衣，盖为此也。”《洞览》云：“帝喾女将死，云：‘生平好乐，至正月半，可以衣见迎。’又其事也。”《杂五行书》云：“厕神名后帝。”《异苑》云：“陶侃如厕，见人自云‘后帝’，着单衣、平上帻，谓侃曰：‘三年莫说，贵不可言。’将后帝之灵，凭紫姑而言乎！俗云溷厕之间必须静，然后致紫姑。”

（2）五月五日端午节五彩丝系臂以示蚕功

《荆楚岁时记》有：以五彩丝系臂，名曰辟兵，令人不病瘟。又有条达等织组杂物以相赠遗。取鸲鹆教之语。按：仲夏茧始出，妇人染练，咸有作务。日月星辰鸟兽之状。文绣金缕，贡献所尊。一名长命缕，一名续命缕，一名辟兵缯，一名五色丝，一名朱索，名拟甚多。青、赤、白、黑以为四方，黄为中央，名曰襞方，缀于胸前，以示妇人蚕功也。

（3）七月七日牵牛织女聚会之夜和乞巧

《荆楚岁时记》有： 七月七日，为牵牛织女聚集之夜。 按：戴德《夏小正》（笔者注：成书于战国时期）云：“是月，织女东向。”盖言星也。《春秋运斗枢》（笔者注：成书于汉代）云：“牵牛，神名略。”石氏《星经》（笔者注：成书于战国时期）云：“牵牛，名天关。”《佐助期》（笔者注：成书于汉代）云：“织女，神名收阴。”《史记·天官书》云是天帝外孙。傅玄《拟天问》（笔者注：成书于西晋）云：“七月七日牵牛织女会天河。”此则其事也。……河鼓、黄姑，牵牛也，皆语之转。

是夕，人家妇女结彩缕，穿七孔针。或以金银鍮石为针，陈几筵酒脯瓜果于庭中以乞巧，有喜子网于瓜上则以为符应。 按：《世王传》曰：“窦后少小头秃，不为家人所齿。遇七月七日夜，人皆看织女，独不许后出。乃有神光照室，为后之瑞。”

（4）八月十四日作眼明袋的时间和由来

《荆楚岁时记》有： 八月十四日，民并以朱水点儿头额，名为天灸，以厌疾。又以锦彩为眼明囊，递相饷遗。 按：《述征记》（笔者注：成书于东晋末）云：“八月一日作五明囊，盛取百草头露洗眼，令眼明也。”

（5）九月九日茱萸囊系臂插茱萸

《荆楚岁时记》有：九月九日，四民并籍野饮宴。按：杜公瞻云：“九月九日宴会，未知起于何代。然自汉至宋未改。今北人亦重此节。佩茱萸，食饵，饮菊花酒，云令人长寿。近代皆设宴于台榭。”

（6）岁前藏彄之戏

《荆楚岁时记》有：岁前，又为藏彄之戏。按：周处《风土记》（笔者注：西晋成书）曰："进清醇以告蜡，竭恭敬于明祀。乃有藏彄……腊日祭后，叟妪各随其侪为藏彄之戏，分二曹以较胜负。"辛氏《三秦记》（笔者注：汉代成书）以为钩弋夫人所起。周处、成公绥并作"彄"字。《艺经》、庾阐则作"钩"字，其事同也。俗云此戏令人生离，有禁忌之家则废而不修。

5 《鸡肋编》中的缂丝

《鸡肋编》为两宋时期学者庄绰所著的笔记体文集，据上海古籍出版社对《鸡肋编》的点校说明中所言："书中所载大都得之于亲身见闻或可靠的文献稽考，故其可信度远非拉杂采摭前人典籍而成的笔记可比，为宋史研究很有参考价值的史料。"因此，《鸡肋编》可作为研究宋代人们生活史的重要资料。《鸡肋编》中缂丝的记载可能为最早的缂丝文献资料，同时代的洪皓（1088—1155 年）的《松漠纪闻》中也有一小段有关缂丝的记载。《鸡肋编》中"定州织刻丝"则为学界大多数学者所引用，全文如下："定州织刻丝，不用大机，以熟色丝经于木桎上，随所欲作花草禽兽状，以小梭织纬时，先留其处，方以杂色线缀于经纬之上，合以成文，若不相连。承空视之，如雕镂之象，故名'刻丝'。如妇人一衣，终岁可就。虽作百花，使不相类亦可，盖纬线非通梭所织也。"由上文，我们至少可得到以下三方面的信息。

（1）缂丝在中原传播的中心为定州

中国古代史籍中以“定州”命名的地方有河北定州、甘肃武威、四川珙县、甘肃平罗、朝鲜平壤。考察庄绰的活动范围以及宋代定州的地名，不难发现“定州织刻丝”所指的应该为河北定州。一方面，河北定州早在唐代就以其丝绸生产闻名于世，当时以贡“两窠绫”闻名天下。因此，在本身拥有高超的丝织技术的河北定州，缂丝技艺能发展起来是很自然的事情。另一方面，北宋时期河北定州最知名的土产是瓷器，其定窑与汝窑、官窑、钧窑、哥窑并称为中国五大名窑，可见河北定州的名声在北宋是相当响亮的。基于以上两点，当时人所言定州，如无特别说明，应该为河北定州。

（2）缂丝织机为简单的平纹织机

“不用大机”说明缂丝织机并不采用宋代先进的大机，如多综多蹑织机、花楼织机，而使用操作极为简单的平纹织机。因此，缂丝织造过程是遵循“器简技高”的发展路线，“妇人一衣，终岁可就”反映了织造速度很慢、费时费工，正所谓“一寸缂丝一寸金”。

（3）缂丝采用通经断纬的技法

“以小梭织纬时，先留其处，方以杂色线缀于经纬之上”，说明缂丝采用通经断纬的织造方法，即采用局部平纹挖织，纬线并不通梭的方法，因此，缂丝作品为正反两面相同的单层织物。同时，由于采用通经断纬的技法，必然会使缂丝作品在纹样图案的轮廓线处出现断裂，虽然可以通过搭梭、子母经等破竖缝法来减少缝隙的产生，但无法完全消除缂丝作品中的小缝。正是这些小缝的作用，才使缂丝出现“承空观之如雕镂之象”。

6 《齐东野语》中的纺织

《齐东野语》乃南宋周密(1232—1298 年)撰，虽为笔记小说，但极具学术价值。一则作者考正古义，多引起当代语言研究者的关注；二则作者曾祖有随宋高宗南渡的亲身经历，作者本人亲随幕府或采访当事老卒，故书中所记事件极具史料、文化价值，引起相关历史、文化研究者的关注。周密一生走南闯北，多见多闻，其笔记《齐东野语》所记录的相关信息可信度极高，书中关于纺织技术方面的内容，有一些可以补史之缺，还有一些可以证史之漏。

（1）蜀灯笼锦考

《齐东野语·卷一·汪端明》中有载：“会德寿宫市蜀灯笼锦，诏求之，不获。他日，上诣宫言其故，太上曰：‘比已得之。’上问所从来，曰：‘汪应辰家物也。’上还，即诏应辰与郡。”此文中说南宋孝宗赵昚在德寿宫做太上皇时想买些蜀地的灯笼锦，下诏给儿子南宋光宗赵惇采买，没有买到。一天光宗去拜见太上皇，并说明没有为其拿到灯笼锦的原因。笔者认为无非是灯笼锦制作繁复，产量很低，供不应求之类的借口。但太上皇说不用太麻烦了，自己近来已经得到了。光宗很奇怪地问从哪里得到的，太上皇告诉光宗，汪端明家里有这种锦，是他给的。光宗回到自己宫中后，马上下诏将汪端明派到地方做郡守了。从文中可知，灯笼锦是很昂贵的，光宗有可能自己都很少或没有，不然也不至于都不能给父亲一点。作为一个臣子的汪端明居然有此锦，并献给太上皇，这不是置光宗于不孝吗?! 所以，光宗将京官汪端明贬到地方上去了。

何谓灯笼锦？即使是皇家也无法轻易获得。灯笼锦（图 12-1），又名天下乐锦、庆丰年锦，现特指蜀锦中的一种纹样，以各种宫灯为主要装饰纹样。可能早在晋代就已经出现类似灯笼锦（非蜀锦）纹样的织锦，东晋《王子年拾遗记》中载“列明锦”，说其“似列灯烛也”，它是以灯景作为装饰纹样，这可能是与灯笼锦相关的最早记载。北宋邵伯温的《邵氏闻见录》中有记载北宋仁宗不喜张贵妃着灯笼锦，足见其为奢侈品，这也是“灯笼锦”一词第一次出现在文献中。自宋至明，灯笼锦多以“天下乐锦”之名出现在众多文献中，譬如元代陶宗仪的《南村辍耕录》、费著的《蜀锦谱》、戚辅之的《佩楚轩客谈》、明代谷泰的《博物要览》。明清时期吉祥的寓意在织物上表现得淋漓尽致，灯笼锦也发展了不下百十种纹样。其中谷穗、蜜蜂、宫灯等图案组成的纹样表示五谷丰登，故又叫庆丰年锦。

（2）“作文自出机杼难”的解读

《齐东野语·卷五·作文自出机杼难》中载：“……大抵作文欲自出机杼者极难，而古赋为尤难。”倘若对成语“自出机杼”不了解，则无法理解此句。“自出机杼”出自《魏书·祖莹传》，文中载：“作文须自出机杼，成一家风骨，何能共人同生活也。”语言学家通过上下文可以推测，“自出机杼”是别出心裁、匠心独运之意。很少有人从纺织技术史角度来解读。

图 12-1　明代仙鹤灯笼锦纹

从字源上看，“杼”的所指和起源的观点之争矛盾重重。杼，《说文解字》解释为“机之持纬者”。这一句解释会让很多人马上将杼理解为梭子，因为从现代纺织学来看，梭子是控制或引导纬纱的。但同为东汉时期且稍后刊行的《释名》有关“杼”的解释却完全颠覆《说文解字》中对于“杼”的解释。《释名·释采帛》有：“苓辟：经丝贯杼中，一间并，一间疏，疏者苓苓然，并者历辟而密也。”“经丝贯杼中，一间并，一间疏”这说明“杼”是现代意义上的筘，因为现代纺织中筘起到定经、控制经密、打纬三重功能。那么杼到底是梭子还是筘？最后有的学者没有办法，为了让相互矛盾的文献都成为有力的证据，解释杼为梭子和筘，但并没有说明其原因。笔者认为这样有失严谨。《说文解字》中“杼，机之持纬者”之“持”并非控制或引导之意，原因有三：一是《说文解字》中“持，握也”“握，搤持也”“搤，捉也”，可见“持纬”有打紧纬纱之意，这恰与《释名》中相关解释一致；二是在《说文解字》的解释，即“机之持纬者”中的“机之”说明杼是织机上的某个部件，而梭子并不是织机上的部件，仅是辅助织机的一个辅件，即使不是梭子，仅用一根小棍子缠绕纬纱亦可；三是《释名》成书在《说文解字》之后的东汉晚期，与《说文解字》的刊行相距最多不到 120 年，其关于“杼”的解释应该相同或相近。所以，《释名》解释可以反证《说文解字》关于“杼乃是筘”的解释。这从文献上力证在东汉时期筘确定无疑是存在的。但笔者并不这样认为。一方面，东汉时期并没有筘的实物出现。另一方面，《说文解字》存在着历朝历代不断增补的现象，以关于“机”“滕”“杼”“椱”的解读就可证明。“机，主发谓之机。

从木，几声”“滕，机持经者”“杼，机持纬者”“椱，机之持缯者”，可见“机”的意思与“滕”“杼”“椱”中“机”的意思有明显区别，为什么一个字在一本古代字典中会产生两种不同的解读呢？到底哪一个是对的，或两个都是对的？笔者认为，“滕”“杼”“椱”字并非东汉时期出现，而是其后出现，后世对《说文解字》进行了增补，才形成今日此四字矛盾之处。可见断定杼是东汉《说文解字》成书时间（105年）左右或之前出现还是有问题的。

另外，西汉晚期刘向所撰《战国策》有“杼”的描写：“一人又告之曰：‘曾参杀人！’其母惧，投杼逾墙而走。”这一文献成为学术界解释“杼”是梭子的证据，但笔者认为这是错的。原因有二：第一，如果“杼”是梭子的话，为什么要“投”呢？“投”是向上的意思。或许有人这样认为，曾母把梭子扔过墙，然后翻墙带走，可见梭子是女性使用的重要生产工具。如果是梭子，根本无须投过去，只需要扎在腰带上即可翻墙而去，毕竟梭子很小。第二，如果杼是筘的话，那可以解释得通，筘比较大，需要投过去，然后人才能翻墙。再则，筘比梭子要重要，它与织物质量息息相关。虽然《战国策》记载春秋事，但将其所述技术内容断在其成书年代为好。因为《战国策》作者怎么会如此详细地知道曾子的事，作者极有可能进行了编撰，这种编撰极有可能以成书时的技术为基础，那么从《战国策》上看，西汉晚期应该有筘存在。但刘向所撰的《列女传》中“敬姜说织”中却没有杼（筘）这一部件，虽然“敬姜说织”记叙春秋时期的事，但其织机的形制还是以作者刘向所处时期的织机形制为原型的。同一人所撰两本书中却有两种截然不同的机型，唯一能解释得通的是有较先进机型的文献是后世学者据自己所处年代的技术状况替刘向编撰过，笔者怀疑《战国策》中“其母惧，投杼逾墙而走”应为“其母惧，逾墙而走”。

此外，《诗经·小雅·大东》（成书于西周）中“小东、大东，杼柚其空”中有“杼”，《左传》（成书于春秋晚期）中崔杼弑君中“崔杼”这一人名有“杼”一字，这是什么原因？然而杼的前身——斫刀出现的最早实物证据是江苏泗洪曹庄出土的东汉时期画像石织机图上的图像信息，东汉时期尚没有杼出现，难道西周或春秋已出现杼，显然这并不合理。笔者认为，“杼”出现在《诗经》《左传》中还是后世误写的。另外，从技术进化角度来看，梭子和杼（筘）应该是同时出现，从斫刀中分流出来的。在《说文解字》中没有“梭”字（出现在《说文解字》刊行后的东汉末年的《通俗文》中），这从一个侧面说明《说文解字》中出现“杼”是不可能的，也应该是后世误撰。

虽然杼的出现保守断代只能在东汉末或其后，但并不影响杼就是筘的事实。出机杼与不出机杼关系到织物的质量和品质。笔者认为“自出机杼”并不是指语言学家们认为的“别出心裁、匠心独运”之意，而是指品质高。因此，《齐东野语》中“大抵作文欲自出机杼者极难，而古赋为尤难”是指“写好作文很难，但写好古赋更难”之意。

（3）《齐东野语》中关于纺织技术史科学考证的分析

《齐东野语》的作者周密在书中有一些纺织技术史的科学考证，让人惊叹，纺织技术史价值极高，也成为当今纺织技术史学界的不刊之论。

《齐东野语·卷十·轻容方空》一文是考证轻容、方空两种纱[1]较为完整的文献。“纱之至轻者，有所谓‘轻容’，出唐《类苑》云：‘轻容，无花薄纱也。’”这是对“轻容”的定义考究。同时周密又考证，有时“容”被写成“庸”或“榕”，他认为“而诗中‘容’字乃为流俗妄改为‘庸’，又作‘榕’，盖不知其所出”。这又为当代纺织史学界研究“轻容”提供了线索。关于“方空”，周密定义为“即今之方目纱也，纶如絮而细。吹者，言吹嘘可成此纱也”。此外，周密溯其根源，引用颜师古和《释名》的考证，认为“纵”“纚”都是方空的别名，这也是非常重要的信息，有助于人们理解古代文献。

古今文献资料对于纸与丝织品的关系多有比较详细的论述，但《齐东野语·卷十·绢纸》一文中关于“纸”字如何用“糸”和“巾”的论述发人深省。周密在文中论述，“魏太和间博士张楫上《古今字贴》，其《巾部·辨纸字》云：‘今世其字从巾。盖古之素帛，依旧长短，随事截绢，枚数重垒，即名幡纸，故字从糸，此形声也。蔡伦以布捣剉作纸，故字从巾，是其声虽同，而糸、巾则殊也。’”此说认为蔡伦之前的“纸”字应从“糸”，因为当时是以帛为纸。而蔡伦造的纸其字应从“巾”，因为其所造之纸的原料是布，多为植物韧皮纤维而非丝制成。可见古人考证之详、思考之深。

《齐东野语·卷十二·火浣布》一文是中国古代关于火浣布记录最详细、考据最全、分析最科学的经典之作。具体内容见“矿物纤维石棉在中国古代出现的记载和研究”一节。

① 纱，中国古代丝织物中一种轻质的品类，多为平纹组织，孔眼均匀，布满整个织物表面，透孔率在 75% 以上，为夏季衣物材料。

Part 13

纺织祭祀篇

中国古代社会有祭祀“先蚕”和“先棉”的传统，“先蚕”是指丝纺织行业崇拜的偶像——黄帝元妃嫘祖，“先棉”则指棉纺织行业崇拜的偶像——黄道婆。嫘祖和黄道婆对中国纺织行业的发展有着不可磨灭的贡献，人们为了纪念她们的伟大功绩，分别称其为“先蚕”和“先棉”，并且建起“先蚕祠”和“先棉祠”，对她们顶礼膜拜。

1 “先蚕”和“先棉”的共同性

通过对相关史料和地方志的研究，可知嫘祖和黄道婆所处的年代、身份、经历等各不相同，似乎没有可比性。但如果深入地研究下去，却能在这些差异性中找到她们之间的两大共同特征，即形象的模糊性和影响的深远性。

（1）“先蚕”和“先棉”史籍记载的缺憾导致其形象的模糊性

史籍记载的缺憾主要指史料的简略性和歧义性，史料记载的简略性和歧义性增加了人们对历史人物形象把握的难度，从而使其形象产生模糊性。有关嫘祖和黄道婆的史籍记载在正史中相当简略，甚至存在矛盾之处。嫘祖在《史记·五帝本纪》中的记载只有短短58个字，其中只记载嫘祖为黄帝之元妃，生玄嚣和昌意之事，其他只字未提。黄道婆的记载仅出现在地方志《松江府志·卷六》中，只有68个字。如此简短的记载，无法让人对嫘祖和黄道婆的形象有一个全面的把握。

首先，无法确定“先蚕”和“先棉”的籍贯。《史记·五帝本纪》

云：“黄帝居轩辕之丘，而娶于西陵之女，是为嫘祖。嫘祖为黄帝正妃。”学界普遍认为西陵为地名。唐代学者张守节（生卒时间不详）在《史记正义》中指出：“西陵，国名也。”古代西陵究竟在何处？众说不一，这主要是因为史籍中西陵这一地名在不同地区都出现过。同样，黄道婆的籍贯考证也是一筹莫展，大多是学者们的推测。因为最早记载黄道婆的书籍并不是官方修订的史书，而是元代文人陶宗仪的《南村辍耕录》(1366年正式刊刻)和王逢(1319—1388年)的《梧溪集》(刊刻于明洪武时，即1368—1398年)。《南村辍耕录》言：“有一妪名黄道婆者，自崖州来……”，而《梧溪集》中：“黄道婆，松之乌泾人。”《南村辍耕录》成书在前，《梧溪集》成书在后。这里明显存在矛盾之处，“自崖州来”并不能说明黄道婆就是上海松江乌泾人。官方最早记录黄道婆的史籍是明代崇祯年间的《松江府志·卷六》，其中“有一妪名黄婆者，自崖州来……”，这里又与《南村辍耕录》中的记载非常雷同，仅仅只有“黄道婆”和“黄婆”之别。地方志一般比较客观地记录地方上发生的事情，《松江府志》可信度要远高于作为诗集的《梧溪集》，同时《松江府志》的成书时间又晚于《梧溪集》的成书时间，正好说明在编写《松江府志》时并没有采信王逢《梧溪集》中对黄道婆籍贯的说法，这样黄道婆的籍贯就扑朔迷离了。

其次，无法确定“先蚕”和“先棉”的具体发明创造。宋代刘恕（1032—1078年）《通鉴外纪》、罗泌（1131—1189年）《路史》中都有记载嫘祖“始教民育蚕，治丝茧以供衣服”。那么，嫘祖究竟创造了哪些丝纺织技术？由于史料并没有具体的记录，后人无从知晓。同样，黄道婆对棉纺织技术到底做了哪些具体的贡献，也是疑问颇多。《松江府志 · 卷六》仅记“乃教以造捍、弹、纺、织之具”。如此简略的事迹记载，这些捍、弹、纺、织之具是什么形制，现在也是众说不一。

最后，无法准确确定“先蚕”和“先棉”的生卒时间。中国史学界一直以西周共和元年（前 841 年）国人暴动作为中国历史有确切纪年的开始，1996 年启动的“夏商周断代工程”虽然已经将“武王伐纣”确定为公元前 1046 年，但并未得到国内外历史学家的一致认同。同时，嫘祖所处的年代远远早于商代的黄帝时代，距今大概 4500—5000 年，因此，对嫘祖确切生卒时间就无从考证。而对于黄道婆确切的生卒时间，主要由于对黄道婆的历史记载过于简略，也无法确认其确切时间。学界一般认为黄道婆生于南宋末年淳祐年间，即 1241—1252 年间，卒于 1306—1310 年间。这些其实都是学界对王逢《梧溪集》、陶宗仪《南村辍耕录》，以及《松江府志》中有关黄道婆的相关信息做出的推论，由此，笔者只能将黄道婆定义为中国元代著名的棉纺织专家。

（2）隆重的祭祀证明“先蚕”和“先棉”影响的深远性

祭祀是指人们在日常生活中需要同神祇、祖灵等所有超人力量的形象代表相沟通时举行的一种仪式。被中国古代封建统治者祭祀的历史人物，一般是对国家有着深远影响的人。早在汉代就有“先蚕”的祭祀活动，当时皇后要亲桑于东郊苑中，至蚕室祭蚕神，要献以少牢之礼。只是当时祭的蚕神并没有指明是嫘祖，自后周（951—960 年）以后，正式确立嫘祖为“先蚕”，并由皇后亲自进行祭祀。唐代的礼仪规定“皇后岁祀一，季春吉巳，享先蚕，遂以亲桑”并“散斋三日于后殿”，直至清代，位于北京北海公园的先蚕坛，为清代皇帝的后妃们祭祀蚕神——嫘祖的地方,每年春季第二个月的巳日，一般由皇后亲自来此祭祀蚕神。可见，历代统治者对嫘祖的祭祀仪式都非常隆重和肃穆。另外，许多地方也有祭祀嫘祖活动的记载。同治《湖州府志》中记载“湖州向先蚕黄帝元妃西陵氏嫘祖神位于照磨故署……嘉庆四年，抚浙中丞以浙西杭嘉湖三府民重蚕桑，请建祠以答神贶，奏奉谕允，乃建庙于东岳宫左，曰蚕神庙”。湖北远安也有祭祀嫘祖的活动,据北宋著名志书家王存(1023—l101年)在《元丰九域志》中说“峡州西陵山”为祭祀嫘祖的圣地，祭祀时间为嫘祖的生日三月十五日。新中国成立前，四川盐亭境内有数十处祭祀嫘祖的古庙宇，每逢蚕事将起，或蚕出现病状时，蚕民都要进香祈祷，蚕茧丰收以后也要去酬蚕神。据河南西平学者高沛先生调查，新中国成立初期，河南西平县境内尚存嫘祖庙6座。从祭祀嫘祖的活动不难发现，其目的在于通过这些仪式和活动，“以劝蚕事”，推进栽桑、养蚕、纺纱、织布事业的发展。可以说，历代封建统治者将嫘祖奉为“先蚕”完全是一种政治上的考虑。

黄道婆在上海地区的祭祀同样也非常隆重，且经久不衰。自元代以来，历代建立的黄道婆祠有11座，黄道婆的第一座官祠建于明成化年间，在上海知县刘琬主持下，重建于松江乌泥泾。清道光六年（1826年），清廷正式将祭祀黄道婆列为朝廷祀典。据道光、咸丰年间寓居上海的王韬（1828—1897年）《瀛壖杂志》记载“先棉祠，亦曰黄道婆祠”，黄道婆生前对上海地区棉纺织业的发展起到促进作用，“被其德数百年，邑民多私祭之，犹未列入祀典”，于是，当时的知县许榕皋创建特祠，“遵部议，从先棉例，春秋岁祀，规制廓增”。至此，黄道婆作为古代的纺织专家，从民间“私祭”转为朝廷“公祭”，最终成为“先棉”。

通过对嫘祖和黄道婆祭祀活动的研究，不难发现，由于这两位伟大的女性对纺织行业的巨大贡献，人们逐渐将她们作为神进行贡奉，使她们越来越具有神性。

综上所述，嫘祖和黄道婆虽具有形象的模糊性和影响的深远性两大共性，笔者认为其根源却大不相同。首先，嫘祖所处的年代距今久远，那时候的历史记载主要是通过口述的形式代代相传，在向下传递的过程中必然会存在着一定的误差。到了司马迁著述《史记》时，会存在信息丢失和失真的情况。同时，中国“三皇五帝时代”的历史几乎是一部神话史，人们只有通过剔除神话的情节来重新还原真实的历史，那一时期人物的籍贯、事迹和生卒时间就会有模糊性。反观黄道婆所处的年代，与嫘祖的情况大不相同，元代距今不到 800 年的历史，并且当时历史记载的手段已经非常完善，有专门的史书和地方志。造成黄道婆籍贯、发明创造的模糊性主要是由于统治阶级对于生产技术的发明创造和发展漠不关心，认为技术发明创造都是“机巧淫技”，不足挂齿。因此，对黄道婆的记载也就只有寥寥数语。其次，造成嫘祖和黄道婆影响的深远性的根源也不相同，嫘祖的崇拜和祭祀主要源于封建统治者自上而下的一种政治上的需要，即树立一个妇女养蚕、织布的典范，以达到“男子耕田、女子织布”的封建自给自足的社会风尚。相反，对于黄道婆的崇拜和祭祀则是由下层劳动人民自下而上形成的。黄道婆不辞辛劳地教上海地区的妇女纺棉纱、织棉布，使当地劳动人民的生活水平有了极大的改善，老百姓由衷地崇拜和祭祀她，出于维护封建统治的需要，清代统治者最终给予黄道婆“先棉”的称号。

2 “先蚕”和“先棉”的相异性

关于嫘祖和黄道婆在正史或地方志上的记载虽然有两大共性，但由于她们身份悬殊，在她们身上也体现出不同的特征。身份的悬殊导致她们的发明创造的可信度，以及崇拜她们的区域都存在着极大的差异。

（1）身份的悬殊导致技术发明创造可信度的差异

嫘祖和黄道婆的身份有着天壤之别，嫘祖是中国封建社会历代统治者公认的黄帝的元妃，黄道婆为自崖州来的老妪，是地位卑贱的劳动妇女。元妃指的是国君或诸侯的嫡妻，《晋书 · 礼志中》：“前妻为元妃，后妇为继室。”据传黄帝有四妃，晋代的学者皇甫谧（215—282 年）在《帝王世纪》中指出，除元妃嫘祖外，黄帝还有方雷氏（女节）、彤鱼氏、方相氏（嫫母）三个次妃。那么，嫘祖的身份就是统率黄帝后宫的皇后。黄道婆的身份相比嫘祖确实低微很多。现在流传较广的传说认为，黄道婆是童养媳，受尽公婆的虐待，在忍无可忍的情况下出家为道姑，逃离了家乡，只身来到遥远的海南岛黎族居住区，学习黎族的棉纺织技术。到了晚年她思乡心切，乘海船回到家乡松江，改进棉纺织工具，并向乡人传授棉纺织技术。这种身份上的巨大差异，导致嫘祖和黄道婆的技术创造和发明的可信度差异性很大。

首先，两者活动年代到被正式列入国家祭典的时间相差很大。结合史料和最新的考古发现，嫘祖所处的时代为中国新石器时代晚期，大概是公元前2500年至公元前3000年，到嫘祖正式被后周封建统治者正式奉为“先蚕”，经历了3400—4000年之久。其间关于“先蚕”的崇拜还有“马头娘”和“蚕丛”的传说，可见，认为嫘祖具体发明创造了丝纺织技术是缺乏可信度的。相反，黄道婆去世后就获得上海松江老百姓的崇拜和私祭，到明成化年间就开始得到官方的祭祀，只用了不过200年的时间。最终，在清道光十年，黄道婆获得“先棉”称号，并列入国家祭典，大概用了约530年的时间。黄道婆去世后就享受崇拜和祭祀，从一个侧面反映她确实对上海松江地区的棉纺织业的发展做出了巨大贡献。

其次，中国古代向来就有将发明创造权归功于名人名士的习俗。《礼记·礼运》云：“昔者先王未有宫室……未有丝麻，衣其羽皮。后圣有作……治其麻丝，以为布帛，以养生送死，以事鬼神上帝，皆从其朔。”这段话并没有指明嫘祖发明了养蚕、制丝、织绸的技术。栽桑、养蚕、织绸技术不可能是由某个人发明创造出来，其必然要经历漫长的摸索阶段。一般认为，嫘祖所在的西陵氏部落与黄帝部落联姻，她嫁给黄帝后将西陵氏部落所掌握的养蚕丝织技术传授给黄帝部落。《路史》记载：“（黄帝）命西陵氏劝蚕稼。”由于嫘祖具有黄帝元妃的特殊身份，后人当然会将养蚕、制丝、织绸的全部发明都归功于嫘祖。因此，考证嫘祖具体发明了哪些纺织方面的技术毫无意义。

再次，考古发现早于嫘祖所处的时代就已经出现了丝织技术，这从实证的角度证明了嫘祖是由于自身的特殊地位而获得“先蚕”

的称号。1958 年，在浙江湖州钱山漾遗址出土了一片残绢，经浙江省纺织科学研究所测定为家蚕丝，残绢片长 2.4 cm，宽 1 cm，为平纹织品，织物密度为 120 根 / 寸。这片残绢是中国至今发现的年代最早的纺织品。1972 年，经中国科学院考古研究所实验室用碳素断代测定，其年代为距今 4715（±100）年。又如，1983 年考古工作者在河南荥阳青台村仰韶文化遗址第 142 号、164 号墓瓮棺中，也发现有用来裹尸的碳化丝织物，其年代为公元前 3600 年—公元前 3000 年。更早的证物是在山西夏县阴村仰韶文化遗址发现的半个经过人工割裂的茧壳，年代为公元前 4000 年—公元前 3600 年。很显然，有关嫘祖的神话和史料，只不过是人们的一种美好想象而已。丝织的所有发明，不可能都是嫘祖一个人的功劳，她只不过是一个时代的体现和象征。

最后，黄道婆对棉纺织技术贡献的可信度要远远高于嫘祖对丝纺织技术贡献的可信度，还有其他一些证据。证据一，黄道婆是一位平凡的劳动妇女，封建统治者绝不会为一名没有做出巨大贡献的地位如此卑贱的劳动妇女立祠祭祀。证据二，黄道婆“自崖州来”，教乡人棉纺织技术的时间和《王祯农书》的成书时间有一种逻辑上的先后关系，可以断定黄道婆对于“捍、弹、纺、织”之具确有改进。不管采用黎兴汤先生的黄道婆约卒于 1306 年前的观点，还是刘正刚先生的黄道婆大约卒于 1310 年的观点，可知黄道婆于元贞年间（1295—1297 年）返回松江。根据王祯自序，《王祯农书》是从 1295 年开始准备，直至 1313 年才写成。也就是说，《王祯农书》是在黄道婆返回松江 10 多年之后才完成的。因此，黄道婆创造和改进棉纺织工具的说法比较符合历史逻辑。证据三，从上海地区有关棉纺织的纪念馆（上海徐浦黄道婆纪念堂、上海七宝古镇棉纺织纪念馆）中可以看到黄道婆改进的棉纺织机械实物。虽然这些实物还需要进一步考证是否为黄道婆所创制，但其可信度要远高于无实物可考的嫘祖。

基于以上的考察和分析，笔者认为黄道婆在纺织方面的技术贡献的可信度要远远高于嫘祖。

（2）文化象征不同导致崇拜区域的差异

文化特指人类所创造的精神财富，如文学、艺术、教育、科学、技术等。象征是艺术创作的基本艺术手法之一，指借助于某一具体事物的外在特征，寄寓艺术家某种深邃的思想，或表达某种富有特殊意义的事理的艺术手法。那么，文化象征就是指通过某种具体的文化形式表现历史上的一种精神现象。嫘祖和黄道婆的文化象征有很大的差异，嫘祖是封建农耕社会的一种文化符号。自汉代以来，历朝历代的封建统治者通过对“先蚕”的大规模祭祀仪式和活动，以达到“以劝蚕事”的目的，推进养蚕栽桑事业的发展，进而促进农业的发展，带动经济的繁荣。因此，嫘祖具有“男耕女织”的文化象征意义，同时嫘祖作为黄帝元妃，又被赋予了中华民族女先祖的崇高形象。黄道婆的文化象征意义与嫘祖大不相同，黄道婆由于自身勤奋、聪颖，大公无私、造福乡里，从而得到上海松江地区老百姓的崇拜。经过数百年的民间崇拜和祭祀，于道光十年（1830年），朝廷授予黄道婆“先棉”的称号，正式将黄道婆的祭祀纳入国家祭典，从而最终完成从民间私祭到政府公祭的转化，并且将黄道婆的形象逐渐神化。嫘祖和黄道婆的文化象征意义不同导致她们的崇拜区域有着极大的差异，嫘祖的崇拜区域几乎遍及中国境内，目前已有多个省市争夺嫘祖故里的称号，关于嫘祖故里的历史地望，至少有13种说法之多。例如：湖北黄冈说、浠水说、宜昌说，四川盐亭说、叠溪说，河南开封说、荥阳说、西平说，陕西白水说，山西夏县说，江苏吴江说，山东费县说和浙江杭州说等。

另外，嫘祖崇拜也影响到韩国，据韩国《东亚日报》1993年5月12日报道，韩国恢复停了85年的先蚕节。所谓先蚕节就是李氏朝鲜时期由历代王妃把中国古代西陵氏的神牌供在先蚕坛上，祈愿养蚕业发达的活动。由此可见，嫘祖崇拜在古代中国甚至古代朝鲜是相当普遍的。相比之下，黄道婆的崇拜区域却要小得多。此外，还有一些地方曾经出现过祭祀黄道婆的场所，如上海虹口的黄婆庵、漕河泾的梵寿庵、浦东三林的崇福道院，另外奉贤萧塘刘港镇曾建有黄姑庵，嘉定城内曾建有黄道婆祠。由此，可知中国古代黄道婆的崇拜区域不会超出长三角地区。笔者认为，正是由于嫘祖和黄道婆的文化象征不同，导致她们成为纺织偶像的路径也不同，从而最终导致了崇拜和祭祀她们的区域差别很大。

Part 14

纺织非遗篇

中国纺织类非遗很多存在起源的争论，一方面由于辉格史观解释所致，另一方面皆因名考和工艺考杂谈之。这里面既有人为拔高因素，也有方法使用不正确的因素。本篇特举缂丝、杭罗、南通蓝印花布、宋锦、云锦、阳新布贴、新疆维吾尔族艾德莱斯窥之，以求正确认识之道。

1 缂丝起源的疑问

关于缂丝的产生时间，学界有两种观点：一种观点认为，缂丝所用的“通经断纬”技艺产生于汉魏之间；另一种观点认为，至晚在唐代，缂丝就已经出现。缂丝技艺有人认为来源于缂毛，也有人认为来源于织成。其实这两种观点之争就是工艺起源之争。关于缂丝工艺起源的研究，笔者认为只有在厘清缂丝与织成、缂毛的关系基础上，才能更好地理解缂丝工艺是多种织造工艺融合的结晶，而非源于某种织造工艺。

（1）缂丝与织成

织成工艺曾一度被有的学者认为是缂丝工艺的来源，通过对两者的概念、织法、厚度，以及织机的对比分析，并结合两者出现时间的考察，笔者认为，缂丝并不直接源于织成，反而是缂丝促进了织成织物范畴的扩大，丰富了织成织物的种类。

缂丝与织成有区别。缂丝与织成虽然都是提花丝织物，但是两者之间有一定的差异。

首先，从两者的概念来看，缂丝是以丝线为原料，运用通经断纬的挖织法织出各种花纹的平纹织物；织成则是传统丝织图案的一种设计手段，即按照实用物的具体形式和尺寸规格，进行纹样设计和整个图案布局安排。织料织好后，有着妥帖而完美的整体效果，只要按式样剪裁、缝制、加工，即成为一件完美的实用物或装饰品。因此，从概念上看，缂丝强调的是一种织物类型，织成则强调的是一种成品织造形式和设计手段。

其次，从两者的织法来看，缂丝的织法是以本色丝做经线，先将需要缂织的纹样描在经线上，再以各色彩丝做纬线，用小梭根据花纹图案分块缂织，同一种色彩的纬线不必贯穿全幅，只需要根据纹样的轮廓或画面色彩的变化，不断换梭，采用局部回纬织制；而织成的织法是以平纹或斜纹作地组织，按花型或衣片的轮廓线，根据配色设计，用彩色丝线以平纹或斜纹挖花的方式织入。唐代以后，地组织也有用缎纹的。由此可知，缂丝织物只有平纹组织，而织成织物不仅有平纹组织，还有斜纹，甚至缎纹组织。通过对缂丝与织成两者织法的比较，不难看出，缂丝织物是全幅运用通经断纬显花技术织造花纹的一种织物；而织成则是在纬锦织造技术的基础上，局部运用挖花技术显花的一种丝织物。

再次，从两者织物的厚度来看，缂丝织物由于整幅采用通经断纬的织法，织物正反两面相同，属于单层织物；而织成花型部分采用通经断纬的织法，地纹部分则是通梭织法，织物正反两面不同，属于多层织物，因此，织成织物一般要比缂丝织物厚。

最后，从两者所用的织机来看，缂丝采用的织机是缂织机，即最简单的平纹织机，属于单动式双综双蹑平纹织机；而织成采用的织机远比缂织机复杂，至少需要多综多蹑织机，甚至采用大花楼织机。由此可知，缂丝有专门的织机，织成则没有专门的织机，可在多综多蹑织机或束综提花织机（小花楼织机和大花楼织机）上织造。笔者认为，从缂丝与织成两者织机的比较，似乎也证明缂丝属于纬线显花的一个新的分支，织成则只是对织锦的进一步发展。

缂丝与织成是有关系的。缂丝与织成出现的先后顺序，两者之间是否存在着继承关系是讨论缂丝是否起源于织成的关键性的问题。日本学者大村西涯（1867—1927 年）认为缂丝就是隋唐时期的织成锦，民国时期的李杏南也赞同这一观点，但他将织成出现的时间提前到西汉时期（前 202—8 年）。当代，陈永昊等认为，从中国丝织工艺的发展历史来看，以织锦的生产为最早，由织锦发展为织成，再由织成发展为缂丝。从历史文献的角度看，织成的出现时间远远早于缂丝。如《晋令》中指出：“织成衣，为禁物。”南齐延兴元年（494 年）又“申明织成、金薄、彩花、锦绣履之禁”。这些文献资料都充分说明织成早于晋代就已经出现，而缂丝的最早文献记录则出现在宋代洪皓的《松漠纪闻》和庄绰的《鸡肋编》两书中。此外，从纺织品考古角度来看，织成的出现时间也远远早于缂丝。目前保存最完好的织成实物是出土于新疆阿斯塔那 39 号墓的东晋织成履，而最早的缂丝织物则是 1973 年在阿斯塔那唐代张雄夫妇合葬墓出土的几何纹缂丝带。通过以上对缂丝与织成出现的时间分析，说明至少在时间上，缂丝源于织成具有一定的逻辑性。然而，要证明缂丝源于织成还需要考察缂丝的织造工艺与织成的织造工艺是否存在着继承关系。

笔者认为，缂丝与部分织成虽然都采用通经断纬的织造技法，但它们之间并不存在着直接的继承关系。首先，缂丝与织成的起源地不同，而且相距千里。织成的起源地在中原地区，缂丝则最早出现于西域地区。众所周知，中国古代丝织技术最发达的地区主要是汉人聚居区，宋代之前，中原地区则是汉人丝织技术最发达的地区。缂丝作为一种丝织物，最先出现于西域地区而非中原地区，说明缂丝与织成之间的直接继承关系存在着一些疑问。其次，从缂丝与织成的概念、织法、厚度及织机进行比较，两者相距甚远。缂丝作为全幅通经断纬的丝织物自成体系，属于丝织物中的一个品种；而织成则可以泛指锦、缎、斜纹、罗等纺织品种，因此，织成并不是一种纺织品种，而是按照服用或装饰用的成品形制规格设计加工织造纺织品的设计方法。通经断纬也只是织成常用的一种局部织造花型的技法。再次，织成反而在发展过程中融合了缂丝的技法。据陈娟娟对故宫所藏的各种用途织成料的统计，其数目成千上万，其中虽然有不少是运用缂丝技法织造的织成料，但更多的却是运用其他织造技法织造的织成料。织成织物的品种包括缂丝织成，而缂丝则不能概括其他品种的“织成”。因此，不难看出织成在发展过程中融合了缂丝。

综上所述，缂丝与织成并没有直接的继承关系。但在丝织物发展的历史上，织成出现的时间远远早于缂丝出现的时间。同时，在南宋之后，随着缂丝在汉人聚居区的流行，缂丝工艺也逐渐被运用到织成织物中，从而使人们产生缂丝源于织成的假象。

（2）缂丝与缂毛

缂丝在工艺和技法方面源于西域缂毛，但在原料制备上又源于中原的丝纺工艺，因此，缂丝工艺与缂毛工艺既有区别，又有着密切的联系。

缂丝与缂毛有区别。缂丝与缂毛在所用的原料、织机及出现的时间上有着本质的区别。首先，两者所用的原料有所差异。顾名思义，缂毛所用的纱线主要是毛纱，而缂丝的原料则主要是桑蚕丝。纤维材料的不同，必然会带来织物风格的差异。桑蚕丝远比羊毛细，而且其光滑度也是所有天然纤维中最好的。因此，与缂毛相比较，缂丝具有精致、细腻的艺术风格，而缂毛则具有厚重、粗犷的艺术风格。其次，两者所用的缂织机械有所不同。虽然缂丝织机的结构和操作都非常简单，但相对于缂毛织机要合理和科学得多。图 14-1 为挪威至今还在使用的缂毛织机，很明显为竖织机，结构简单。相比中国的缂丝织机，缺少脚踏和辅助打纬的专用机构。不难看出，缂丝织机要比缂毛织机在功能上完善很多。此外，两者出现的时间有很大的差异。缂毛织物早在公元前 1000 年就已经被西亚的叙利亚人

图 14-1 挪威至今仍在使用的缂毛织机

创造出来，并且至晚在汉代（前 202—220 年）就已经传到中国的西域。而最早的缂丝织物则出现在唐代（618—907 年），两者在出现时间上至少相差 1600 多年。综上所述，在使用原料、织造机械和出现时间上的差异，造成了缂毛与缂丝在艺术风格上的巨大差异。

缂丝与缂毛有联系。毫无疑问，缂丝与缂毛在工艺上存在着继承、发展及融合的关系。首先，缂丝在工艺和技法上最初源于缂毛。缂丝与缂毛均是采用通经断纬的织造手法，因此，缂丝与缂毛作品形成了直经曲纬的组织结构、正反两面相同的特征。其次，在技法上，缂丝继承和发展了缂毛的技法，如缂丝中的勾、平缂等基本技法就是继承缂毛的技法；而戗色的技法，如长短戗、木梳戗、凤尾戗、参和戗、包心戗都是缂丝对缂毛技法的发展。最后，缂丝与缂毛还存在着融合的关系。缂丝在发展过程中，为了使织物纹样具有立体感，甚至在局部使用缂丝毛。如故宫博物院收藏的清代缂毛鸡雏待饲图（图 14-2）中的两只鸡雏以丝毛合捻的线为纬，从而使鸡雏的羽毛具有蓬松感和立体感。由此可见，这两种工艺，在发展过程中也会相互融合，创造出独特的表现效果。

图 14-2 清代缂毛鸡雏待饲图

2 缂丝传播过程问疑

纺织史学界普遍认为，缂丝源于西域，经由回鹘人传播到中原地区，最终在中原地区得到飞速发展。然而，对于缂丝传播过程，笔者心存两个疑问：缂丝工艺是哪个民族的创造？缂丝的重要传播中心定州在何处？

（1）缂丝工艺是西域汉族织匠融合丝纺与缂毛工艺的结晶

笔者认为，缂丝工艺极有可能是由西域的汉族织匠创造出来的。根据出土实物和文献推测，西域高昌地区在唐初就已经开始生产缂丝。1973 年在新疆阿斯塔那张雄夫妇合葬墓出土了几何纹缂丝带，系于女舞俑的腰部。这件缂丝带为公元 688 年前的遗物，这是目前发现最早的、最可靠的缂丝织物。据《唐书》记载，当时高昌国的统治者是麴氏家族，高昌国王们都具有汉族血统，系金城（古之凉州府）附近迁来。其实，高昌王国自始至终都与汉人有着密切的联系，阚氏高昌（460—488 年）、张氏高昌（488—496 年）、马氏高昌（496—501 年）、麴氏高昌（501—640 年）国王都具有汉人血统。

事实上，自汉代开始，汉人就在西域建壁筑垒，高昌就是在这种西域屯田的背景下产生的。据《北史·西域传》记载：“高昌者，车师前王之故地，汉之前王部地也。……昔汉武帝遣兵西讨，师旅顿弊，其中尤困者因住焉。地势高敞，人庶昌盛，因名高昌。亦云其地汉时高昌垒。……彼之甿庶，是汉魏遗黎，自晋氏不纲，因难播越，成家立国，世积已久。”其实，高昌这一名称来源于敦煌的高昌里，因为整个西域屯田的士卒多是来自敦煌，他们往往是按籍贯编排在一起，而在高昌各地的士卒可能多是高昌里籍，为了表示对故乡的思念，这些士卒称自己屯田的地方为高昌壁。自汉时就有许多中原人往高昌迁移，他们带来中原的文化和技术。当然，衣在“衣食住行”中居首位，因此汉人也会将一整套纺丝、织造、制衣的工艺带到西域，以满足自身物质和精神方面的需要。

通过对高昌国王与臣民的考察可知，高昌国其实是由中原汉族迁徙到西域建立的地方性政权。汉族移民必然会将丝纺织技术带到高昌，因此，西域最初的缂丝工艺极有可能是由汉族织匠在吸收西域缂毛工艺的基础上创造出来的。

（2）缂丝工艺传播中心定州为河北定州

关于“定州”在何处？纺织史学界争议颇大，孙佩兰在《对缂丝起源研究中几个问题的看法》一文中指出，古代定州名共有五处地方，分别在现今河北定州、甘肃武威、四川珙县、甘肃平罗、朝鲜平壤。目前，河北定州和甘肃武威争议最大，然而，笔者比较倾向于宋代缂丝传播中心为河北定州的观点。

第一，洪皓指出燕京生产缂丝，河北定州距燕京只有185公里。因此，在空间上，只要有传播者存在，缂丝从燕京传到河北定州并非难事。

第二，河北定州自唐代就已生产精美的丝绸，并以上贡“两窠绫”闻名天下。毫无疑问，河北定州具有非常好的丝纺织技术基础，缂丝工艺在此能得到极快的发展。

第三，河北定州在安史之乱之后亦有回鹘人定居于此的说法。唐代大将郭子仪（697—781年）曾向大食、回鹘借兵平定安史之乱，据说战后有部分大食、回鹘士兵在河北定州定居。虽然史料上并没有确切的记载，但伊斯兰教传入河北定州的时间最晚都早于元代。因此，宋代定居于此的回鹘人存在传播缂丝技艺的可能。

第四，河北定州在宋代就以定窑瓷器为世人所知，其名声在宋代已相当响亮。因此，虽然庄绰在《鸡肋编》中没有特别指明，“定州”应该指河北定州。

基于对缂丝工艺传播过程的分析，笔者认为，缂丝工艺的创造民族为汉族，并且是为躲避战乱而迁徙到西域的汉族；而在宋代缂丝传播的中心为河北定州，而非同名的其他地方。

3 缂丝称谓问疑

缂丝的“缂”字在中国古代有四种写法，宋代洪皓《松漠纪闻》记作“剋丝”，庄绰《鸡肋篇》记作“刻丝”，明代张习志为朱克柔《缂丝牡丹》作题跋记作“克丝”，明代谷应泰在《博物要览》中记作“刻丝”。明代汪汲在《事物原会》中指出：“克、剋、刻三字皆读此音。缂丝之缂当作缂是也。”由此可知，缂丝的写法在古代经历了剋丝、刻丝（宋代）→克丝、缂丝（明代）→缂丝（现代）三个时期。

近代学者胡韫玉认为对丝织工艺当谓“缂”，而对金木工艺则称“刻”，字各有所当，故“刻”“克”皆为假借。笔者认为，首先，

“剋”作以纬剋经之说。中国古代非常注重等级和次序，历来就有经天纬地之说。成书于春秋时期（前770—前476年）的《左传》《国语》中记载：“经纬天地曰文。”“天六地五，数之常也。经之以天，纬之以地。”说明早在春秋时期，就有以经线为尊、纬线为贱的经线显花的思想。而“剋”在《尔雅》和《集韵》中有“胜”或“杀”的意思，因此，以下胜上，通经断纬、纬线显花技术原本就有违反常规，缂丝最初作为“剋丝”就不足为奇了。其次，缂丝作“刻丝”源于《鸡肋篇》中“承空视之如雕镂之象，故名‘刻丝’”。由此可知，这种“刻丝”的称谓是从织物的外观特征考虑而得名。再次，“克丝”两字可能源于假借，毕竟“剋”极为不吉，有“杀之”的意味，假借“克”情有可原。此外，商人喜用简化字，同时也忌讳不吉之字，约定俗成，以“克”字代替“剋”。最后，“缂”字最符合“缂丝”工艺的特征，《玉篇》“缂，紩也，织纬也”，可见缂字最为科学、合理。清代著录宫廷书画的《石渠宝笈》和《秘殿珠林》中均记作“缂丝”。通过对缂丝用字的分析，不难看出缂丝名称的变化反映了其发展的规律。最初，文人以缂丝的某方面的特征为其命名，如“剋丝”“刻丝”。随着缂丝的发展，逐渐为人们所认识，商品化程度越来越高，商人们创造出缂丝的俗名“克丝”。最后，当其发展到顶峰，其称谓趋向于专业化的“缂丝”。

综上所述，通过对缂丝的工艺起源、传播过程、用字三个方面的问疑，笔者总结出缂丝起源和传播的路径图，如图14-3所示。首先，缂丝在原料准备阶段的工艺来源于中原地区的丝纺工艺，在缂织技法上则源于西域少数民族的缂毛工艺，而且在这一阶段起主要作用的极可能是定居于西域的汉族织匠。其次，在缂丝传播过程中，唐代迁居西域的回鹘人又起到了极其重要的作用。他们通过迁徙，又将缂丝工艺传播至中原地区。到了宋代，随着北宋的灭亡，中原地区的缂丝工艺又随着汉族移民传播至江南地区，最终在苏州得到了传承与发展。再次，关于宋代缂丝传播中心——“定州”，虽然当时有五处地方被称为定州，但运用反辉格史观的历史分析，宋代所指的“定州”必定为河北定州，而非其他被称为定州的地方。最后，缂丝用字从“剋丝”“刻丝”到“克丝”，然后再到“缂丝”的演变，反映了人们认识外来织造工艺从最初的某方面的表征向专业化转变的发展规律。

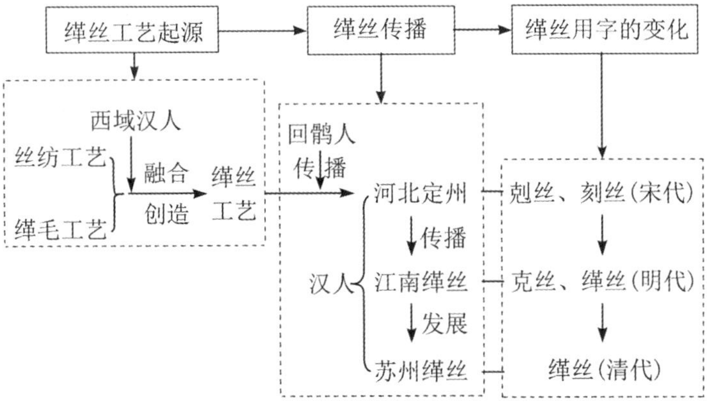

图 14-3 缂丝起源与传播路径

4 杭罗的品种和特征

从现代织物组织学上看，罗是指凡织入数根奇数纬纱（如 3 根、5 根、7 根或者更多根）后扭绞一次的织物。实质上，古代的罗织物中有通体相交绞罗（链式罗）和不通体相绞罗两类。很显然，当代的罗织物特指不通体相绞罗。因此，现代织物组织学对罗的定义似乎不太适用古代的罗织物。笔者认为罗是质地轻薄，丝缕纤细，全部或部分应用罗组织，并且经丝互相绞缠后呈椒孔的丝织物。这样的定义不仅能包括通体相绞的罗织物，也包括不通体相绞的罗织物。杭罗，顾名思义为杭州所特产，属于不通体相绞的罗，其组织结构的主要特征为横向或纵向绞经间隔很大，并且绞经间隔区是以平纹织出地纹的丝织物。杭罗是罗织物中最重要的一支，同时也是当今还能生产的一种传统罗织物。杭罗的用途广泛，它不仅主要作为夏服的面料，而且还可作为帐幕、窗屉、灯彩的材料。杭罗的独特面料特征使它成为古代夏日最合适的服装材料，给炎炎夏日带来一丝清凉。目前，仅存杭州福兴丝绸厂能用传统织造工艺生产杭罗织物。为了能更好地保护和传承杭罗，2008 年，杭罗织造技艺被列入第二批国家级非物质文化遗产名录，2009 年它又作为中国蚕桑丝织技艺中的重要组成部分被列入世界非物质文化遗产名录。

（1）杭罗的品种

罗织物在中国很早就已经出现，自商代到唐代，中国罗织物的组织类型主要为链式罗及其变形。链式罗主要可分为二经绞链式罗（图 14-4）和四经绞链式罗（图 14-5，此处为素罗）。由四经绞链式花罗结构图（图 14-6）可知，四经绞链式花罗是在四经绞链式素罗的基础上，采用无固定绞组的二经绞显花纹。到了宋代，罗织物的结构越来越多样化，根据这一时期的出土文物可知，当时链式罗还在流行，但也出现了其他新的品种，如单丝罗（图 14-7）、杂花罗（图 14-8）、平纹花罗（图 14-9）、斜纹花罗（图

14-10）、隐纹花罗（图 14-11）等。据《梦粱录》和《咸淳临安志》记载，杭州生产的罗有素、花、缬、熟、线柱、暗花、金蝉、博生等。可见，宋代杭州的织罗技术已经达到相当高的水平，能生产出不同种类的罗织物。

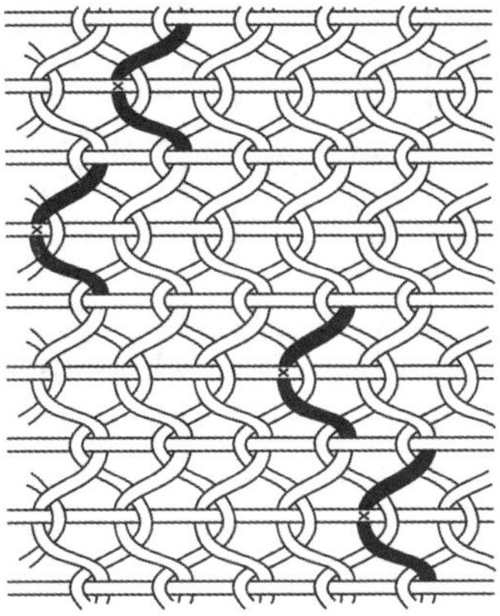

图 14-4　二经绞链式罗结构图

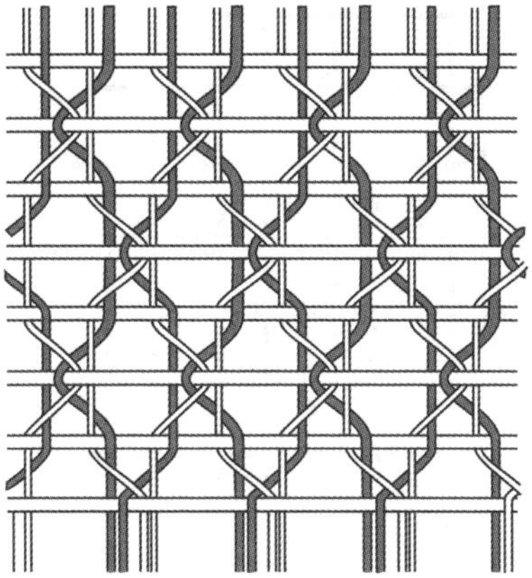

图 14-5　四经绞链式罗结构图（素罗）

图 14-6　四经绞链式罗结构图（花罗）

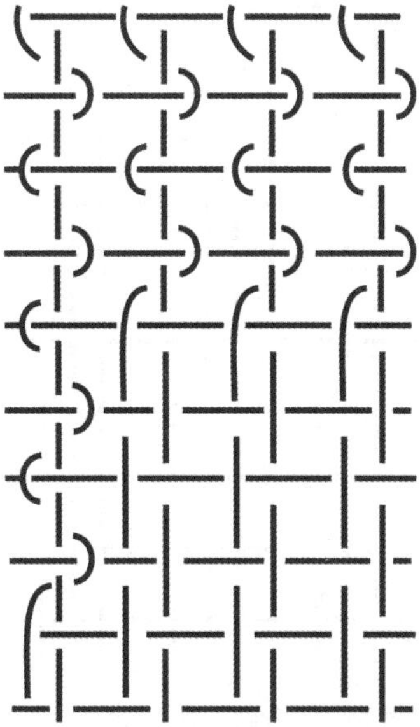

图 14-7　单丝罗结构图

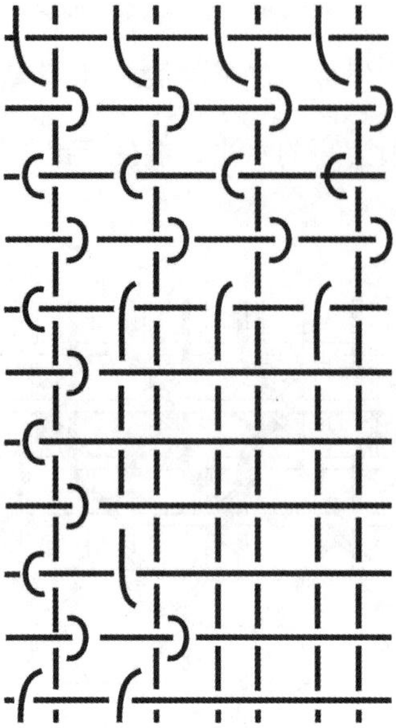

图 14-8 杂花罗结构图

图 14-9 平纹花罗结构图

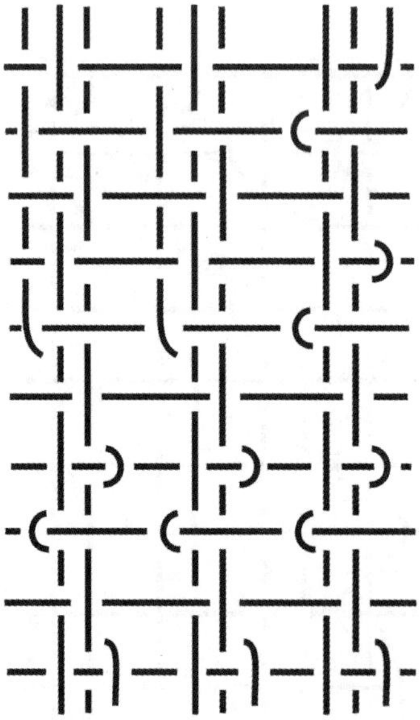

图 14-10 斜纹花罗结构图

图 14-11 隐纹花罗结构图

从织物组织结构上看，杭罗属于宋代之后杭州生产的一种二经相绞的横罗。因此，笔者认为，可以明代为分界线，明代之前的罗主要以链式罗为主体，而明代以后则是横罗为主体。横罗横向空路间隔比较大。从明代的《天工开物·乃服篇·分名》中对罗织物的描述可知，当时的罗织物指的是横罗，说明了现代意义上的杭罗已经产生。按照织物组织结构，杭罗可分为横罗（图 14-12）、直罗（图 14-13）、花罗（图 14-14）三个品种，但以横罗居多。赵丰先生认为："清代的横罗大多可称为杭罗，是杭州的一种地方性特产，其绞纱横路之间的平纹一般可达十多纬甚至几十纬。"直罗则是在

图 14-12 横罗局部

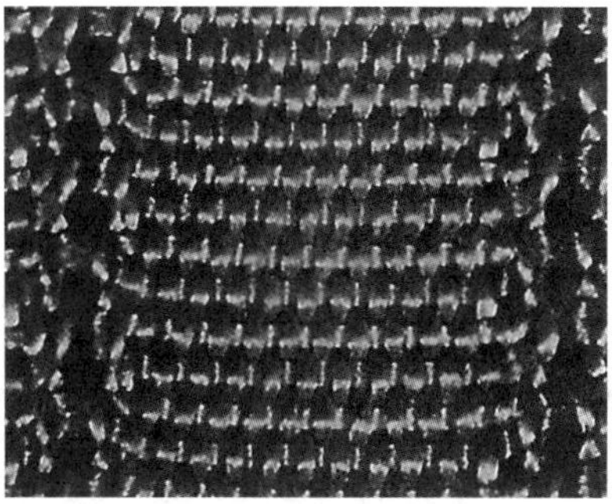

图 14-13 直罗局部

图 14-14 花罗局部

经向上形成空路的罗织物，也就是有些经线一直相绞，这样形成经向空路。据说直罗仅在民国十六年至二十六年间有过生产，影响并不是很大。事实上，杭州都锦生丝织厂一直都生产“直罗”这一品种。杭罗出现前的“花罗”是指采用传统的链式罗作为地组织，花部或为无固定绞组的二经绞，或是作全越纬插合。而杭罗中的花罗是在横罗的基础上，在大面积的平纹地上进行斜纹提花的一种罗织物。

（2）杭罗的特征和用途

杭罗的用料和组织结构决定了其特征，它采用桑蚕丝作为经纬线用料，因此，除具备一般丝绸织物的普遍特性外，还具有独有的特征。素罗（横罗、直罗）采用绞经组织和平纹组织相结合的组织结构；花罗则采用绞经组织和其他组织相结合的组织结构。这种绞经组织的结构使织物具有以下特征：

① 结构稳定。杭罗的织物组织结构为奇数纬的平纹组织与经向或纬向排列的罗组织的结合。如果是花罗，则是在平纹组织上起花。众所周知，由于平纹组织结构经纬交织最频繁，屈曲最多，能使织物具有布面挺括、结构牢固的特点。又因为奇数纬的平纹组织能在两端形成完整的绞转，绞经不会产生滑移现象，因此，奇数纬的平纹组织与罗组织的融合，使得杭罗具有结构稳定的优点。

② 轻薄舒适。杭罗属于单层织物，相比丝绸中的锦、缎、绒等多重结构的织物要显得轻薄。同时，杭罗采用蚕丝作为原料，而蚕丝具有较高的强伸度，纤维纤细而柔软、平滑而富有弹性，吸湿性好。因此，杭罗作为衣料织物，既轻薄又舒适。

③ 透气性好。由于绞、地经相互扭绞并与纬纱交织，杭罗织

物中相邻绞组的经线间的空隙增大，而且由于经线的扭绞，纬线亦被隔开，空隙增大。所以，杭罗织物上的空隙相对非纱罗类的织物要大得多，其透气性能非常好。

杭罗布料的三大特征决定了其特殊的用途。杭罗一般用作夏服和帐幕。据《杭州府志》记载，明代杭州的染织局有房屋一百二十余间，分为织、罗两个工场。可见当时杭罗在皇室、官员、贵族生活中的用量很大。又如，《红楼梦》第四十回中提到一种叫作“软烟罗”的罗织物，不仅可以做帐子，而且还用于糊窗屉。此外，早在宋代就有用轻薄、通透的罗做灯彩材料的记载，周密的《武林旧事》卷二“灯品”中就记载了当时一种名为“万眼罗”的罗帛灯。由此可知，古代杭罗的用途比较广泛。

5　南通蓝印花布的起源

南通蓝印花布是古代中国民间印染艺术的一朵奇葩，它集实用性和艺术性于一身，以其朴实、纯真、色调和谐的蓝白之美闻名于世，深受民众的喜爱。2006 年，南通蓝印花布印染技艺成功入选第一批国家级非物质文化遗产名录（共计 518 项）。入选第一批国家级非物质文化遗产名录，一方面说明南通蓝印花布印染技艺具有其独特性和代表性,另一方面也说明了这项技艺急需传承和发展。

中国纺织史学界一般认为南通蓝印花布起源于宋代嘉定和安亭镇（现均属上海地区）的“药斑布”，并为归姓者创之。然而，笔者通过深入研究，认为南通蓝印花布的产生有其历史的必然性和偶然性。作为南通蓝印花布前身的“药斑布”的产生本身就是中国染缬技艺发展到一定程度的产物。如果没有中国传统的防染技艺，特别是夹缬、蜡缬的高度发展，“药斑布”是不可能产生的。同时，在宋代，政府禁止民间夹缬，无疑引致了“药斑布”的诞生和流行，这算是一种历史的偶然性。与此类似，南通蓝印花布的产生、发展与其优越的地理环境、当时稳定的社会秩序以及明末清初广东布商将蓼蓝的种植传播至南通也有着必然的联系。

（1）南通蓝印花布染料的起源

南通蓝印花布印染技艺产生的前提是蓝色染料植物的种植。中国人早在三千多年前就掌握了用植物原料进行染色的技术。《周礼·地官》中记载染人“掌以春秋敛染草之物，以权量受之，以待时而颁之”，说明周代已有专门掌管染料采集和染制织物的染人。关于染料的颜色，根据最迟成书于春秋时期的《夏小正》记载“五月，启灌蓼蓝”，可见当时的人们已经开始种植蓝印花布所用的植物染料——蓼蓝。春秋时期之前用蓼蓝进行染色只能在蓼蓝收获的季节，将蓼蓝切碎浸泡出染液之后，尽快将此染液用于染色，否则染液就会发生沉淀不能再用于染色。因此，蓼蓝收获的季节就是织物染色的时候，染匠们非常繁忙，《诗经·小雅》中就出现了“终朝采蓝，不盈一襜”的感叹。春秋至战国时期，经过染匠的长期摸索，终于发现了将蓼蓝制作成蓝靛，并将蓝靛还原成蓝染液的工艺，这样在各个季节都能进行染蓝。正如，荀子（约前313—前238年）《劝学篇》中有“青，取之于蓝，而青于蓝”，“青”指的是蓝靛，“蓝”指的是“蓼蓝”，证明了春秋至战国时期的染匠已经掌握了蓝靛的制作工艺。中国最早具体记载从蓼蓝染液中制取蓝靛的方法见北魏贾思勰著的《齐民要术·种蓝》："七月中作坑，令受百许束，作麦秆泥泥之，令深五寸，以苫蔽四壁。刈蓝倒竖于坑中，下水，以木石镇压令没。热时一宿，冷时再宿，漉去荄，内汁于瓮中，率十石瓮，著石灰一斗五升，急抨之，一食顷止。澄清泻去水，别作小坑，贮蓝淀著坑中。候如强粥，还出瓮中盛之，蓝淀成矣。"北魏时期，蓝靛制取技术已经相当成熟。南通很早就有种蓝制靛的传统，明代嘉靖年间（1522—1566 年），南通还有向朝廷进贡蓝靛的记载，只不过那时的制靛的原料为菘蓝，品质不如蓼蓝好。

南通种植蓼蓝开始于明末清初之时，广州布商传来了蓼蓝种子，南通的染坊和蓝靛制作工艺才慢慢发展起来。据明代《南通县志》记载，当时在染织局登记在册的手工染坊就有十九家之多。《光绪通州志》载："种蓝成畦，五月刈曰头蓝，七月刈曰二蓝，甓一池水，汲水浸入石灰，搅千下，戽去水，即成靛。用以染布，曰小缸青。"正是蓼蓝在南通的广泛种植、蓝靛制作技术的改进以及大量染坊的出现为南通蓝印花布印染技艺的发展提供了良好的土壤。

（2）南通蓝印花布印染技艺的起源

南通蓝印花布印染技艺有直接和间接两方面三个源头：

① 南通蓝印花布的印染技艺直接源于宋代嘉定和安亭镇的"药斑布"。

据《古今图书集成·职方典》记载："药斑布出嘉定及安亭镇。宋嘉定中（1208—1224 年）有归姓者创为之。以布抹灰药而染色、候干、去灰药，则青白相间。有人物、花鸟，诗词各色，作被面、帐帘之用。”嘉定、安亭均属于现在的上海地区，与南通隔江相望。可以断定，南通蓝印花布印染工艺是由古代上海移民传入南通的。

② 南通蓝印花布印染技艺间接源于蜡缬技艺。

从南通蓝印花布的防染原理上看更像是吸收了蜡缬的风格，特别是岭南瑶族的夹缬灌蜡法。宋人周去非（1134—1189 年）描述瑶人镂板蜡染蓝印花布的《岭外代答》成书于淳熙五年（1178 年），而南通蓝印花布的前身药斑布产生于宋嘉定中，两者相距至少三十年以上。同时瑶人所使用的镂板蜡缬蓝印花布也必定是周去非见到之前就已存在。因此，笔者断定，极有可能是药斑布吸收改进了瑶人的镂板蜡缬的防染原理。

③ 南通蓝印花布的花版制作间接吸收了夹缬花版的制作技艺。

南通蓝印花布和夹缬的花版都是使用镂刻的手法制作，不同之处是南通蓝印花布使用花版镂空的地方显花纹，而夹缬则使用镂空的地方显底色。同时，南通蓝印花布使用纸花版，而夹缬则使用木花版。夹缬在唐代民间染坊中非常盛行，宋代禁止民间夹缬后才出现药斑布，工艺上总是具有一定的继承性。夹缬中使用的雕花版工艺必定会影响到药斑布的花版制作。因此，药斑布在防染工艺上继承了蜡缬防染工艺，在花版制作上则继承了夹缬花版雕刻工艺，而南通蓝印花布则是在药斑布的基础上发展起来的。

（3）南通蓝印花布印染技艺产生的原因

南通蓝印花布印染技艺的关键是纸版刮浆技术，这种防染技术的产生具有一定的历史原因：

① 宋代多次禁止民间使用夹缬印染。《宋史·舆服志》载政

和二年（1112年）诏令："后苑造缬帛，盖自元丰初置为行军之号，又为卫士之衣，以辨奸诈，遂禁止民间打造。令开封府申严其禁，客旅不许兴贩缬版。"由这则诏令可知，宋王朝曾经多次禁止民间打造夹缬花版，甚至贩卖夹缬花版也要治罪。在政府的禁令下，民间夹缬工艺必定遭受很大的打击，逐渐衰落以至失传。

② 药斑布的出现推动了中国民间蓝印花布印染业的发展。药斑布的印染方法有两大特点：一是用镂花纸版代替了夹缬花版，雕刻镂花纸版要比镂花木版容易得多，从而使得花版制作工艺更简单；二是采用刮浆纺染的方法，印染的成功率比夹缬印染高得多。据温州夹缬印染术传承人薛勋郎描述，他在学习夹缬印染术的过程中一共染坏了五百多条棉布，损失了将近三十多万元人民币，由此可见夹缬纺染工艺要求之高。然而，南通蓝印花布所采用的纸版刮浆纺染工艺就简单得多，只需要配好浆料，刮在镂花版的空隙处就能形成纺染的图案，不需要像夹缬那样考虑夹版夹紧时的力度，这样纸版刮浆纺染就比夹缬纺染高效得多。

③ 中国古代服饰制度对色彩的限制使蓝色成为平民阶层的象征。中国古代服饰的颜色和身份等级有着密切的关系，各个封建朝代对服饰颜色的崇尚各不相同。夏尚黑，商尚白，周尚赤，秦尚黑，汉尚赤，唐服尚黄。然而，各个封建朝代对颜色的审美大致遵循"贵正色、贱间色"的规律。在中国古代，所谓"正色"指的是青、赤、黄、白、黑五种，而"间色"指的是绿、红、碧、紫、骍黄五种。因此，在古代被称为"碧"的蓝色就是一种贱色，百姓将蓝色作为服用之色，绝不会出现僭越服制的事，这正是蓝印花布在民间一直长盛不衰的社会原因。

6　宋锦工艺的起源

宋锦工艺的起源，目前纺织史学界大致有以下两种说法。

说法一：宋锦是产生于北宋时期且继承和发展了蜀锦织造工艺的一种织锦。

按传统的说法，宋锦特指北宋初年发展起来，产于两京（东京，今河南开封市；西京，今河南洛阳市）、真定府（今河北正定县）、青州（今山东青州市）的锦。钱小萍先生根据《宋史》《宋会要辑稿》《蜀锦谱》《佩楚轩客谈》中记载，将产于两京、真定、青州一带的宋锦与黄能馥、陈娟娟两位先生汇总的蜀锦名及花样中的蜀锦进行了比较，得出北宋时期两京、真定、青州所产的“宋锦”花样与蜀锦花样基本相同。因此，从织物纹样的角度看，宋锦织造工艺与蜀锦织造工艺有着密切的联系。

说法二：宋锦是产生于南宋时期的一种特殊的新型织锦。

北宋末年，宋高宗仓促南渡，丢失大量的装备和装饰物品，急需大量丝织物，用来制作服装和书画装裱。因此，在苏州成立作院生产织锦。在这批织锦中，出现了质地精美、技艺独特的宋锦，除用于袍服衣着外，还大量用于书画卷轴类的装裱，这些美丽的织锦与书画一起被保存和流传下来，形成了一大名锦——苏州宋锦。因此，宋锦是产生于南宋时期的一种特殊的新型织锦。

笔者认为，第一种说法是广义上对宋锦的理解，即宋代封建统治阶级为了适应和满足朝廷对绢帛和各式织锦的特殊要求，在都城及其各地建立起大量官营纺织作坊，生产大量纺织类的奢侈品。宋代的少府监专管皇帝日常用品的生产，有五大院，“文思院，掌造金银、犀玉工巧之物，金采，绘素装钿之饰，以供舆辇、册宝、法物凡器服之用。绫锦院，掌织纴锦绣，以供乘舆凡服饰之用。染院，掌染丝枲币帛。裁造院，掌裁制服饰。文绣院，掌纂绣，以供乘舆服饰御及宾客祭祀之用。”少监府中的绫锦院、染院、裁造院、文绣院四大院都是直接与纺织服装有关的。据《宋会要辑稿》绫锦院条中载，织匠由“内侍三人监领兵军千三十四人”，西内染院条中“领匠六百十三人”，文绣院条中“置绣院一所，招刺绣工三百人”，裁造院条中“以三班一人监门领匠二百六十七人”。可见，北宋时期少府监中的纺织作坊的规模很大。除此之外，各地也有大量的官营织造机构。据《宋史》卷一七五《食货上》载：“在京有绫锦院，西京、真定、青、益、梓州场院主织锦绮、鹿胎、透背，江宁府、润州有织罗务，梓州有绫绮场，亳州市绉纱，大名府织绉縠。”由此可知，仅依靠京师的中央织造机构的生产能力远远不能满足统治者的需要。从其织造工艺上看，北宋绫锦院中最初的工匠都是来自四川。宋乾德四年（966 年），以平蜀所得锦工二百人置内绫院，因此，北宋时期宋锦的织造工艺与蜀锦相同。

第二种说法是从狭义上对宋锦的理解，即宋高宗南渡以后，大量锦工也随之南迁，宋锦是在蜀锦织造工艺的基础上，创造出来的一种新型的织锦。宋锦不仅继承了蜀锦的特点，而且还创造出了纬向抛道换色的独特技艺，在不增加纬线重数的情况下，整匹织物可形成不同的纬向色彩。到了明清时期，宋锦的图案风格和组织结构以及装造和织造技艺等已经和蜀锦有了很大的区别。蜀锦主要用于裀褥，而宋锦主要用于书画的装裱和服装。由于两者之间用途的差异，其织物厚度和组织结构出现了差异，宋锦明显要比蜀锦薄，纹样图案方面则呈现出典雅古朴的风格。此外，宋锦在显花技术上采用经纬同时显花和彩纬抛道换色，这样就显现出与蜀锦的巨大差异。

综合以上宋锦工艺起源的两种说法，从广义上看，宋锦是宋代的织锦的总称，当时的蜀锦也属于宋锦的范畴，只是产地不同而已。从狭义上看，宋锦产生于南宋时期，是在当时蜀锦生产工艺的基础上，结合江南地区书画装裱材料和服装面料的要求，而产生的一种新型织锦。笔者认为，宋锦虽然与蜀锦有着密切的关系，但它有自己独特的织造技艺和纹样艺术风格，因此，不能简单地说宋锦织造工艺源于蜀锦织造工艺，应该说，宋锦织造工艺是在融合和发展宋代蜀锦、缂丝等织造工艺的基础上形成的。

7　宋锦之名的起源

对于宋锦之名，学界普遍认为“宋锦”的称呼出现于清康熙年间（1662—1722年）。主要是根据清代学者褚人获（1635—1682年）辑撰的《坚瓠集》卷之五宋锦条所载：“锦向以宋织为上。泰兴季先生家藏《淳化阁帖》十帙，每帙悉以宋锦装，其前后锦之花纹二十种，各不相犯。先生殁后，家渐中落，欲货此帖，索价颇昂，遂无受者。独有一人以厚赀得之，则揭取其锦二十片，货于吴中机房为样，竟获重利。其帖另装他纻，复货于人。此亦不龟手之智也。今锦纹愈出愈奇，可谓青出于蓝而胜于蓝矣。”吴即苏州的旧称。由此可知，当这二十片宋锦的纹样图案作为标准花样后，苏州机房生产出来的这一类型的织锦被称为“宋锦”或者“仿宋锦”。这是宋锦之名起源的一种普遍说法。

通过查阅大量相关资料，笔者认为，“宋锦”这一名称的出现，明显要早于清康熙年间，应该不晚于明代嘉靖年间（1522—1566年）。理由有如下五点：

第一，《坚瓠集》可信度不高，全书中有许多内容令人质疑。正如作者在其序中所言：“搜群书，穷秘笈，取经史所未及载者，条列枚举。”因此，此书中很多内容为野史、见闻，甚至鬼怪之事，如此书卷一中仙女玩花、氤氲使、厕神、坑三姑等条目皆为鬼怪神仙荒诞之事，造成此书的可信度极差。因此，《坚瓠集》中关于宋锦的说法，其真实性还待仔细甄别，可作旁证，但不能作为主要证据。

第二，宋锦这一名称不可能在宋代出现，身处宋代的人当然不会称当时的织锦为“宋锦”，只有当宋朝灭亡后，后世才会称宋代产生的织锦品种为“宋锦”。宋代对于织绵的称呼只会根据地名或具体的花纹图案来命名，如“蜀锦”“青楼台锦”“紫百花龙锦”“柿红龟背锦”等。

第三，元代的相关著作中也没有出现“宋锦”这一称呼。如元代陶宗仪的《南村辍耕录》中，指出宋代宫廷采用“八花晕”“宜男”“宝照”“练鹊”“红徧地芙蓉”“红徧地杂花”等锦作为书籍装裱之用，但并没有称呼其为“宋锦”，可见至少在陶宗仪所处的时代，并没有出现“宋锦”这一名称。笔者认为，可能是元代统治时间很短，且与宋代时间相距很近，对宋式织锦也不采用“宋锦”称呼。

第四，明代中期的《天水冰山录》中出现了宋锦的称呼，由此可推翻宋锦之名源于清康熙年间的说法。其中，绿宋锦缎和大红宋锦、青宋锦多达几十匹，说明此类织物不可能是宋代的织物，况且宋代织物保存到明代中期，其服用性和色彩已经很差，因此这里所言的宋锦应是“宋式锦”或“仿宋锦”。而青织金仙鹤宋锦、青织金穿花凤宋锦、青织金麒麟宋锦只有一二匹，一则说明此种织金宋锦价值不菲，其价绝对要高于珠玉珍品，否则明代权相严嵩（1480—1567年）家不会只有数匹之量。二则这种织金宋锦可能作为朝服补子的面料，花纹主要用于区别官员的等级。根据明史所载，文官一品大员用仙鹤补子，公、侯、驸马、伯用麒麟补子，而这里的穿花凤纹可能为翟鸟纹，应为外命妇的朝服。用于朝服的织物并非燕居时所穿之物，严嵩家的用量不大是合情合理的。从青宋锦刻丝仙鹤补圆领、宋锦斗牛女披风各一件，也说明了这种宋锦用于朝服，属于男女主人最为华丽的服装，数量很少。

第五，明代海瑞（1514—1587年）的《督抚条约》（1569年颁布）中有关宋锦的记载更能辅证宋锦的称谓至迟在明嘉靖年间就已经出现。笔者曾将宋锦之名至迟出现在明嘉靖年间的观点发表于武汉纺织大学学报2014年第5期《宋锦起源及其出现原因的研究》一文中，引起纺织史学界的一些关注。陈越等于2018年在中国科技史杂志发《宋锦名称考》（下文简称“陈文”）一文，对笔者的观点进行了所谓的“修正”，认为宋锦的名称至迟出现于明隆庆三年（1569年）。然而，笔者对陈文所采用的研究方法和观点均持怀疑态度。

①“隆庆”是紧接“嘉靖”的年号，既然海瑞在公文中提及“宋锦”这一称谓，那么，在隆庆三年之前，“宋锦”这一称谓必定早

就在嘉靖年间就已经流行开来，否则这一名称也不会突然在隆庆年间出现，将宋锦称谓的出现具体到至迟隆庆三年实为不妥。

② 陈文强调《天水冰山录》为清人吴允嘉（1655—？年）所著，并非明朝当朝作品，从而怀疑书中所记载内容的真实性。然而，正如书中的序明确记载："予友周君石林，素推博雅士，偶得翁籍没册一编，虽刊本，然已残缺失次，特重录成帙。爰取《箧衍集》内吊翁诗'太阳一出冰山颓'句意，题曰'天水冰山录'，将为后人炯戒。"显然，《天水冰山录》并非清人所著，而为将所得残本重录刊印，吴允嘉并无作伪的动机。

③ 从《天水冰山录》中所记载的服饰品的种类和品阶来看，也非常合严嵩、严世蕃父子的身份品阶。同时，《天水冰山录》已被纺织服饰史学界众多学者作为明代纺织服饰研究的重要资料，陈文仅因《天水冰山录》为清人所编录而怀疑其内容的可靠性实无可取之处。

④ 陈文采用非常矛盾的观点，既然对《天水冰山录》持怀疑态度，为何又指出其对宋锦纹样、色彩的描述都对明代宋锦的研究工作提供了极为丰富的理论支撑，其意义不可小视？同时还指出《天水冰山录》中有关抄没的宋锦 117 匹与《花当阁丛谈》《珊瑚网》及《罪惟录》中的数量相符，观点相互矛盾，令人费解。

通过对元、明、清三代有关舆服历史资料的考察，特别是对《天水冰山录》这一明代抄家名册的分析，笔者认为，"宋锦"这一称呼最迟在明代嘉靖年间就已经出现。主要原因是《天水冰山录》是一部抄没严嵩家产的账目清单，详实地记载了当时大量的织物名称。其可信度远高于清代褚人获的《坚瓠集》。

8　宋锦出现的原因分析

宋锦这种类型的织锦在宋代出现，一般认为是由于宋廷南迁这一历史事件促成的。然而，笔者在查阅大量相关的历史资料，并且系统而全面地考察了宋代丝织业的织造水平和社会发展状况后，认为宋代织造技术的发展水平是宋锦出现的必要前提。同时，当时的社会需求也是宋锦出现不可或缺的刺激因素。

（1）宋代织造水平的提高是宋锦出现的前提

宋代织造技术已经达到相当完善的程度，相应的缫丝、纺纱、织造机械以及染色技术都比以前有了很大的提高。首先，在缫丝技术上，出现了脚踏缫丝车。脚踏不仅提高了缫丝效率，最为重要的是，可以将缫丝匠的双手完全腾出来，专门进行索绪、添绪等缫丝操作，使产品的质量得到进一步的提高。其次，在纺纱技术上，已经出现了类似水转大纺车、大纺车等纺纱机械，使得纺纱效率得到很大的提高。虽然水转大纺车的明确记载出现在元代《王祯农书》中，但根据纺织机械图像的出现总晚于纺织机械实物出现的规律，最迟应该在宋代就已经出现了类似于大纺车的纺纱机械。再次，在织造技术上，自唐代就已经完成了从经线显花到纬线显花的转变，到了宋代，织造技术已经相当完善，出现了小花楼织机的图像信息，说明在织造技术上，宋代已经具备了织造大型花纹的能力，同时出土的大量宋代丝织物也能证明这点。最后，在染色技术上，宋代已经建立起比较完整的色谱，可分为红色调、黄色调、紫色调、褐色调、青蓝色调、绿色调、黑灰色调、浅白色调等，如果对这些色调加以细分，根据色彩浓淡又可划分成上百种色彩。在精练技术上，宋代普及了唐代发明的胰酶精练法。宋代色谱的完善和胰酶精练法的普及使得丝织物在色彩上更加丰富和艳丽。

（2）宋代社会各阶层对织锦的需求是宋锦出现的诱因

满足需求是促进技术革新的推动力量，宋锦的出现也不例外。宋代虽然与唐代一样，仍然以自然经济为立国之本，但在其高度发达的自然经济的基础上，已经产生了真正意义上的城市、货币、商业、信用、海外贸易等诸多工商业文明的因子。实质上，宋代经济、文化的昌盛和繁荣程度，远非唐代以武力征服、威加海内所达到的水平能比的。因此，在“中国式资本主义”萌芽时期的宋代，社会各阶层在服饰用料、生活用品、书画装裱等方面对锦类织物的需求极大地促进了宋锦织造业的繁荣。

① 宫廷服饰用料的讲究促使了宋锦朝着更轻薄、更舒适的方向发展。

自宋代起开始实行的“臣僚袄子锦”制度，极大地促进了宋锦（包含了当时的蜀锦）朝着服用性方向发展。根据对当代中国三大名锦的织物紧度和厚度的分析，苏州宋锦在紧度和厚度上都要比南京云锦、成都蜀锦要松和薄，其作为服装主面料的舒适性和悬垂性是三者中最好的。因此，自明代宋锦和蜀锦完全区别开来后，宋锦在服用方向主要作为皇室、贵族服装的主面料，这是其他织锦所无法比拟的。

② 经济的繁荣和城市的扩张促进了民间对宋锦的需求。

宋代经济的繁荣和城市人口的激增极大地促进了宋锦等奢侈

品的消费。宋代是中国古代历史上经济发展最快的时期。美国著名的汉学家费正清（John King Fairbank，1907—1991年）曾指出，中国唐宋时期所创造的辉煌文明，超过欧洲是毫无疑问的。宋代的经济规模和经济的开放性远非中国其他朝代所能比拟。北宋十万户以上的大城市约有四十多个，到宋徽宗崇宁年间（1102—1106年）则上升到五十多个。像汴京（今河南开封）、临安（今浙江杭州）等大城市的人口达到近百万甚至超过百万。由此可知，宋代城市化进程速度非常快。漆侠（1923—2001年）先生在他的《宋代经济史》一书中指出宋代全国城市人口比重约占全国总人口的百分之十二，而美国学者赵冈（1929—）先生则认为这一比率高达百分之二十。宋代城市人口所占总人口的比重，远非其他朝代所能比。据美国学者施坚雅（G.William Skinner，1925—2008年）估计，1893年（清末）中国的城镇人口比重约占全国总人口的百分之六。这说明了宋代城市化程度远远高过晚清时期（1840—1911年）。众所周知，城市化程度越高，商品经济的程度也越高，对于高档商品的需求也越旺盛。现藏于北京故宫博物院的宋代《清明上河图》中清晰地记录了当时汴京的繁荣景象，其中包括珠宝首饰、绫罗绸缎等奢侈品商店。孟元老（生卒年不详）《东京梦华录》卷二《东角楼街巷》载："南通一巷，谓之界身，并是金银彩帛交易之所，屋宇雄壮，门面广阔，望之森然。每一交易，动即千万，骇人闻见。"可见当时经济之繁荣、金银彩帛奢侈品消费之甚，宋锦被当作达官贵人日常生活用品是情理之中的事。

③ 宋代文化艺术的兴盛促进了宋锦的快速发展。

首先，宋代的史学研究很盛行。例如，北宋司马光（1019—

1086 年）编纂的《资治通鉴》是我国自战国到五代的一部编年史，共二百九十四卷，约三百多万字。元丰七年（1084 年）书成后，经范祖禹（1041—1098 年）、司马康（1050—1090 年）、黄庭坚（1045—1105 年）、张舜民（生卒年不详）等奉命重新校定，于元祐七年（1092 年）刊印行世。这部经宋代多位著名学者共同努力，并得到英宗（1032—1067 年，1063—1067 年在位）和神宗（1048—1085 年，1067—1085 年在位）大力支持的史书，其刊印数量和精美程度可想而知。因此，用于装裱的宋锦需求也是非常庞大的。

其次，宋代志书的编纂同样需要大量的宋锦作为装裱材料。宋代中央政府编纂的志书有《开宝诸道图经》《祥符州县图经》《历朝九域志》等。以《祥符州县图经》为例，凡一千五百六十六卷，目录二卷，抄成新本共三百四十二本。如若刊行下去，其装裱宋锦用量之庞大可以想见。宋代不仅名城都市修志，就连小城小廓也有地方志。正如黄岩孙（1218—？）在《仙溪志》跋中所言“僻陋之邦、偏小之邑，亦必有记录焉”，可见宋代修志蔚然成风。据张国淦（1876—1959 年）先生所著《中国古方志考》统计，宋代现存和佚失的地方志大约六百多部，大大超过宋代之前的历代所编纂地方志的总和。同样，宋代刻版印刷书籍也非常普遍，国子监、书院、家塾、书坊都刻书。

最后，宋代书画艺术异常繁荣。这可能与宋代帝王们的整体艺术才华高于其他朝代帝王有很大的关系。仅以著名书画大师宋徽宗为例，据说他将自己的书画作品编成《宣和睿览册》，每册十五幅，累有“千册”，共一万五千幅，当然，一万五千幅书画有多少是宋徽宗所作，有多少是宫廷画师所作，其实对于我们来说并不重要，重要的是其装裱所用材料用量非常大。同样，徽宗之子高宗至少也是位书画艺术爱好者，建立南宋小朝廷后，仍不忘织造宋锦装裱其收藏的字画。宫廷如此，民间对于书画的收藏热情也不会少。由此可知，书画装裱是对宋锦的发展起最大促进作用的因素。书画经宋锦装裱后，就显得格外庄重和珍贵。

综上所述，宋锦起源的问题可以从其“实”与“名”两方面进行两维探究。从宋锦工艺的起源角度看，宋锦工艺源于南宋初年，它是在融合和发展宋代蜀锦、缂丝等织造工艺的基础上逐步形成的。从宋锦称谓的起源角度看，其称谓最迟出现于明代嘉靖年间，远远早于人们普遍认为的清代康熙年间。至于宋锦产生的原因，笔者认为，宋代织造技术的发展水平是宋锦产生的必要前提，同时，当时社会对宋锦这种织锦的需求量也是宋锦产生不可或缺的刺激因素。

9　南京云锦织机的出现

南京云锦织机可分为大、小花楼织机，考察云锦织机的出现年代是讨论云锦产生年代的前提条件。因此，笔者综合古代的图文信息和当代的纺织品考古两方面的资料，对云锦织机的产生年代进行了一些有益的推断。

（1）古代图文信息方面的分析

众所周知，花楼织机最早、最明确的图文信息出现在宋代《耕织图》中，而《耕织图》正是描绘南宋时期江南一带农桑生产情况的重要历史资料。由此可知，花楼织机在南宋时期的江南地区已经非常普遍。因为图像信息产生的时间总是滞后于实物产生的时间，那么，花楼织机到底出现在南宋之前的哪个时期？笔者认为，花楼织机至迟在唐末就已经出现。虽然，目前还没有找到比宋代《耕织图》更早、更确切的图文信息来确证花楼织机的出现时间，但中国的《敦煌文书》和日本的《延喜式》却可作为重要的辅证，用以证明唐末就已经出现花楼织机。

①《敦煌文书》中的花楼织机。《敦煌文书》中有多处关于"楼机绫"的记载，例如《后唐清泰三年（936 年）六月沙州亲司教授福集状》中"楼机绫一匹，寄上于阗皇后用"，《杂诸字一本（显德五年 958 年）》中"楼机一匹，干湿绞缬衫子一扎"，《淳化二年（991 年）韩愿定卖家姬盐胜契》中"如若先悔者，罚楼机绫一匹"。这里的"楼机"其实就是花楼织机，笔者认为有两方面的原因。首先，所谓"楼"指的是两层或两层以上的建筑，这里用来作为织机的名称，说明这种织机体积很大，并且有两层结构。综观中国古代织机的结构，只有花楼织机才符合"楼"的双层结构。其次，从中国古代对织物品种的命名来看，一般都采用织物的花纹图案而命名，少数以用料（如双丝绫、八蚕丝绫等）或织法上（如白编交横绫、交梭绫等）的特征来命名。然而，《敦煌文书》中却出现了"楼机绫"这一命名方式，说明"楼机绫"的织机十分独特，异于其他形制的织机。

②《延喜式》中的花楼织机。《延喜式》是一部成书于日本延喜五年（905 年）的律令条文，其中卷第三十《织部司》中记载

了大量日本官营作坊的运作情况。由于日本当时的纺织技术大多是从中国的吴地和越地传过去的，因此，《延喜式·织部司》对于研究唐代江南地区的丝织机械具有较高的辅证作用。笔者认为，从《延喜式》中能推断出花楼织机的存在。

第一，从《延喜式》中发现了“谷绫”“蝉翼绫”“师子、鹰苇、远山等绫”“一窠、二窠及菱、小花等绫”“单绫”“熟线绫”等绫类织物，需要织手一人，共造两人。而其他织物，如罗和锦，只需织手一人，共造一人。很明显，织造绫织物比罗和锦要多一人，这里织绫多出的一人极可能是拽花匠。

第二，《延喜式·织部司》中，织绫比织锦和织罗多一人从侧面辅证了《敦煌文书》中最先出现的是“楼机绫”或不是“楼机锦”，《敦煌文书》和《延喜式·织部司》在这方面的相互对应，说明了在唐代织物中绫织物是最早采用花楼织机织造的。

第三，《延喜式·织部司》中提到“织手、共造、机工卅五人，薄机织手五人，络丝女三人”，说明织部寮织机的数量要远远少于40台。然而，其中又指出，“凡杂机用度，篦竹、河竹各百株，每年山城国进。又篦六百株，大和国进。”如此少的织机，每年却需要山城国（日本古地名）提供篦竹、河竹各一百株，大和国提供篦竹六百株。这么多的篦竹材料，只能用制作花楼织机的“衢脚”才能解释。

第四，从篦竹与河竹之间的数量比例关系，也能辅证采用花楼织机这一点。“篦竹”可能是中国古籍中所称的篦簵，据宋代姚宽（？—1161年）《西溪丛语》卷下：“王逸解《楚辞》云：‘以篦簵作箸，象牙为棋，丽而且好也。’”由此可知，篦竹非常适于制作筷子，而花楼织机的衢脚形制类似于筷子，篦竹应该是用于制作衢脚的。“河竹”竿则一般适合做篱笆及蚊帐竿。因此，也适合用作织机中挂筘的杠杆和制作络丝工具。篦竹与河竹所需数量之比为7 ：1，用花楼织机构造中用竹种类的数量，似乎能辅证杂机中必定存在着花楼织机。

虽然，《敦煌文书》中“楼机绫”记载出现于五代时期，《延喜式·织部司》成书于公元905年（907年唐朝灭亡），然而，技术的产生总是先于图文记载。因此，笔者认为，从古代图文信息角度来看，最迟在唐末，中国就已经出现了花楼织机。

（2）当代纺织品考古方面的分析

古代的图文信息虽然提供了一些花楼织机的重要信息，但当代的纺织品考古却能为花楼织机的产生时间提供最直接的证据。综观近年来纺织品考古方面获得的信息，笔者认为，至少有两件非常重要的纺织品物证可以证明大花楼织机至迟在唐末已经出现，小花楼织机的出现就更早了。

物证一：辽宁省博物馆所藏五代贞明二年（916年）的织成金刚经。此件金刚经是在织机上织成的，卷长713.4cm，宽29.6cm，有别于绣在丝绸上的佛经，经文为“金刚般若波罗蜜经”，共计五千余字，采用蓝地黄字，以模仿蓝叶泥金的写经方法，行间以界栏隔开。由此可知，织成金刚经的宽幅很窄，但其经向循环极大，基本组织为辽式斜纹纬锦，纬密为560根/10cm，那么所需的纬线为大约4万根。文字纹样图案并不具有对称性，可以将整个经卷看成是一幅独花织物，那么在束综提花时所用花本耳子线大约要 4 万多根，如此大数量的花本耳子线只能在大花楼织机上才能实现。

物证二：现藏于内蒙古博物院的雁衔绶带锦袍（图 14-15）。这件锦袍出土于内蒙古代钦塔拉的辽代早期墓葬中，其图案为一对展翅相对的大雁，双喙共衔一个绶带，分别立于花盘之上。图案经向循环约为 40 cm，纬向循环约 66 cm。雁衔绶带锦与宋代学者王溥（922—982 年）著《唐会要》所载唐代晚期官服纹样图案的描述相符。唐德宗（742—805 年，779—805 年在位）贞元三年（787 年）三月，“初赐节度观察使等新制时服。上曰，‘顷来赐衣，文彩不常，非制也。朕今思之，节度使文以鹘衔绶带，取其武毅，以靖封内；观察使以雁衔仪委，取其行列有序，冀人人有威仪也。’”到了唐文宗（809—840 年，826—840 年在位）太和六年（832 年）六月明确规定：“敕三品以上，许服鹘衔瑞草，雁衔绶带，及对孔雀绫

原物

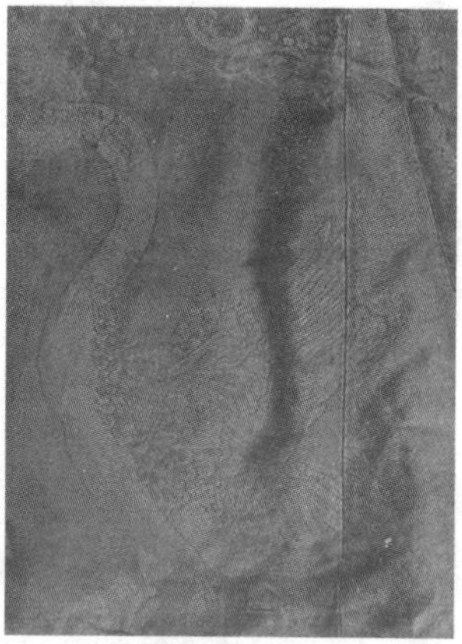

局部

图 14-15 雁衔绶带锦袍

袍袄。”由此可知，雁衔绶带锦是文宗时期三品以上官员才能使用的服装纹样图案，“雁衔绶带”纹样图案是由德宗时期的“雁衔仪委”转变而来。此外，在内蒙古阿鲁科尔沁旗辽代（907—1125年）耶律羽之（890—941年）墓中也发现了类似的雁衔绶带锦，据《耶律羽之墓发掘简报》中的分析，如果采用花楼织机织造雁衔绶带锦，所需束综提花织机上的花本耳子线（均在五千根以上）远远超过小花楼织机耳子线的极限（两千根左右）。因此，结合雁衔绶带锦袍实物和《唐会要》中“雁衔绶带”纹样的记载可以断定，至迟在唐代末期就已经出现了大花楼织机。

除此之外，笔者认为这件雁衔绶带锦袍除了使用大花楼织机织造外，它的产地极有可能是长江中下游地区，主要有以下四点理由：

首先，辽立国之初，草原民族习性未改，汉化程度不高，高档丝织品几乎都是向中原王朝勒索而来。耶律羽之所处年代正好是辽国的早期，而且此时辽国并没有控制中国传统的丝绸生产地区，因此，雁衔绶带锦为辽国本土所产的可能性不大。

其次，唐代安史之乱之后，纺织业发达的黄淮地区首当其冲，遭到毁灭性的打击。先陷于安禄山（703—757年）、史思明（703—761年）叛军之手，又经官军和回鹘军队三个月的烧掠。据司马光《资治通鉴》记载：“比屋荡尽，士民皆衣纸。”战乱平息后，唐王朝的威信尽失，各地节度使实力大增，形成藩镇割据的局面。河北掌握在叛军和割据自为的节度使手中，河南、山东、荆襄和剑南等地也都驻扎重兵，租赋上缴不到中央。而地处东南方的淮南和江南地区所受战乱波及较小，丝织业在这两地的发展非常迅速。到了唐朝后期，其财政收入不得不依靠淮南和江南。又据《旧唐书·李德裕传》记载，唐敬宗（824—826 年在位）曾诏浙西进奉一千匹可幅盘绦缭绫，从李德裕（787—849 年）进谏中所言可见其端倪："又奉诏旨，令织定罗纱袍段及可幅盘绦缭绫一千匹……况玄鹅、天马、掬豹盘绦，文彩珍奇，只合圣躬自服。"玄鹅、天马、掬豹的纹样图案说明了浙西一带在晚唐时期已经开始为朝廷织造类似雁衔绶带的纹样，因此，五代时期辽墓中的雁衔绶带锦袍为淮南和江南地区织造的可能性很大。

最后，南唐也有可能是这件雁衔绶带锦袍的产地，南唐烈祖李昪（889—943 年，937—943 年在位）虽没有向后晋石敬瑭贡献过织物，但他直接向契丹示好。据《资治通鉴·卷二八一》记载"遣使以美女、珍玩泛海修好，契丹主亦遣使报之"，说明李昪也曾大量向契丹主耶律德光贡献过织物。

综上所述，通过对唐末及五代十国史料的分析，笔者认为，辽墓所出土的雁衔绶带锦袍虽不能排除为中原地区所织造，但为淮南或江南生产的可能性也非常大。不管产地在哪里，这件雁衔绶带锦袍发现的重要意义在于，可以从纺织品考古的角度证明，在唐末已经出现了大花楼织机。

10 织金和妆花技术的产生

纺织品考古显示，织金和妆花技术早在辽代就已经广泛应用。辽代耶律羽之墓出土的团窠杂花对凤妆金银锦（图 14-16）和遍地杂花狮盘妆金锦，其组织正是在缎纹纬锦的基础上以通经断纬的方

图 14-16 团窠杂花对凤妆金银锦

法织入捻金线和捻银线，其挖织的凤纹区域中的组织与其他部分一样，也是五枚缎纹纬重组织，但其纬线根数达到七根之多。其实，据文字记载，隋代（581—618 年）的何稠（年代不详）曾经复制过波斯的金线锦袍，《北史》卷九十，列传七十八《何稠传》中记载："波斯尝献金线锦袍、组织殊丽，上命稠为之。稠锦既成，逾所献者。"这些记载说明了服饰用金在中国有着悠久的历史。同样，妆花名称的出现虽始见于明代的《天水冰山录》，但其技术的运用早在汉唐的一些挖花织物上（例如织成）就已出现，到了宋元时期已广泛应用。耶律羽之墓出土的花树狮鸟妆花绫（图 14-17，现藏于内蒙古博物院）和鹏鹄海石榴纹妆花绫（图 14-18，现藏于中国丝绸博物馆），是目前发现最早的妆花绫实物。南京云锦中所特有品种织金和妆花织物在辽代早期墓葬中的发现，证明了至迟在辽代就已经产生了织金和妆花技术。

图 14-17 花树狮鸟妆花绫

图 14-18 鹧鸪海石榴纹妆花绫

11 南京丝织业与云锦的产生

据考证，自三国时期南京丝织业开始发端。《三国志·吴志·华核传》中记载“大皇帝……广开农桑之业，积不赀之储”，说明东吴在孙权统治时期就已经开始大力发展桑蚕丝织业。北宋时期中国逐渐形成了中原、川蜀、江南三大丝绸产区。然而，南京的丝织业在此时还默默无闻。直到南宋之后，南京的丝织业才得到大发展。笔者认为，南京的丝织业在此时得到大发展有其特殊的地理、军事、经济、政治方面的原因。

（1）优越的地理环境促进了南京丝织业的发展

优越的地理位置极大地促进了南京经济的繁荣和发展。南京地处长江下游，地理位置优越，成为长江中游地区、淮河流域、太湖、钱塘江的产品购销链中的关键环节。因此，南宋时期的南京已经成为南宋的第二大城市。城市的繁荣必然会促进对高档丝织物的需求，同时，北宋时建康（南京）每年已能生产锦缎三百余匹；南宋时，大量北方人口南移，更促进了南京丝织业的发展。

（2）重要的战略地位对南京丝织业繁荣形成客观的保护

南京的战略地位非常重要，南宋统治阶级高度重视其防卫，因此，在宋金对峙阶段，南京遭受到的兵灾之祸较少。据《景定建康志》所载建炎四年（1130 年），抗金名将岳飞曾向宋高宗奏言："建康为国家形势要害之地，宜选兵固守。比张俊欲使臣守鄱阳，备虏人之扰江东、西者。臣以为贼若渡江，心先二浙，江东、西地僻，亦恐重兵断其归路，非所向也。臣乞益兵守淮，拱护腹心。"高宗赞许岳飞的这一看法，"上嘉纳，赐金带、鞍、马等褒嘉"。同时，南京又是当时的陪都，受重视的程度很高，金国再也没有机会攻破南京。因此，它的经济不仅很快得到恢复，而且发展很快。而扬州的情况则大不相同，扬州地处长江北岸，实为国都临安的屏障，受到的攻击最多。绍兴三十一年（1161 年），金主完颜亮（金废帝海陵王，1122—1161 年，1150—1161 年在位）亲率十万铁骑攻破扬州，大肆掳掠，"横尸二十里"，破坏程度极其惨重。南宋词人姜夔（1155—1221 年）在其《扬州慢》词序中写："淳熙丙申至日，余过维扬。夜雪初霁，荠麦弥望。入其城则四顾萧条，寒水自碧，暮色渐起，戍角悲吟；余怀怆然，感慨今昔，因自度此曲。千岩老人以为有《黍离》之悲也。”淳熙丙申指的是淳熙三年（1176年），时隔扬州城破已有十五年，“入其城则四顾萧条”。可见，昔日扬州的繁华已成追忆，悲伤之情难以言表。仅相隔三十年，扬州再次经历屠城惨剧，发展不起来实属正常。正由于南京在宋金之战中遭受的破坏较小，同时其政治地位又得到提高，这些有利的因素为其丝织业的发展必然提供了重要的保障。

（3）南宋的外交政策刺激了江南地区丝织业发展

南宋采取“金钱换和平”的绥靖政策，加速了江南地区丝织业整体水平的提高。宋廷共与金国缔结过《绍兴和议》《隆兴和议》《嘉定和议》三次和议，直至公元1214年7月，宋宁宗（1168—1224年，1194—1224年在位）结束对金称臣，才停止对金国的岁贡。白银和丝织物是南宋向金国纳贡的重要物资。在1140—1214年的七十多年中，南宋共向金国贡纳了近二千万两白银，近一千七百万匹绢。这个数量是相当庞大的，而此时的南宋较北宋已经丢失了淮河以北的大片领土，仅以一百余郡之力支付庞大的行政与军费开支，加上每年向金国贡纳的大量币帛，必然会重视农桑，大力发展经济，增加赋税收入。据《建炎以来朝野杂记》记载，绍兴十七年（1147年），东南诸路岁额绸三十九万匹，绢二百六十六万匹，绫、罗、絁三万余匹，四川仅上供绢绸七万四千匹，绫三万四千余匹，锦绮一千八百余匹，激赏绢三十三万余匹。从这一组数据可以看出，南宋时期东南诸路的丝织业已经在数量和质量上远远超过四川。

（4）南京城市地位的转换奠定了丝织业发展的基础

南京丝织业的复兴，并不是在南北朝时期，而是在南宋时期。笔者认为，南京丝织业的复兴本质上与南京城市地位的转换有着最密切的关系。经考查，在北宋以前，在南京建都的割据政权有十一个之多，南京给当时的中央政权一种非常危险的感觉。晋武帝（236—290 年，265—290 年在位）、隋文帝（541—604 年，581—604 年在位）、唐太宗（599—649 年，626—649 年在位）、宋太祖（927—976 年，960—976 年在位）都曾降格南京的政治、经济、军事等地位，抑制其城市发展。南宋以后，南京的城市发展才走出这种贬抑的怪圈，封建中央政权不再出现贬抑南京地位的行为，南京的城市发展真正走上良性的道路。元初时在南京设立官营织造工场，并属于专门生产御用织物的织造机构。这一情况从侧面充分说明了南宋时期南京的丝织业已经非常发达，否则，在元初之时御用织造局不可能设置在南京。南京丝织业的发展，可以从土贡中看出其中端倪。所谓“土贡”是指中国古代地方政府向统治者进贡土产的制度，自汉代初期贡、赋分离之后，土贡则成为独立于国家正常赋税之外的一种皇室收入来源。因此，土贡明显反映了地方上的特色产品。据《元丰九域志》所载北宋元丰年间（1078—1085 年）的土贡情况，江宁府当时只进贡笔五百管，充分说明了当时的南京在丝织产品上并无特色。而到了南宋时期，南京的土贡物品则由“笔”转换成“罗”。据《宋会要辑稿》所载，绍兴三十二年（1162 年）南京以罗二十匹进贡皇室。因此，土贡产品的转变反映了当时南京丝织技术已经达到相当高的水平。

12　阳新布贴研究现状和发展模式的系统性缺席

湖北阳新布贴自1985年由湖北阳新画家尹关山先生发现，并逐渐为人所知。21世纪初以来，随着国家日益重视非物质文化遗产的保护，阳新布贴于2008年成功入选全国非物质文化遗产名录。2011年阳新县文化馆成立阳新布贴传习所，抢救性保护这一行将消失的非物质文化遗产。同年6月，国家工商总局商标局（现称国家知识产权局商标局）审批通过“阳新布贴”这一注册商标，将其定位为“工艺美术鉴赏品”。至此，很多相关人员认为阳新布贴只要市场化，就可实现这一非物质文化遗产的保护和传承，又可作为发展湖北阳新经济的一种特殊产业。然而这一市场化过程可谓举步维艰。

（1）阳新布贴研究现状的系统性缺席

“系统”是指由若干要素以一定结构形式组织构成的具有某种功能的有机整体。在这个定义中包括了“系统”“要素”“结构”“功能”四个概念，表明了要素与要素、要素与系统、系统与环境三方面的关系。阳新布贴的存在和发展表明其是一个自组织系统，其起源、美学变迁作为要素影响着这个自组织系统的结构和功能。然而当前一些研究没有从系统论出发，随意建立不存在的系统关系，忽视阳新布贴发展系统与文化环境的相关性，导致当前这一非物质文化遗产发展滞后。

① 阳新布贴起源研究的拔高性滥觞。现阶段部分研究者将阳新布贴起源断代为1500余年前，并没有说明其断代的依据。而网

络上纷纷以此为据，拔高性宣传。之所以说这一断代具有拔高性，原因有四：第一，据尹关山先生的民俗调查，1985 年当时健在的 80 岁老太婆言：“我婆在娘家做囡时就会做。”以此推断，阳新布贴工艺至少有 200 多年历史。第二，阳新布贴的主要实物多为现代人作品，并没有出现 1949 年前的作品。第三，历史上的地方志都没有阳新布贴的相关记载。第四，若将阳新布贴的起源断代为 1500 余年前，而阳新布贴的原料为棉布，试问 1500 余年前的中国南北朝时期，华中地区何来棉花种植和织造？这一论点与著名豫剧大师常香玉先生表演的《花木兰·刘大哥讲话理太偏》中花木兰的一句台词“白天去种地，夜晚来纺棉”的错误如出一辙。无论花木兰故里在湖北黄陂、陕西延安、安徽亳州，还是河南虞城，在南北朝时期这四地都不可能种棉和纺棉，因为棉花种植直到南宋与元朝交替之际才扩散至长江和黄河两大流域。如果将阳新布贴起源断代为 1500 余年前，那阳新布贴只能以苎麻或大麻为原料了，显然这一断代是有问题的。人为地将阳新布贴的起源推得更久远，属于一种短视行为，最终反而会危害到这一品牌。因为当前“阳新布贴”被注册为“工艺美术鉴赏品”，其潜在收藏者会认真研究其历史，甚至每件作品的来源和艺术价值，并不会被一些拔高性文献和网络信息所误导。正是这些不实的信息给潜在收藏者以“阳新布贴品牌严重造假”的印象，进而驱散这些潜在收藏者，从而使阳新布贴被动退出收藏市场。

那么阳新布贴的起源断代为何时比较客观呢？从实物和调查来看，将其断代为清代，是比较保守和客观的。从阳新布贴所反映的吉祥寓意纹样特点来看，也有人认为可定为明清，因为明清两代

“图必有意、意必吉祥”，这应该是阳新布贴可能出现的最早时间。但吉祥寓意纹样在中国兴盛的时间对于推断阳新布贴起源时间来说，只是一个必要但不充分条件，还需要实物证据和文献材料的支撑方为客观。至于阳新布贴起源比这两种断代时间更早的推断，则属于人为臆测，有的研究者甚至试图在楚地艺术风格与阳新布贴之间建立本不存在的联系。从纹样和用色上看，阳新布贴并不具有楚文化地域特色。因为很多民间美术工艺的用色都是相似的，在这方面阳新布贴与黎锦、鲁绣、山东维县木版画等都相似，十分强调明暗度对比。

② 阳新布贴研究的系统性缺席。对于阳新布贴的研究缺乏系统性，其表现有二：第一，从产品颜色上看，即可断定现行很大一部分阳新布贴并非原汁原味的传统民俗工艺，它或多或少地被当代人的审美情趣所左右，它们顶多是阳新布贴在现代的发展。之所以这样说，是因为我们可以从尹关山先生制作和收藏的阳新布贴作品中发现很多作品有青、绿、碧、黑色，而这几种颜色在中国古代属于贱色、凶色，青、绿、碧色只有娼妓、优伶等所谓贱业人使用，黑色则为办丧事时使用，其他情况下一般是不用的。试问，在新中国成立前，这些颜色的布料怎么可能是制衣过程中剩下的边角料呢？怎么可能会有这些边角料制作布贴呢？显然现存的这些作品已带有现代人的审美意识——对颜色的禁忌不是那么明显，不可能是民俗流传至今的形式，一定是新中国成立后布贴的制作者利用自己身边的边角料设计制作的。第二，很多研究者的研究素材都是以尹关山先生所著《阳新布贴》一书或实地调查资料为主要依据，对阳新布贴进行艺术性或美学探讨，其实这是以现代人的审美观去解读

现代人的阳新布贴作品，当然这种解读一定符合现代人的审美情趣，也能表现阳新布贴所谓的艺术价值。但是，研究者忽略了一点，即新中国成立前民间流传的布贴作品的稀缺导致这一传统布艺研究的困难。如何再现新中国成立前的阳新布贴作品，这需要研究者认真系统地研究中国民间用色、剪纸、造型工艺的地区分布特点，并对相关地区的民俗禁忌、纺织服装工艺进行对比研究，从而对在新中国成立前阳新地区的用色、剪纸手法、民俗禁忌、纺织服装工艺水平特点进行判断，同时参考相关阳新布贴作品，进行尊重历史文化传统的复原性设计。

由此可见，正是由于阳新布贴研究的系统性缺席，导致当前的阳新布贴大多数是当今艺术家设计好式样而制作的产品，并不是民俗研究中的真正意义上的阳新布贴。

（2）当前阳新布贴的发展模式和其存在、发展的系统环境之分离现状

现今阳新布贴的发展模式致力于产业化，但产业化并不成功。究其根本原因还是阳新布贴定位的偏差，导致这一发展模式与其存在、发展的环境系统相互分离，成为无本之木，逐渐萎缩、消亡。其理由有二：

① 现阶段阳新布贴产品定位为“工艺美术鉴赏品”，即收藏品，试问收藏品能产业化吗？产业化的产品怎么会是收藏品呢？收藏强调收藏品的增值功能，要由著名工艺大师制作方能体现其工艺价值、名人价值，如清末沈寿之苏绣。而阳新县文化馆成立阳新布贴传习所，试图指导学员完成收藏品的制作，其学员一无知名度，二无精

良的工艺水平，这样又如何体现阳新布贴的工艺价值和名人价值？需要补充的一点是，作为布艺的阳新布贴制作简单、易学易懂，并不能体现出精良的工艺价值。如果仅凭非物质文化遗产的头衔，阳新布贴是不足以具有收藏价值的。

② 阳新布贴存在的系统土壤的消失是其行将消亡的根本原因。阳新布贴的存在、发展是两种文化——巫觋文化和禁忌文化共同作用的结果。巫觋文化源自人类早期对自然界、人类社会现象不能科学解释而进行的主观解读，带有明显的迷信色彩。作为服饰装饰的阳新布贴在功能上并不具备实用性，更多意义上是带有巫觋文化的痕迹。如儿童披肩上虎的图案，虎在中国传统文化中具有虎威，起辟邪的作用，人们认为小孩穿戴有老虎图案的衣物不容易生病。再如，八卦图案也起辟邪镇鬼的作用，等等。禁忌文化实质是巫觋文化的发展，人们在生产、生活中的语言、行为之所以会有所顾忌，都是由于巫觋文化的暗示。吉祥语作为禁忌文化的反面，其范畴也属于禁忌文化，在阳新布贴作品中也比比皆是，如馋兜上猫扑牡丹和蝴蝶表示耄耋富贵之意，再如馋兜上的仙桃寓意长寿。

当今巫觋和禁忌文化作为一种迷信陋俗基本已被人们所遗弃，故作为巫觋文化和禁忌文化载体之一的阳新布贴，显然已丧失其生存的土壤，如果顺其自然发展的话，其消亡是不可避免的。

13　新疆维吾尔族艾德莱斯的名考

艾德莱斯，或称艾得莱斯、艾特莱斯、阿特拉斯，在突厥语系的语言包括维吾尔语中，是指一种由扎经染色而成的丝织物，现在几乎成为新疆维吾尔族女性的标志性衣料。当前，对新疆维吾尔族艾德莱斯起源的研究陷入复杂化的循环论证过程中。为了追求名考源和工艺考源的互证，使研究越深入，问题暴露得越多。笔者认为艾德莱斯名考源与工艺考源可以适当地分开研究，这样可将问题简单化。

（1）“艾德莱斯”名考的一些问题

一些学者从中亚和西亚语言中去考证“艾德莱斯”一词，然后将此词用在新疆“艾德莱斯”名考上，因为中亚和西亚曾与新疆进行过密切的经济、文化、政治、军事等方面的交流，彼此之间应该有影响，这似乎也说得过去。譬如有的学者考证“艾德莱斯”，认为其最初可能是阿拉伯语，有“图册”“古代对西非的称呼”“支撑世界轴心的支架”“丝绸”“商品”等多种含义。还有的学者考证《土耳其百科全书》，发现公元6—8世纪萨珊王朝统治下的波斯布料上有大动物形象的狩猎纹锦被称为“阿特拉斯”，所以他们认为这可能是作为织物名称的“艾德莱斯”的正源。对于以上两种观点，笔者支持后者，在此反诘从阿拉伯语去考察突厥语系新疆维吾尔族“艾德莱斯”的起源，其理由有二：

① 虽然阿拉伯人与维吾尔族人信仰同样的宗教，但他们的语言属于不同语系，两者的差异也很大。阿拉伯语的“艾德莱斯”的定义与现在新疆艾德莱斯的释义相差甚远，这说明新疆艾德莱斯并不是阿拉伯语的外来词音译。音译要求语义所指固定，试举一例即可知，汉语中“沙发”是从英语“sofa”音译过来，另外“沙发”

这种商品也是从西方欧美英语国家而来，且从来也没有改变过其所指。阿拉伯语的“艾德莱斯”到突厥语系的“艾德莱斯”语义的巨大不同，说明新疆“艾德莱斯”非阿拉伯语的音译。任何两种语言都可能会有一些相同的发音,但这两种发音却有可能是不同的意思，两者之间也不存在任何联系，也不是音译。譬如英语中“yes”在汉语可音译为“爷死”，显然两者并不代表相同的含义。不能因为阿拉伯语中“艾德莱斯”中有“丝绸”的含义，而人为臆断它与突厥语乃至与维吾尔语中的“艾德莱斯”有关。

② 音译应该是发音一样或只有微小变化。笔者发现不同国家和地区关于扎染织物（非扎经染色，它是扎织物染色）的读音都不尽相同。马来西亚称为“IKAT”，中国云南白族称为“疙瘩布”或“蓝花布”，日本称为“kasuri”，阿拉伯称为“asab”，乌兹别克斯坦称为“布哈拉绸”，北印度称为“patola”等。这说明新疆“艾德莱斯”作为突厥语系的词并非上述相关外来词音译，极可能是在波斯语基础上自行发展而来。

（2）“艾德莱斯”名的波斯源和突厥化

之所以说“艾德莱斯”一词是在波斯语基础上自行发展而来，有两点可佐证：

① 与新疆维吾尔语同属突厥语系的土耳其，其《土耳其百科全书》中明确表明“艾德莱斯”来源于波斯。这应该是无可辩驳的客观事实，否则在民族自信心作用下会有异样的表述。

② 笔者认为突厥语“艾德莱斯”含义的演变可作为其后自行发展的佐证。“艾德莱斯”的含义从公元 6—8 世纪波斯布料上有

大动物形象的狩猎纹锦到变成突厥语系的扎经染色而成的丝织物。这是为什么呢？笔者根据为数不同的孤立证据，大胆推测，这是因为突厥语系族群——包括现在的新疆维吾尔族、土耳其、阿塞拜疆、吉尔吉斯斯坦等国——宗教信仰的改变，到公元10世纪左右，突厥语系族群逐渐信奉伊斯兰教。由于伊斯兰教不允许偶像崇拜，凡是有动物、人的图案都不能出现，甚至连植物纹样也相对抽象化了，以防止偶像崇拜。因此，原先关于大动物形象狩猎纹锦的艾德莱斯（那时的艾德莱斯可能是织锦）的纹样和工艺必然要发生改变，工艺可能被更简单的扎经染色织造取代。而“艾德莱斯”所指的对象逐渐变成扎经染色丝织物。

（3）“艾德莱斯”名的维吾尔语名考

“艾德莱斯”最早出现的维吾尔语文献是喀喇汗时期的手抄本ALP ATA TAZ-KIRASI，此手抄本中有一首维吾尔诗歌，描述公元前6世纪的波斯王子西亚韦赫思身着黑色的艾德莱斯。对于这一描述笔者认为完全不可信：① 公元前6世纪，中国处于春秋时期，这一时期丝绸只有中原国家才会生产，波斯人怎么会有富有自身特色的丝织品呢？② 只有到公元6—8世纪，波斯才有“艾德莱斯”这一名词出现，而维吾尔语文献中却认为公元前6世纪，艾德莱斯就在波斯王子身上出现，这显然是不可能的。但笔者从这一有问题的描述中发现，这一诗歌的作者（生活在公元11—12世纪）还是认同“艾德莱斯”源于波斯语的，不然作者不会将艾德莱斯穿在波斯王子身上。

此外，《古代维吾尔语词典》中收录了“艾德莱斯”一词，并指出这个词在13世纪末喀什噶尔诗人阿合买提·玉格乃克的《真理的入门》中出现。维吾尔族史学家夏·穆罕默德·朱拉斯（17世纪20年代到1700年）所撰《拉失德史续篇》记载：察合台汗黑的儿火者（1383—1399年在位）攻占了哈拉和卓（高昌）城后，对战利品进行了分配，他本人分得了一块艾德莱斯和一顶蓝色的帐篷。王者不取金银珠宝，而要艾德莱斯，并载入史册，说明艾德莱斯在当时还是相当贵重和稀罕的。之所以当时艾德莱斯相当贵重和稀罕，笔者认为艾德莱斯并非当时新疆地区所产，而是从中亚而来且数量有限，因为在新疆的考古发现和清宫收藏中，只有清代才出现艾德莱斯（可能是新疆生产或大量从中亚引入），显然察合台汗黑的儿火者所处的时代——明代在新疆一带并不生产也不流行艾德莱斯。从一些研究者的民俗调查中，可知新疆本地生产艾德莱斯的历史不到100年，且以前叫“呆尔亚热”。即使在现在将艾德莱斯作为其传统手工艺的和田地区，直到清末对丝织物的称呼也只有“和田绸”“回子锦”“金丝缎”“金丝绸”和“布锦”等。以上实地调查和文献调查说明，“艾德莱斯”一词在维吾尔语中是一个外来词，来自中亚突厥语系的民族，并随着产品的引入、本地化生产、流行，到20世纪初，新疆才出现“艾德莱斯”这一名称。

14　艾德莱斯工艺的新疆考究

从现有的考古发现和文献来看，新疆的艾德莱斯应该是维吾尔族所特有的。但有一种错误的表述值得注意：在新疆和田山普拉一座古墓地出土了一件由扎经染色而成的毛织物（断代与汉代同期），甚至有的学者将其命名为“毛质艾德莱斯”。但据新疆大学徐红教授研究，这是一些民俗学者的误解，该毛织物乃是通经断纬的缂毛织物，只是看上去很像扎经染色的艾德莱斯而已。即便没有徐红教授的质疑，显然也不能将此断定为新疆艾德莱斯的工艺起源。山普拉墓葬的主人并不是维吾尔族或其先祖，而是来自西方的欧罗巴人种，极有可能是西域楼兰国的先民。一种曾经出现在新疆的民族纺织工艺能否这样移植到维吾尔族身上呢？显然不可以。地方技术史研究必须在民族史的基础上进行，脱离民族界定的地方技术史研究会使其研究变得混乱，进而使得出的结论失真。这也是当下学术界关于地方技术史包括地方纺织技术史在内的研究出现的一个问题。

另外，在青海都兰出土了唐代的絣锦，是平纹组织的扎经染色丝织物，其工艺是先将经丝分组扎经染色，然后合而织之。这是目前国内发现的年代最早的扎经染色织物。这是否可以认为是新疆艾德莱斯的工艺起源呢？也不行，因为青海都兰出土的絣锦主人是吐谷浑人。吐谷浑，亦称吐浑，为中国古代西北民族所建国名。它本为辽东鲜卑族慕容氏部落的一支，在部落首领吐谷浑的率领下，从辽东西部迁到今内蒙古西部，继而又迁牧于今甘肃西南、青海东南部，逐步征服了当地的羌人和氐人的部落，势力不断壮大。公元329年，吐谷浑的孙子叶延将祖父的名字命名为国号和民族的名称，建立起吐谷浑政权。在吐谷浑政权最强盛的时期，其势力范围东到现在的甘肃南部、四川西北，南至青海南部，西到新疆若羌、且末，北隔祁连山与河西走廊相接。公元663年，吐蕃军占领了吐谷浑全境。吐谷浑从正式建国到最终覆亡，共存在了300多年。显然，吐谷浑与维吾尔没有直接联系，将其絣锦认为是新疆艾德莱斯的工艺起源有些牵强。但都兰絣锦的出土却证明了东汉《说文解字》关于“絣”解释的可信性。《说文解字》中“絣”是这样定义的：“氐人殊缕布也。”段玉裁引《华阳国志》注：“殊缕布者，盖殊其缕色而相间织之。”部分氐人为吐谷浑所征服，才会有絣出现在其墓葬中。

有一种观点认为，波斯萨珊王朝时期的典型丝织物并非扎经染色织物，从而对新疆艾德莱斯来源于西方波斯提出异议。波斯萨珊王朝时期的丝织物与新疆艾德莱斯的特点没有可比性，前者是纬锦，主要以纬线显花；后者是扎经染色丝织物，多是经线显花。但笔者在此提出，艾德莱斯的名字起源考与工艺起源考可以是不同源的，因为在波斯萨珊王朝时艾德莱斯确实是纬锦，但被突厥人引入使用后，因宗教信仰的原因，其名称和工艺都发生变化，进而影响到同为突厥语系的维吾尔族对其名的使用。但又有一个问题需要解决，即为什么维吾尔族直到清代才开始将艾德莱斯这种工艺发展开来？以前为什么没有发展呢？解决这个问题只需要考虑新疆的气候和维吾尔族对丝绸消费的一些习俗。新疆气候昼夜温差较大，自古以来棉、毛是其主要服装材料，丝织物包括艾德莱斯并不实用且不耐用，一般平民百姓是很少考虑使用的。只有维吾尔首领、宗教领袖、身份尊贵的家庭妇女穿戴。另外，信仰伊斯兰教的男性不被允许穿戴纯丝绸衣服，这就决定艾德莱斯的消费群体狭小，这样艾德莱斯在封闭的、自给自足的经济形态下是很难发展起来的。清代新疆与俄国的边境贸易随着新疆现代化进程的加速而激增，新疆维吾尔族的土产包括艾德莱斯被异域、异族接受，促使这一传统丝织业的发展。

至于艾德莱斯成为新疆女性特色的服饰，这还要归因于新中国成立后机械化丝织生产，以及江浙在苏州缎、棉布、合成纤维等织物上印上艾德莱斯的纹样，使艾德莱斯和所谓的“艾德莱斯”的成本均降低，从而被大众包括维吾尔族女性广泛使用。

参考文献

[1][元] 陶宗仪 . 南村辍耕录 [M]. 沈阳：辽宁教育出版社，1998.

[2][清] 张廷玉等撰 . 明史 [M]. 北京：中华书局，1974.

[3] 上海古籍出版社编 . 清代笔记小说大观（二）[M]. 上海：上海古籍出版社，2007.

[4] 陈越，吴又进，王晨 . 宋锦名称考 [J]. 中国科技史杂志，2018（4）：403-413.

[5] 郭学信，张素英 . 宋代商品经济发展特征及原因析论 [J]. 聊城大学学报（社会科学版），2006（5）：50-55.

[6] 朱瑞熙 . 宋代社会研究 [M]. 郑州：中州书画社，1983.

[7][美] 费正清 . 伟大的中国革命 [M]. 北京：世界知识出版社，2000.

[8] 葛金芳 . 经济变革与宋代工商业文明的加速成长 [J]. 河北学刊，2008（5）：63-65、73.

[9] 赵冈，陈钟毅 . 中国经济制度史论 [M]. 台北：联经出版事业公司，1986.

[10] 吴允嘉 . 天水冰山录 [M]. 上海：商务印书馆 .

[11] 行龙．辛亥革命前的人口状况 [J]. 历史研究，1992（1）：155-168.
[12][清] 徐松辑．宋会要辑稿 [M]. 北京：中华书局，1957.
[13][元] 脱脱等．宋史 [M]. 北京：中华书局，1977.
[14] 徐邦达．宋徽宗赵佶亲笔画与代笔画的考辨 [J]. 故宫博物院院刊，1979（1）：62-67、50.
[15] 黄燕生．宋代的地方志 [J]. 史学史研究，1984（3）：33-41、15.
[16] 黄能馥，陈娟娟．中国丝绸科技艺术七千年——历代织绣珍品研究 [M]. 北京：中国纺织出版社，2002.
[17] 钱小萍．宋锦 [M]. 苏州：苏州大学出版社，2011.
[18] 茅惠伟．从两块现代宋锦面料话说宋锦 [J]. 四川丝绸，2006（3）：22-25.
[19] 罗瑞林，刘柏茂．中国丝绸史话 [M]. 北京：纺织工业出版社，1986.
[20] 王卫平．我国古代官修志书制度的形成与发展 [J]. 贵州文史丛刊，1988（1）：80-86.
[21] 李斌，刘安定，李强，等．宋锦起源及其出现原因的研究 [J]. 武汉纺织大学学报，2014（5）：12-16.
[22] 李强，李斌．葛洪 [M]. 武汉：华中科技大学出版社，2018.
[23] 李强，李斌．图说中国古代纺织技术史 [M]. 北京：中国纺织出版社，2018.
[24] 李斌，李强．织染江南——中国长三角地区染织类非物质文化遗产研究 [M]. 北京：中国纺织出版社，2016.
[25] 李强，杨小明，王华．染织类非物质文化遗产的概念和特征 [J]. 丝绸，2008（12）：52-54.
[26] 李强，杨小明．历史的辉格解释与中国古代纺织品文物复制 [J]. 湖北第二师范学院学报，2009（7）：45-47.
[27] 杨小明，李强 .1937—1949 年中国地质科学的艰难发展——基于建制化的分析 [J]. 山西大学学报（哲学社会科学版），2009（5）：128-133.

[28] 李强，李斌，杨小明．中国古代造纸印刷工艺中的纺织考 [J]. 丝绸，2010（3）：56-60.
[29] 李强，杨小明．中国原始纺织技术起源新考 [J]. 纺织科技进展，2010（2）：13-16.
[30] 李强，杨小明．纺织技术社会史中的“蝴蝶效应”举隅 [J]. 山西大学学报（哲学社会科学版），2011（2）：13-17.
[31] 李斌，李强，杨小明．《诗经》中的纺织考辨 [J]. 丝绸，2011（3）：50-54.
[32] 李斌，李强，杨小明．联珠纹与中国古代织造技术 [J]. 南通大学学报（社会科学版），2011（4）：85-90.
[33] 李斌，李强，杨小明．中英水力纺纱机形制的比较研究 [J]. 丝绸，2011（7）：46-49、53.
[34] 李强，李斌，杨小明．黎族原始腰机挑花技术 [J]. 上海纺织科技，2011（8）：44-46.
[35] 李强，李斌，杨小明．中国古代手摇纺车的历史变迁——基于刘仙洲先生《手摇纺车图》的考证 [J]. 丝绸，2011（10）：41-46.
[36] 李强，李建强，李斌，杨小明．中国古代纺纱和制绳的工艺关系初探 [J]. 广西民族大学学报（自然科学版），2012（1）：11-16.
[37] 李强，李斌，李建强．织物组织图起源的新考 [J]. 服饰导刊，2012（1）：80-84.
[38] 李斌，李强，杨小明．中国古代丝织物中的织造文字探析 [J]. 纺织科技进展，2012（2）：7-12.
[39] 李斌，李强，杨小明，李建强．南通蓝印花布纹样图案分析 [J]. 服饰导刊，2012（2）：36-40.
[40] 李斌，李强，杨小明．先蚕和先棉的比较研究 [J]. 丝绸，2012（3）：55-60.
[41] 李强，李斌，李建强．广西壮族竹笼织机再研究 [J]. 武汉纺织大学学报，2012（3）：1-4.

[43] 李斌，李强，杨小明 . 黄道婆“错纱配色综线挈花”技术研究 [J]. 纺织科技进展，2012（4）：9-13，28.

[43] 李强，李斌，李建强 . 中国古代纺专研究考辨 [J]. 丝绸，2012（8）：57-64.

[44] 夏克尔赛塔尔，李斌，李强，杨小明 . 中国古代成语中的纺织考 [J]. 丝绸，2012（12）：59-64.

[45] 李斌，李强，杨小明，李建强 . 南通蓝印花布印染技艺起源和发展研究 [J]. 武汉纺织大学学报，2013（2）：17-22.

[46] 李强，李斌，李建强 . 中国古代纺纱图像信息及其研究的问疑 [J]. 内蒙古师范大学学报（自然科学汉文版），2013（6）：713-719.

[47] 李强，李斌，李建强 . 甲骨文中的纺织考辨 [J]. 武汉纺织大学学报，2014（1）：19-22.

[48] 夏克尔·赛塔尔，李强 . 新疆维吾尔族传统制毡工艺研究 [J]. 服饰导刊，2014（1）：62-66.

[49] 李强，李斌，李建强 . 系统论视域下湖北阳新布贴研究现状及其发展模式的探讨 [J]. 美与时代（上），2014（4）：38-41.

[50] 李斌，李强，叶洪光 . 杭罗品种、特征及其织机的研究 [J]. 服饰导刊，2014（2）：75-81.

[51] 李强，李斌，李建强 . 对英国工业革命时期纺织机械发明传统观点的再解读 [J]. 丝绸，2014（6）：68-74.

[52] 李斌，刘安定，李强 . 南京云锦起源的研究 [J]. 丝绸，2014（8）：1-6.

[53] 李强，李斌，李建强 . 东汉王逸《机赋》中的织机考辨 [J]. 服饰导刊，2014（3）：17-25.

[54] 李岱祺，李建强，李强 . 基于中、美两幅棉包图像信息的李约瑟问题解读 [J]. 武汉纺织大学学报，2013（2）：17-20.

[55] 李强，杨锋，李斌 . 基于中国古代纺织服饰史研究的孝文化考辨 [J]. 湖北工程学院学报，2015（4）：26-30.

[56] 李斌，李强 . 清代宫廷缂丝作品的分类、特征及其发展原因的研究 [J]. 服饰导刊，2015（3）：49-55.
[57] 李斌，李强 . 宋代缂丝大师朱克柔与沈子蕃作品的比较研究 [J]. 服饰导刊，2015（4）：49-55.
[58] 李强，李斌，李建强 . 基于曶鼎铭文“匹马束丝”纺织度量考辨 [J]. 丝绸，2015（4）：58-62.
[59] 李强，李斌，徐佩瑛 . 基于图像信息的中国古代缫丝工艺断代研究 [J]. 服饰导刊，2016（5）：18-23.
[60] 李斌，李强，黄琳 . 缂丝起源与传播的问疑 [J]. 丝绸，2016（11）：74-79.
[61] 李斌，李强，刘安定 . 中国古代水转大纺车无法引爆工业革命的原因分析 [J]. 服饰导刊，2016（4）：4-7.
[62] 李强，李斌 . 黄道婆研究的考辨 [J]. 丝绸，2016（9）：75-80.
[63] 李强，李斌，曹孟莎 .《齐东野语》中的纺织考辨 [J]. 丝绸，2017（9）：80-86.
[64] 李斌，李强 . 染织类非物质文化遗产保护方式、机制和模式的研究 [J]. 服饰导刊，2017（1）：30-35.
[65] 陈维稷 . 中国纺织科学技术史（古代部分）[M]. 北京：科学出版社，1984.
[66] 杜石然 . 中国科学技术史稿上册 [M]. 北京：科学出版社，1982：20.
[67] 李超荣 . 石球研究 [A]. 高星，侯亚梅 . 中国科学院古脊椎动物与古人类研究所 20 世纪旧石器时代考古学研究 [C]. 北京：文物出版社，2002：336-340.
[68] 张松林，高汉玉 . 荥阳青台遗址出土的丝麻品观察与研究 [J]. 中原文物，1999（3）：11.
[69] 李文杰 . 中国古代制陶工艺研究 [M]. 北京：科学出版社，1996.
[70] 罗伯特·E·勒纳，斯坦迪什·米查姆，爱德华·麦克纳尔·伯恩斯 . 西方

文明史 [M]. 北京：中国青年出版社，2003：17-18.
[71] 高沛，高蔚. 中国嫘祖文化之乡——河南西平 [M]. 北京：中国文联出版社，2016.
[72] 张厚余 . 太白诗传上 [M]. 长春：吉林人民出版社，2005.
[73] 郑州市博物馆 . 郑州大河村遗址发掘报告 [J]. 考古学报，1979（3）：301-375.
[74] 西北师范学院植物研究所，甘肃省博物馆 . 甘肃东乡林家马家窑文化遗址出土的稷和大麻 [J]. 考古，1984（7）：654-655、663.
[75] 浙江省文物管理委员会，浙江省博物馆 . 河姆渡遗址第一期发掘报告 [J]. 考古学报，1978（1）：39-88.
[76] 赵翰生 . 中国古代纺织与印染 [M]. 北京：商务印书馆，2004：3.
[77] 陈娟娟 . 两件有丝织品花纹印痕的商代文物 [J]. 文物，1979（12）：70-71.
[78] 赵丰，金琳 . 纺织考古 [M]. 北京：文物出版社，2007.
[79] 朱新予 . 中国丝绸史（通史）[M]. 北京：纺织工业出版社，1992.
[80]（西汉）司马迁 . 史记第三册 [M]. 北京：北京燕山出版社，2007.
[81] 刘治娟 . 丝绸的历史 [M]. 北京：新世界出版社，2006.
[82] 罗群 . 成都老官山汉墓出土织机复原研究 [J]. 文物保护与考古科学，2017（5）：26-32.

后 记

科普是一项功在千秋、利国利民的伟大事业。当下科普图书倾向于图说化、绘本化，而绝不是戏说和野话。科普之核心在于科学技术知识的普及化，科学技术知识是核心，如何普及、普及到何种程度则分别是手段和读者定位。如果科普读本借科学与技术之名，弱化科学技术知识之传播而强化其他知识，则有舍本逐末的嫌疑。任何学习都是苦和累的，因为它需要求知者思考。换言之，一分耕耘一分收获。如果一本科普读物做成一本不需要读者去思考，甚至很轻松阅读的读物，其科学价值一定让人质疑了。相对于现代纺织技术的科普而言，中国古代纺织技术史的科普简单多了，但是还是需要很多图例和动画进行原理阐述、机械结构分析等，这似乎是任何一本中国古代纺织技术史科普读物绕不开的。低估读者对中国古代纺织技术史的理解能力，就会降低读本的科学性和技术性。秉此理念，本书剑指中国古代纺织技术史的相关技术核心，不求面面俱到，只求让静下心来阅读的读者有所收获。本书题名《中国古代纺织史话》，虽然有“话”说之意，但绝不是戏说和野话，是尊重历史的正话。“衣食住行”一词体现纺织技术在人类生活中的重要性。或许有的人认为此词不对，应该是“食衣住行”才对。非也，之所以“衣”在最前，体现了猿人只有穿上了衣服，有了羞耻感，才成其为人类。而在“衣”背后的纺织技术更是人类进化和进步的重要契机，是蝴蝶效应中的蝴蝶因子。可见，纺织并不只是技术那么简单，它是有很多不为人知的精彩故事可讲的，这也是《中国古代纺织史话》出版的意义所在。

笔者做《中国古代纺织史话》这本科普读物，缘起于一本纺织技术史科普读物，它就是由上海市纺织科学研究所撰写的《纺织史话》，1978年由上海科学技术出版社出版。笔者12年前（2007年）在准备东华大学中国古代纺织工程博士研究生入学考试时初读该书，觉得通俗易懂、十分有趣，开启了笔者纺织技术史研究的大门，时至今日对该书仍印象深刻。2008年2月博士入学后，从王华教授处得知该书是我国著名纺织考古学家高汉玉先生主持撰写，十分惊讶，早在改革开放前在纺织学界就已经出现专家学者写科普。但该书也有一点遗憾，即内容不是很深入，让人有意犹未尽之感。笔者历经近12年中国古代纺织技术史的学习和研究，且又从事纺织服饰期刊编辑职业，深刻地体会到一本好的中国古代纺织技术史的科普读物是多么的重要，它既能让大众简明扼要地认识到中国古代纺织技术的重要知识点，又能让专业人士受到启发，甚至有可能让一些有志青年终身从事纺织技术史研究这项事业，这让笔者感到这项工作的伟大。所幸，得到华中科技大学出版社大众分社支持，出版《中国古代纺织史话》一书，让笔者倍感自豪。在此感谢亢博剑社长对本书的关切和支持，感谢刘晚成编辑对本书的辛勤编辑。

笔者真诚希望该书对我国纺织技术史科普起到促进作用。书中不当之处，敬请相关专家和读者批评指正。

李强

2019年8月